全国技工院校新能源汽车检测与维修专业教材
（中/高级技能层级）

新能源汽车故障诊断与排除

人力资源社会保障部教材办公室　组织编写

主　编　陈伟儒
副主编　龚宏义

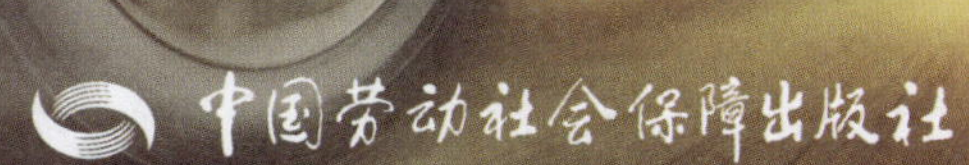

简介

本书主要内容包括新能源汽车故障诊断概述；纯电动汽车故障诊断与排除，如仪表报高压系统绝缘故障诊断与排除、诊断仪报高压互锁故障诊断与排除、不能进行交流充电故障判断与排除等；混合动力电动汽车故障诊断与排除，如高压系统绝缘故障诊断与排除、高压互锁系统故障诊断与排除、混合动力系统 ECU 电源电路故障诊断与排除、逆变器冷却系统故障诊断与排除等。

本书内容丰富、通俗易懂、实用性强，适用于全国技工院校或职业院校新能源汽车检测与维修专业教学使用，也可作为新能源汽车技术人员培训教材及参考用书。

本书由陈伟儒担任主编，龚宏义担任副主编，冯月崧、郝义参与编写。

图书在版编目（CIP）数据

新能源汽车故障诊断与排除 / 人力资源社会保障部教材办公室组织编写；陈伟儒主编. -- 北京：中国劳动社会保障出版社，2022

全国技工院校新能源汽车检测与维修专业教材. 中/高级技能层级

ISBN 978-7-5167-5207-4

Ⅰ. ①新…　Ⅱ. ①人…②陈…　Ⅲ. ①新能源 – 汽车 – 故障诊断 – 技工学校 – 教材②新能源 – 汽车 – 车辆修理 – 技工学校 – 教材　Ⅳ. ①U469.707

中国版本图书馆 CIP 数据核字（2022）第 128732 号

中国劳动社会保障出版社出版发行

（北京市惠新东街 1 号　邮政编码：100029）

*

北京市白帆印务有限公司印刷装订　　新华书店经销

787 毫米 ×1092 毫米　16 开本　16.5 印张　294 千字

2022 年 10 月第 1 版　　2024 年 1 月第 4 次印刷

定价：48.00 元

营销中心电话：400-606-6496

出版社网址：http://www.class.com.cn

http://jg.class.com.cn

前言

PREFACE

2012 年 6 月，国务院颁布《节能与新能源汽车产业发展规划（2012—2020 年）》，其中对新能源汽车进行了定义：新能源汽车是指采用新型动力系统，完全或主要依靠新型能源驱动的汽车，本规划所指新能源汽车主要包括纯电动汽车、插电式混合动力汽车及燃料电池汽车。

随着国家不断推动新能源汽车的发展，目前我国新能源汽车保有量已经突破百万，成为新能源汽车产销量第一的国家。

相对于传统汽车而言，新能源汽车大量使用高压电，这对维护和维修工作提出了更高的要求。为了满足全国技工院校新能源汽车检测与维修专业的教学需求，人力资源社会保障部教材办公室组织有关学校的骨干教师和行业、企业专家，在充分调研企业生产和学校教学情况的基础上，开发了本套新能源汽车检测与维修专业教材。

教材体系

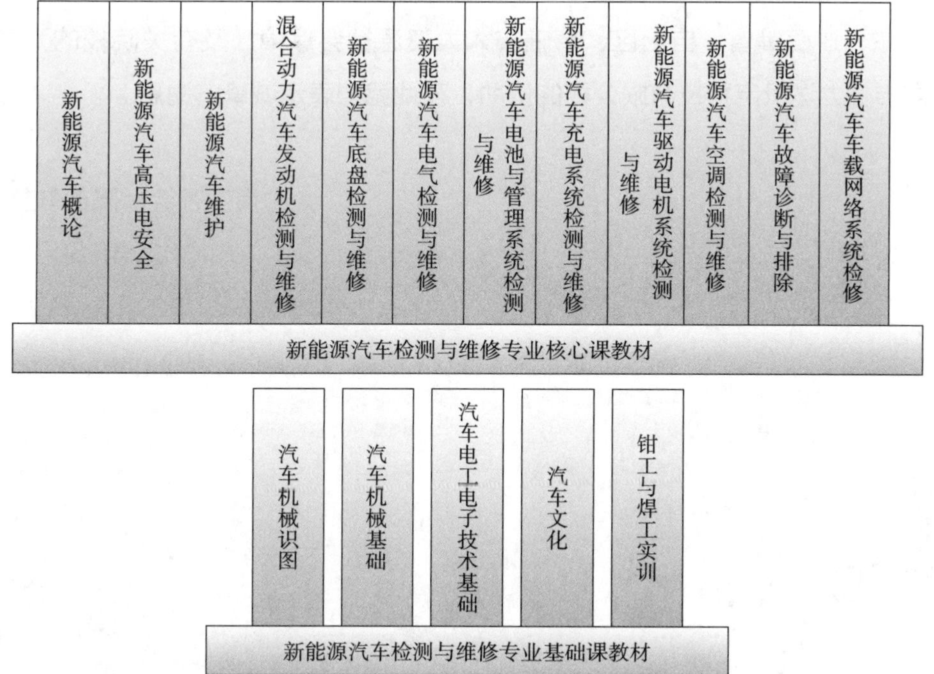

编写特色

◆ 紧贴企业实际情况　通过行业、企业调研，掌握企业对新能源汽车检测与维修专业人才的岗位需求和技能要求，确定人才培养目标（中级 / 高级），构建科学合理的课程体系。根据课程教学目标，合理确定学生应具备的知识与能力结构；充分考虑企业生产实际，选择当前市面上广泛使用的新能源车型进行教学。

◆ 体现行业技术发展　根据相关专业领域的最新发展，在教材中充实新知识、新技术、新设备、新材料等方面的内容，体现教材的先进性。采用最新的国家技术标准，使教材内容更加科学和规范。

◆ 符合学生阅读习惯　在教材内容的呈现形式上，较多地利用实物照片和表格等形式将知识点生动地展示出来，力求让学生更直观地理解和掌握所学内容。部分教材采用四色印刷，图文并茂，增强了教材内容的表现效果。

教学服务

本套教材配有习题册和方便教师上课使用的多媒体电子课件等教学资源，可以通过技工教育网（http://jg.class.com.cn）下载。另外，在部分教材中针对教材中的教学重点和难点制作了微视频等多媒体资源，学生使用移动终端扫描二维码即可在线观看相应内容。

致谢

本次教材编写工作得到了北京、黑龙江、辽宁、江苏、浙江、湖南、山东、山西、福建、广东、广西等省、自治区、直辖市人力资源社会保障厅及有关院校的大力支持，以及深圳市信力达机电科技有限公司的协助，在此我们表示诚挚的谢意。

人力资源社会保障部教材办公室

2022 年 6 月

目录
CONTENTS

模块一
新能源汽车故障诊断概述

学习目标

1. 了解新能源汽车故障的种类。
2. 掌握新能源汽车故障诊断方法。
3. 熟悉新能源汽车故障排除的一般流程。
4. 了解新能源汽车故障诊断与排除的注意事项。

相关理论

目前国内普遍采用国家标准《电动汽车术语》（GB/T 19596—2017）对电动汽车进行分类。GB/T 19596—2017 中将电动汽车分为纯电动汽车、混合动力电动汽车和燃料电池电动汽车三大类。

本模块主要以纯电动汽车和混合动力电动汽车为例来学习新能源汽车故障的种类以及故障诊断方法。

一、新能源汽车故障的种类

1. 纯电动汽车故障的种类

纯电动汽车故障一般可分为动力蓄电池系统故障、驱动电机系统故障、高压控制系统故障、低压控制系统故障、网络通信系统故障和综合性故障 6 大类。

2. 混合动力电动汽车故障的种类

通常所说的混合动力电动汽车，一般是指油电混合动力电动汽车，即采用传统的内燃机和电动机作为动力源的电动汽车。混合动力电动汽车故障在原有内燃机故障的基础上增加了电动机的相关故障，总体归纳为以下几类：混合动力系统发动机故障、混合动力系统高压绝缘故障、混合动力系统低压控制电路故障、混合动力系统通信故障、动力蓄电池系统故障和综合性故障。

二、新能源汽车故障诊断方法

1. 直观诊断法

直观诊断法又称人工经验诊断法，是指诊断人员凭借丰富的实践经验和一定的理论知识，在汽车不解体或局部解体的情况下，依靠直观印象、借助简单工具以及采用眼观、耳听、手摸和鼻闻等手段，进行检查、试验、分析，确定汽车的技术状况，查明故障原因和故障部位的诊断方法。这种诊断方法不需要专用的仪器设备，投资少、见效快，但诊断速度慢、准确性差，不能进行定量分析，需要诊断人员具有较高的技术水平。

2. 简单仪器诊断法

简单仪器诊断法是指利用万用表、示波器等常用仪器设备对汽车故障进行诊断的方法。新能源汽车各个管理系统的零部件均有一定的标准电参数值，各零部件的电压、电阻都有一定的范围，且具有特定的输出波形。因此，可利用万用表测量元件的电阻或电压，用示波器测试元件工作时的输出电压波形，用万用表测量元件导通性等，以判断元器件或线路是否工作正常。

这种诊断方法的特点是诊断方法简单、设备费用低廉，主要用于对新能源汽车各个系统故障进行单独检查和测试。其缺点是对操作者的要求较高，在利用简单仪器诊断时，操作者必须对系统的结构和线路连接情况及元器件的技术参数有较为详细的了解，才能取得较好的诊断效果。否则，非但不能诊断出故障，还有可能造成新能源汽车零部件损坏或维修人员触电等危险。

利用简单仪器（万用表、试灯等）对新能源汽车进行检测的方法有以下几类。

（1）线路断路故障的检测方法

线路断路故障一般有两种检测方法：

1）测量线路中的电压（见图 1-1）。在以下情况下检查点有电压：点火开关打开；

点火开关和 SW1 打开；点火开关、SW1 和继电器打开（SW2 关闭）。

将万用表负极导线连接到正常的搭铁点或蓄电池负极端子上，将正极导线连接到连接器或零部件端子上；也可以使用试灯代替电压表检查电压。

2）测量线路中的电阻（见图 1-2）。断开蓄电池端子或配线，使检查点之间没有电压。用欧姆表的两根导线接触检查点两端。

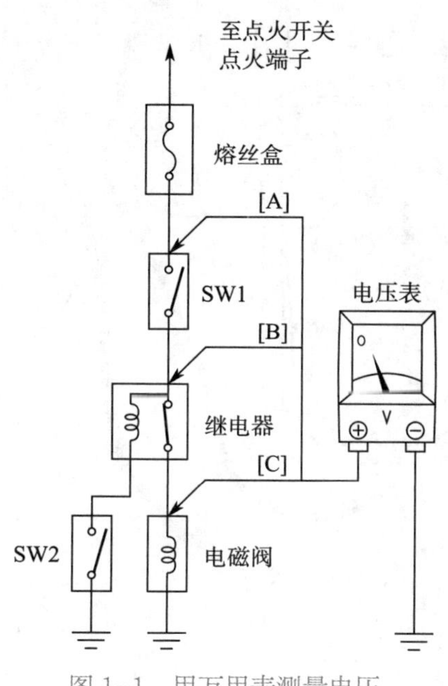

图 1-1　用万用表测量电压

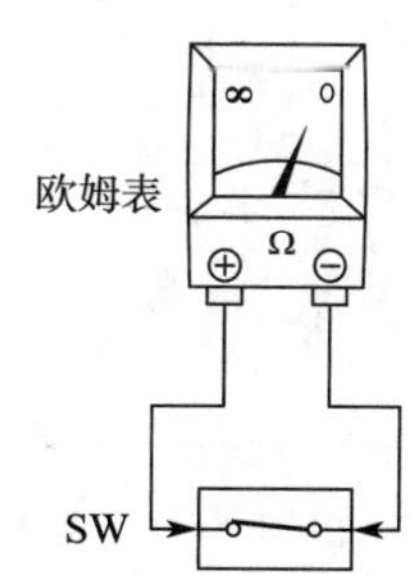

图 1-2　用欧姆表测量线路电阻

（2）线路短路故障的检测方法（见图 1-3）

1）拆下熔断的熔丝并断开熔丝的所有负载。

2）在熔丝的位置连接试灯。

3）在以下情况下试灯点亮：点火开关打开；点火开关和 SW1 打开；点火开关、SW1 和继电器打开（或连接继电器）和 SW2 关闭（或断开 SW2）。

4）查看试灯时，断开并重新连接连接器。试灯仍点亮的连接器和试灯熄灭的连接器之间短路。

5）沿车身轻微晃动故障线束以准确找出短路部位。

（3）高压绝缘故障的检测方法（见图 1-4）

高压绝缘测试采用数字式绝缘测试仪的绝缘测试功能，通过绝缘测试功能读取高压电路的绝缘电阻值。

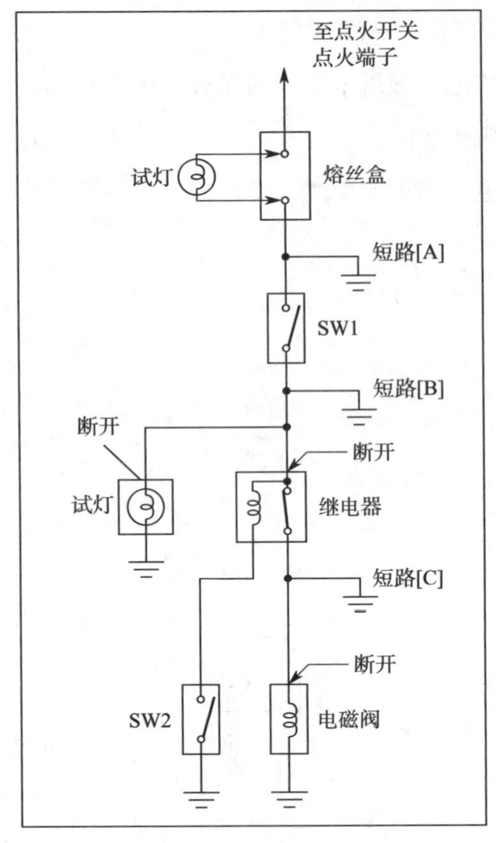

图 1-3　线路短路故障的检测方法

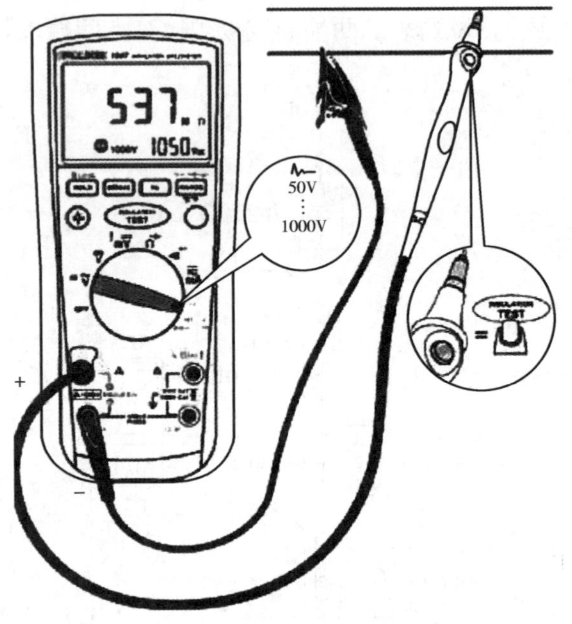

图 1-4　高压绝缘故障的检测方法

3. 专用诊断仪器诊断法

目前，新能源汽车各个管理系统均采用网络连接，其零部件也采用电子控制。因此，在新能源汽车故障诊断过程中广泛使用专用诊断仪器来判断汽车故障点。

新能源汽车专用诊断仪器主要有新能源汽车故障解码器、汽车专用示波器、电池专用检测仪等。使用专用诊断仪器可以大大提高新能源汽车的故障诊断效率。但专用诊断仪器成本较高，一般只适用于专业化的故障诊断和较大规模的汽车维修企业。

常用的新能源汽车专业诊断仪器包括北汽新能源汽车故障诊断仪（见图 1-5）、丰田雷凌双擎汽车故障诊断仪（见图 1-6）、比亚迪（BYD）新能源汽车故障诊断仪（见图 1-7）、动力蓄电池专用检测仪（见图 1-8），这些故障诊断仪器的具体操作方法可参考其使用说明书。

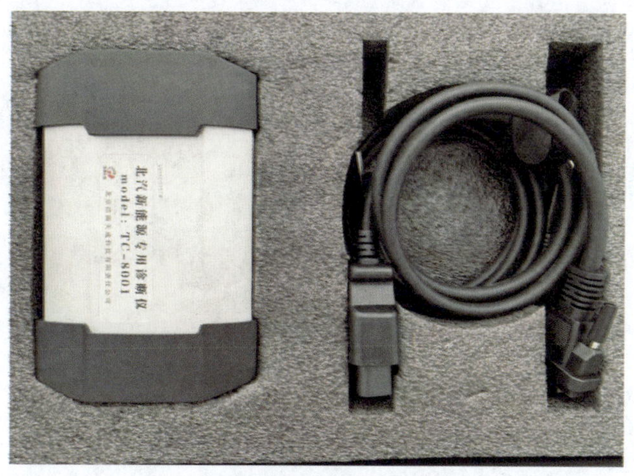

图 1-5　北汽新能源汽车故障诊断仪

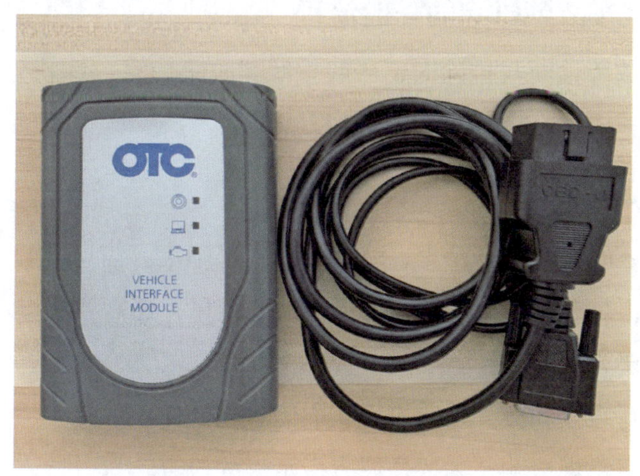

图 1-6　丰田雷凌双擎汽车故障诊断仪

图 1-7　比亚迪（BYD）新能源汽车故障诊断仪

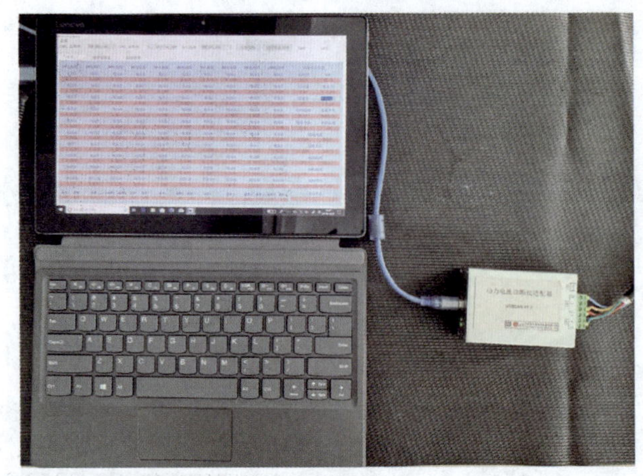

图 1-8　动力蓄电池专用检测仪

三、新能源汽车故障排除的一般流程

在新能源汽车故障诊断与排除时，一般按照“收集信息→症状分析→故障定位→确定原因→故障修复→系统检验”6 个步骤进行。

1. 收集信息

收集信息可通过问诊、基本检查、路试等方式来确定。信息最好来源于第一手观察，但因为客观原因，不是总能掌握到第一手观察到的信息，还需要通过不同的方式获得。

收集信息的主要方式如下。

（1）对客户进行直接问诊，从客户处获取信息。

（2）对车辆进行常规检测，主要是仪表指示灯的检查。

（3）对车辆进行路试，使故障重现，确认故障现象及故障症状。

2. 症状分析

通过对故障进行简单的信息收集，了解到故障现象和故障症状，接下来需要对故障症状进行分析，确定故障的类型，以及故障可能出现在哪一个系统和组件中。常见的故障症状有以下几类。

（1）按照故障产生的频率分为持续发生的故障、间歇发生的故障和偶然发生的故障。

（2）按照故障产生后是否有故障码分为有故障码的故障（故障指示灯点亮）和无故障码的故障（故障指示灯未点亮）。

3. 故障定位

故障定位是故障排除流程中的第三步，即要找出有故障的零部件，这是故障排除过程中最重要的一步。在故障定位过程中，可能需要使用专用诊断仪器、查阅车辆维修手

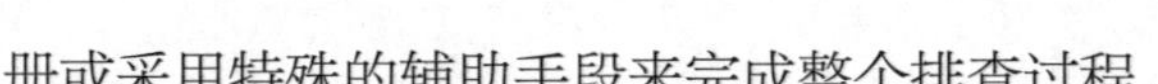
册或采用特殊的辅助手段来完成整个排查过程。

4. 确定原因

通过专业诊断仪器和设备对系统进行检修，并对检查部位数据进行分析，对测试结果进行判断，确定故障原因。故障原因判断的准确性有助于确定最终排除故障可采取的具体措施。

5. 故障修复

确定故障原因后，接下来就是故障修复。目前，新能源汽车常见的故障修复手段是更换新的零部件。

6. 系统检验

故障被排除后，需要对车辆再次进行路试或在车间内检验。最有效的方式是对应以前的测试条件进行测试，并对结果进行对比。

四、新能源汽车故障诊断与排除的注意事项

1. 在进行电动汽车高压部件检修前，应先关闭启动钥匙，断开低压蓄电池负极电缆，戴上绝缘手套，拔下维修开关，等待 5 min 后才能操作。

2. 在进行高压部件相关操作前，维修人员必须穿戴好劳保用品，佩戴绝缘手套，穿好高压绝缘鞋。

3. 在测量电压时，不允许虚接，避免出现打火花现象，造成不必要的财产损失。

4. 诊断、测试及排除故障要在保证绝对安全的条件下进行，使用专用诊断仪器时应按规范操作，避免损坏专用诊断仪器。

5. 在进行汽车故障诊断时，应尽量避免拆卸零件，禁止随意大拆大卸。

6. 判断故障时要有充分的依据，不要乱拆、乱接、乱试，否则不但排除不了故障，反而会造成新的故障或损坏。

7. 在进行故障判断时，不要总往复杂方面想，应“从简到繁、由表及里、逐步深入”。

8. 故障排除完毕，应清点诊断过程中所使用的工具、仪器、抹布等是否齐全。新能源汽车上有较多的部件由高压控制，如果在维修过程中工具设备遗漏在高压部件处，可能造成高压部件损伤甚至车辆损毁。

模块二
纯电动汽车故障诊断与排除

课题一 仪表报高压系统绝缘故障诊断与排除

学习目标

1. 能根据故障现象，在车辆维修手册中查询解决仪表报高压系统绝缘故障的相关信息。

2. 能根据车辆维修手册中的高压系统电路图，合理制定仪表报高压系统绝缘故障的排除方案。

3. 能根据故障排除方案，排除仪表报高压系统绝缘故障。

4. 在故障排除过程中，能准确记录检测数据，工作过程应符合新能源汽车安全操作要求。

任务描述

一辆北汽 EV160 2016 款纯电动汽车在启动时，启动钥匙置于 ON 位置，仪表盘上的多信息显示屏上显示“绝缘故障”中文字样提示，并且无“Ready”指示灯（见图 2-1-1），无法启动车辆。

经过维修技师初步检查，除了仪表盘上显示“绝缘故障”提示外，动力蓄电池故障指示灯、动力蓄电池断开指示灯、系统故障指示灯也同时点亮（见图 2-1-1），需要对整车高压部件、线束等的绝缘性能进行整体检修。

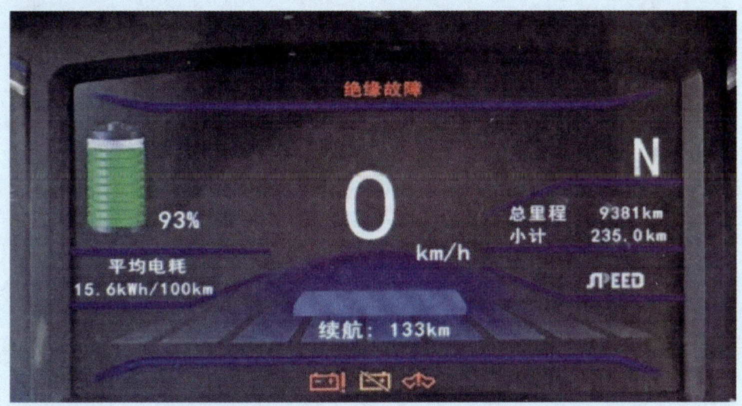

图 2-1-1 故障车辆的仪表显示

任务分析

北汽 EV160 2016 款纯电动汽车所有高压部分绝缘性能都由动力蓄电池检测，整车没有高压绝缘检测功能。

如果出现绝缘故障，需要根据车辆维修手册及高压系统电路原理图，用绝缘表逐一检测每个高压部件、线束的绝缘性能，确定故障点。如果绝缘电阻值达不到规定值（500 MΩ），则需要更换高压部件、线束，甚至联系动力蓄电池售后工程师进行动力蓄电池维修，以便排除高压绝缘故障。

相关理论

北汽 EV160 2016 款纯电动汽车的高压系统电路由动力蓄电池、电源分配单元（PDU）、直流充电接口（快充口）、交流充电接口（慢充口）、空调压缩机、PTC 加热器、电机控制器（MCU）、驱动电机等高压零部件及高压线束组成（见图 2-1-2）。

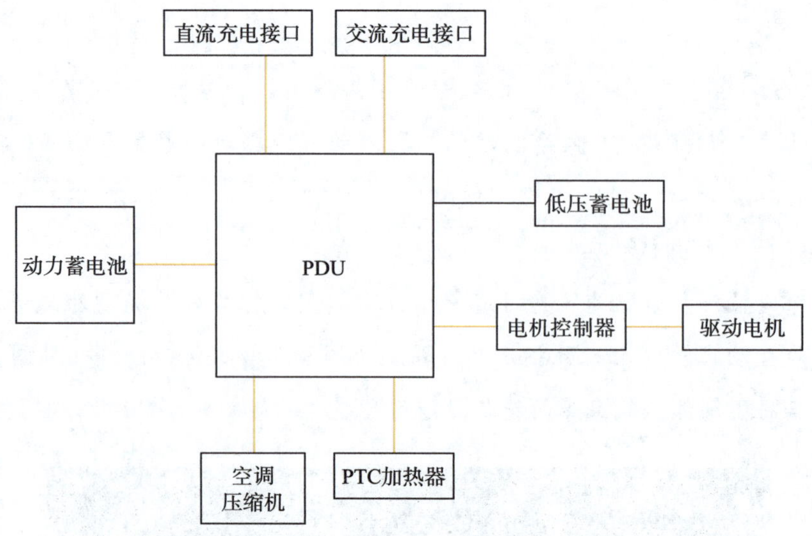

图 2-1-2　北汽 EV160 2016 款纯电动汽车高压系统电路原理

由高压系统电路原理图可知，高压系统绝缘故障主要是由各高压零部件及高压线束引起的。

故障排除

一、高压绝缘的检查方法

1. 检查仪表盘高压系统“绝缘故障”指示灯

北汽 EV160 2016 款纯电动汽车高压系统绝缘故障，首先由动力蓄电池管理系统（BMS）进行自我检测，BMS 监管汽车所有高压部件整体绝缘性能情况，整车并没有专门的绝缘故障检测系统，若动力蓄电池、PDU、空调压缩机、PTC 加热器、电机控制器和驱动电机等任何一处高压部件及其线束存在绝缘性能故障，BMS 都会向动力蓄电池发出指令，不允许动力蓄电池执行高压上电，并且通过整车控制器（VCU）通信在车辆仪表盘上报高压系统绝缘故障，对应的故障指示灯就会点亮，车辆仪表盘显示无“Ready”指示灯，无法上高压电，车辆不能正常行驶。

2. 排除连接高压部件之间的高压线束故障

根据北汽 EV160 2016 款纯电动汽车的车辆维修手册及其电路手册，找到动力蓄电池、PDU、空调压缩机、PTC 加热器、电机控制器、驱动电机、直流充电接口和交流充电接口等高压部件之间的高压线束，将这些高压线束从高压部件上断开并分离出来，单独对其进行绝缘电阻检测，逐个排除各高压连接线束的绝缘性能故障。

高压线束绝缘性能检测方法：用绝缘诊断仪对高压线束一端的高压正、负极母线端口，分别测量正、负极母线与高压线束屏蔽层搭铁之间的绝缘电阻是否达到绝缘标准。若不达标，则更换该高压部件高压线束。

3. 排除高压部件绝缘性能故障

对动力蓄电池、PDU、空调压缩机、PTC 加热器、电机控制器和驱动电机高压接插件端口进行绝缘性能故障检测，若某一高压部件存在绝缘电阻值不符合标准值，则首先联系高压部件生产制造厂家进行处理，如有必要，则更换相应的高压部件。

二、高压绝缘故障排除

1. 故障诊断流程

高压绝缘故障诊断流程如图 2-1-3 所示。

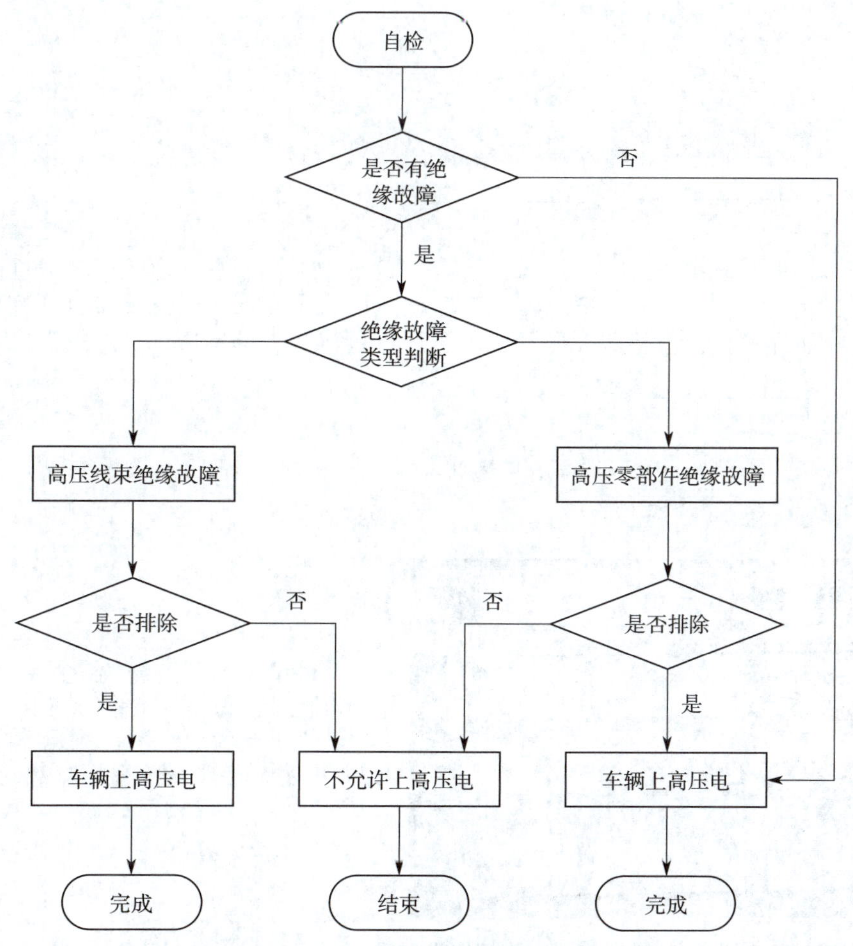

图 2-1-3 高压绝缘故障诊断流程

2. 故障检测步骤

在上述流程图中，每一个检查步骤的具体检测方法见表 2-1-1。

表 2-1-1　具体检测方法

<table>
<tr><td>1</td><td colspan="2">检查 PDU 到直流充电接口的直流充电线束之间的绝缘性能</td></tr>
<tr><td colspan="2">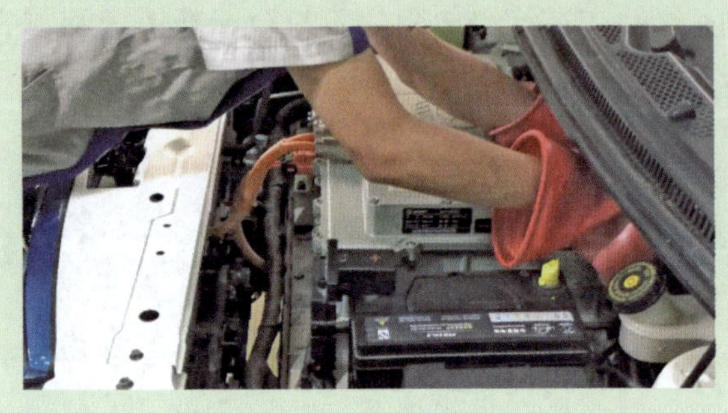
图 2-1-4　高压断电操作</td><td>（1）对车辆进行高压断电操作（见图 2-1-4）
备注：高压断电操作步骤详见新能源汽车检测与维修专业教材《新能源汽车高压电安全》
注意：严禁在车辆带高压电的情况下进行绝缘性能检测，以防发生触电等人身伤害</td></tr>
<tr><td colspan="2">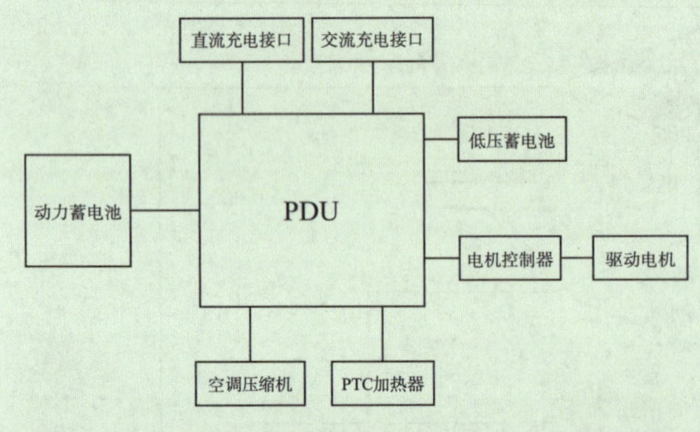

图 2-1-5　高压系统 PDU 到直流充电接口线束原理</td><td>（2）由高压系统 PDU 到直流充电接口线束原理（见图 2-1-5）可知，检查直流充电线束</td></tr>
<tr><td colspan="2">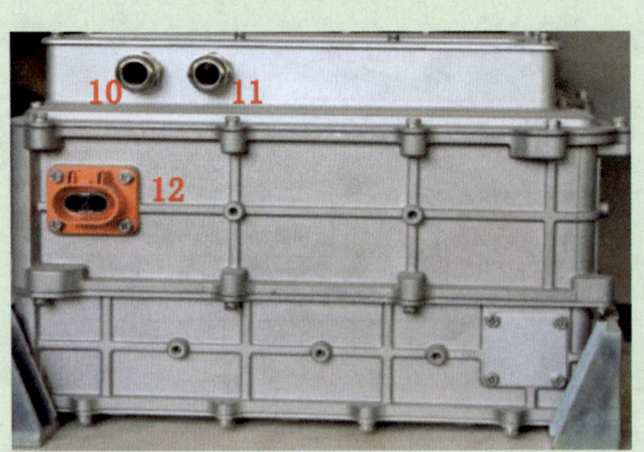

图 2-1-6　PDU 到直流充电线束端子连接位置（10 号、11 号端子）</td><td>1）打开汽车前舱盖，找到 PDU 到直流充电线束端子连接位置（见图 2-1-6），其中 10 号端子连接直流充电高压负极，11 号端子连接直流充电高压正极</td></tr>
</table>

续表

 图 2-1-7 拆卸 PDU 直流充电线束端口	2）用专用绝缘工具从 PDU 里拆卸直流充电线束端口（见图 2-1-7） **注意：应戴好绝缘手套，做好绝缘防护措施再进行操作，以防发生人身意外伤害**
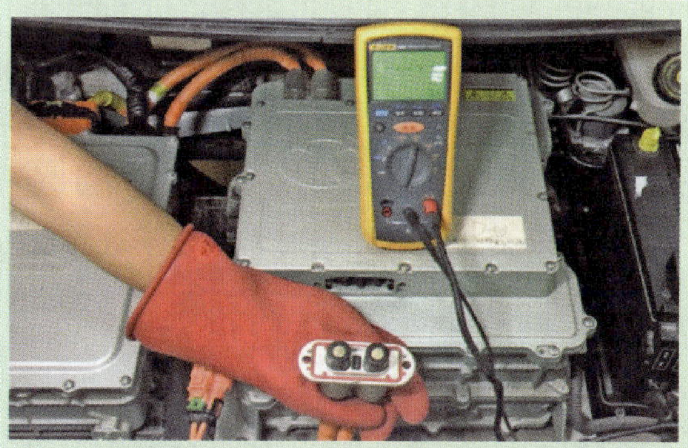 图 2-1-8 PDU 端直流充电线束 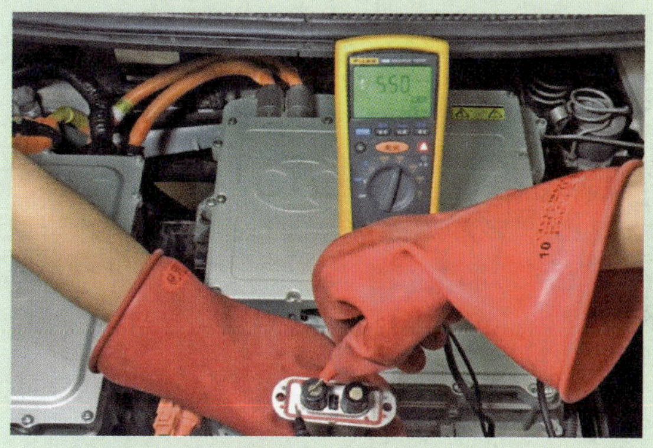 图 2-1-9 测量直流充电线束高压负极端子与线束屏蔽层搭铁之间的绝缘电阻	（3）用绝缘表对直流充电线束进行绝缘性能检测，分别按照以下测量标准进行 **标准电阻** 检测仪连接 / 条件 / 规定状态： 负极→屏蔽层搭铁 / 电源开关 OFF / 550 MΩ 或更大 正极→屏蔽层搭铁 / 电源开关 OFF / 550 MΩ 或更大 负极→正极 / 电源开关 OFF / 550 MΩ 或更大 1）准备好绝缘检测表（简称绝缘表），以及上述所拆卸出来的直流充电线束（见图 2-1-8） 2）测量直流充电线束高压负极端子与线束屏蔽层搭铁之间的绝缘电阻（见图 2-1-9），电阻值应不小于 550 MΩ，若达不到此值，则应更换直流充电线束

续表

	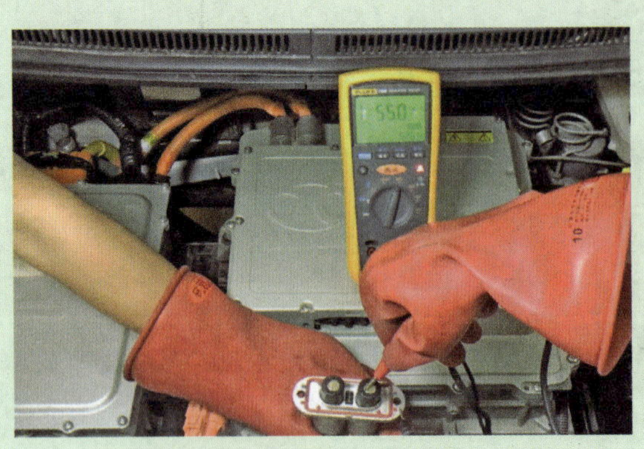 图 2-1-10　测量直流充电线束高压正极端子与线束屏蔽层搭铁之间的绝缘电阻	3）测量直流充电线束高压正极端子与线束屏蔽层搭铁之间的绝缘电阻（见图 2-1-10），电阻值应不小于 550 MΩ，若达不到此值，则应更换直流充电线束 4）测量直流充电线束高压负极端子与正极端子之间的绝缘电阻，电阻值应不小于 550 MΩ，若达不到此值，则应更换直流充电线束
2	检查 PDU 到空调压缩机高压线束之间的绝缘性能	
	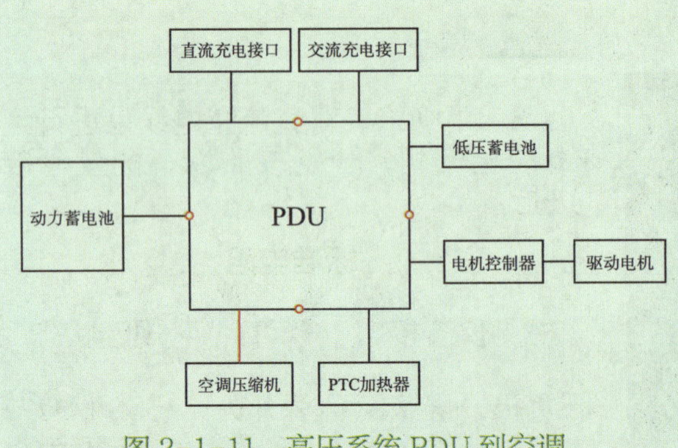 图 2-1-11　高压系统 PDU 到空调压缩机线束原理	（1）由高压系统 PDU 到空调压缩机线束原理（见图 2-1-11）可知，需要对该高压线束绝缘性能进行检测 1）用举升机举升车辆 **注意：举升车辆时需注意周边环境人员的安全，防止发生人身伤害**
	 图 2-1-12　拆卸 PDU 到空调压缩机之间的高压线束	2）拆卸 PDU 到空调压缩机之间的高压线束（见图 2-1-12）

续表

图 2-1-13　PDU 到空调压缩机（端）之间的高压线束在汽车底盘上的位置

提示：PDU 到空调压缩机（端）之间的高压线束在汽车底盘上的位置如图 2-1-13 所示

图 2-1-14　PDU 到空调压缩机（端）的高压线束接插件端口

3）拔出 PDU 到空调压缩机（端）的高压线束接插件，注意拉拔时需要手指用力按压线束端口卡扣位置，同时用力往外拉拔，拆下的线束端口如图 2-1-14 所示

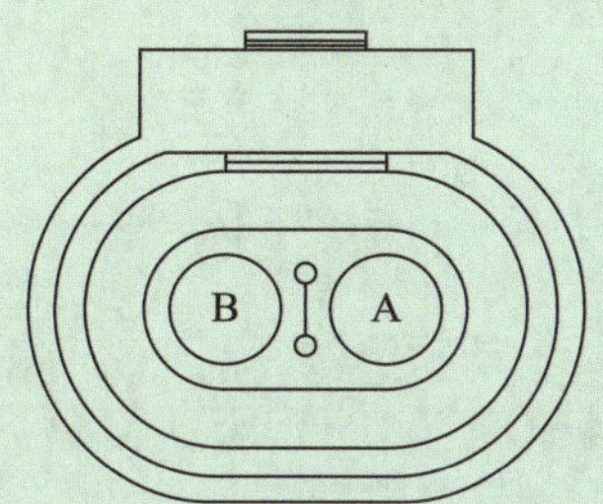

图 2-1-15　空调压缩机线束与 PDU 连接 4 芯接插件端子的名称

4）空调压缩机线束与 PDU 连接 4 芯接插件端子的名称（见图 2-1-15）如下：A 为高压电源负极；B 为高压电源正极；中间两端口为互锁端子

（2）用绝缘表对 PDU 到空调压缩机之间的高压线束进行绝缘性能检测，分别按照以下测量标准进行

标准电阻

检测仪连接	条件	规定状态
高压电源正极（B）→屏蔽层搭铁	电源开关 OFF	550 MΩ 或更大

续表

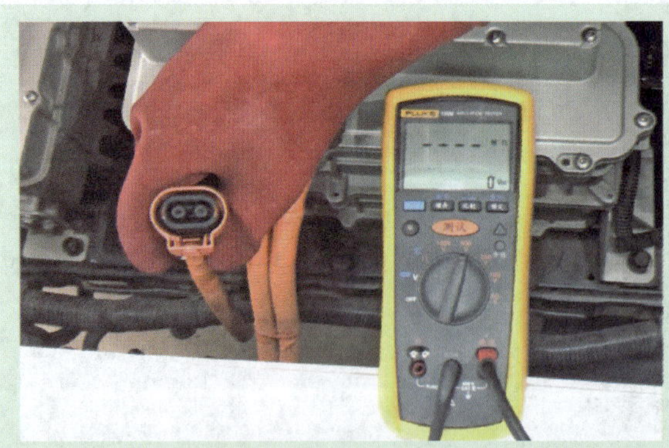

图 2-1-16　绝缘表与高压线束

检测仪连接	条件	规定状态
高压电源负极（A）→屏蔽层搭铁	电源开关 OFF	550 MΩ 或更大
高压电源正极（B）→高压电源负极（A）	电源开关 OFF	550 MΩ 或更大

1）为方便测量绝缘性能，可降落车辆，将线束端口拉至车辆前方，露出线束端口进行测量

2）准备好绝缘表，以及上述所拆卸出来的 PDU 到空调压缩机之间的高压线束（见图 2-1-16）

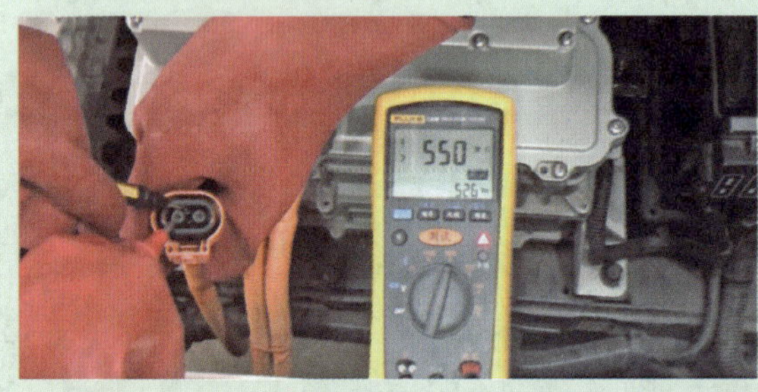

图 2-1-17　测量 PDU 到空调压缩机之间线束的高压电源正极端子（B）与线束屏蔽层搭铁之间的绝缘电阻

3）测量 PDU 到空调压缩机之间线束的高压电源正极端子（B）与线束屏蔽层搭铁之间的绝缘电阻（见图 2-1-17），电阻值应不小于 550 MΩ，若达不到此值，则应更换空调压缩机高压线束

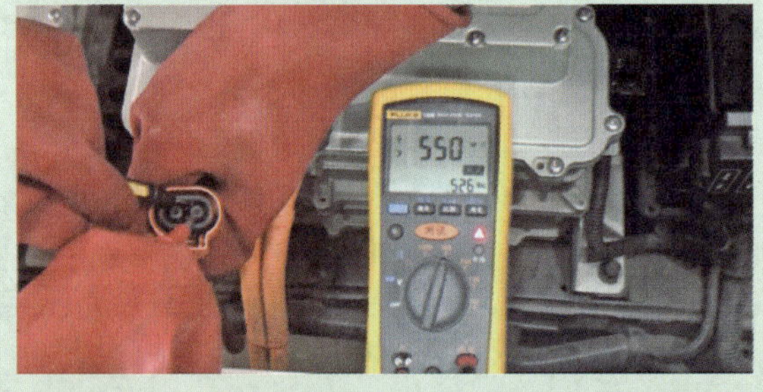

图 2-1-18　测量 PDU 到空调压缩机线束的高压电源负极端子（A）与线束屏蔽层搭铁之间的绝缘电阻

4）测量 PDU 到空调压缩机线束的高压电源负极端子（A）与线束屏蔽层搭铁之间的绝缘电阻（见图 2-1-18），电阻值应不小于 550 MΩ，若达不到此值，则应更换空调压缩机高压线束

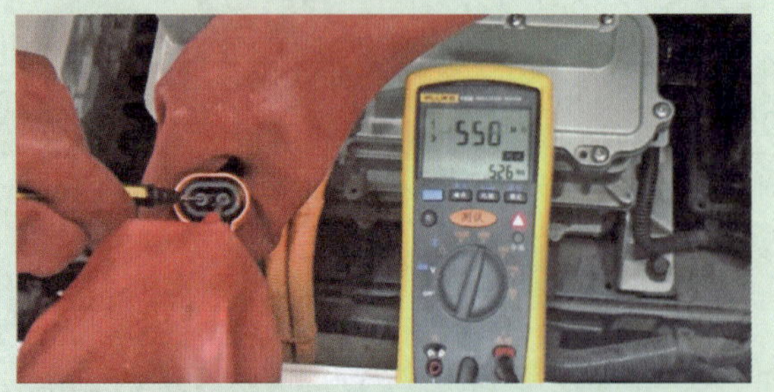

图 2-1-19　测量 PDU 到空调压缩机线束的高压电源正极（B）与高压电源负极（A）端子之间的绝缘电阻

5）测量 PDU 到空调压缩机线束的高压电源正极（B）与高压电源负极（A）端子之间的绝缘电阻（见图 2-1-19），电阻值应不小于 550 MΩ，若达不到此值，则应更换空调压缩机高压线束

续表

<table>
<tr><td>3</td><td colspan="2">检查 PDU 到动力蓄电池之间的高压线束的绝缘性能</td></tr>
<tr><td colspan="2">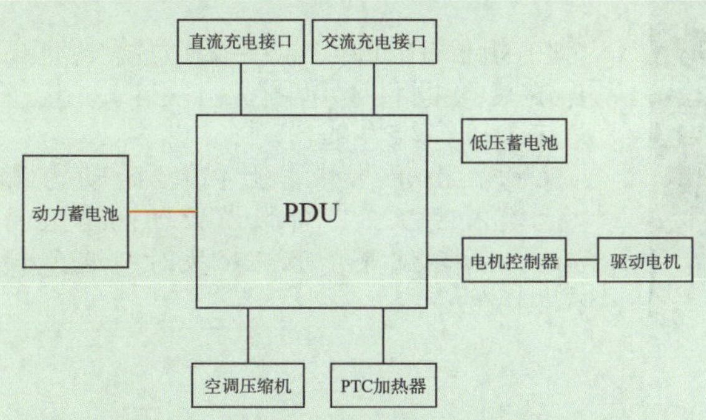

图 2-1-20 PDU- 动力蓄电池系统原理</td><td>（1）由 PDU- 动力蓄电池高压系统原理（见图 2-1-20）可知，需要对该高压线束绝缘性能进行检测
注意：为确保人身安全，防止高压触电危险，应确保动力蓄电池高压输出端处于断电状态</td></tr>
<tr><td colspan="2">
图 2-1-21 拆卸动力蓄电池低压控制接插件</td><td>1）举升车辆，拆卸动力蓄电池低压控制接插件（见图 2-1-21）</td></tr>
<tr><td colspan="2">
图 2-1-22 拆卸动力蓄电池高压线束接插件</td><td>2）拆卸动力蓄电池高压线束接插件（见图 2-1-22）
注意：动力蓄电池高压线束接插件有三层保护卡扣，拆卸时应分清拆卸卡扣顺序，切勿暴力拉拔，防止损坏高压接插件
建议进行该操作过程中，使用符合国家安全标准的 500 V 绝缘手套，若使用具有更高绝缘性能的手套，会因为绝缘手套过厚而影响拆卸操作</td></tr>
<tr><td colspan="2">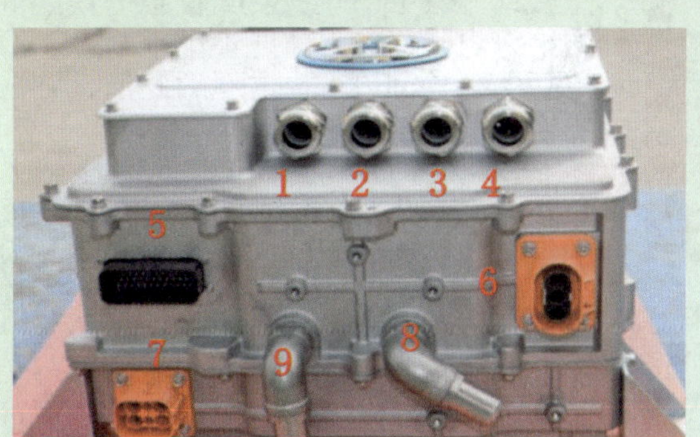

图 2-1-23 PDU 动力蓄电池高压输入、输出口位置（端子 1、2，方向朝车后）</td><td>3）降落车辆，打开前舱盖，在 PDU 端找到与动力蓄电池连接的高压线束端口，端口位置如图 2-1-23 所示
其中，PDU 外部连接端口定义如下：1 为动力蓄电池输入高压正极；2 为动力蓄电池输入高压负极</td></tr>
</table>

续表

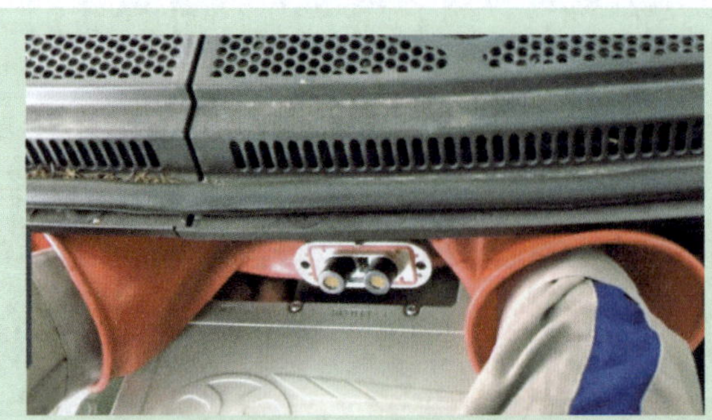

图 2-1-24 拆卸 PDU（端）- 动力蓄电池高压线束接插件

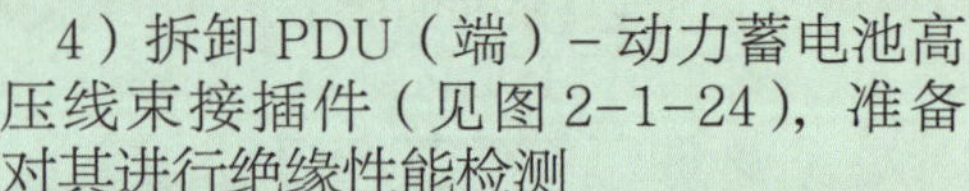

4）拆卸 PDU（端）- 动力蓄电池高压线束接插件（见图 2-1-24），准备对其进行绝缘性能检测

注意：由于在整车上 PDU 的动力蓄电池输入高压正、负极端口朝向车里面（后），拆卸位置受限，拉拔时应避免损坏接插件

图 2-1-25 测量 PDU 动力蓄电池高压输入正极 - 屏蔽层绝缘电阻

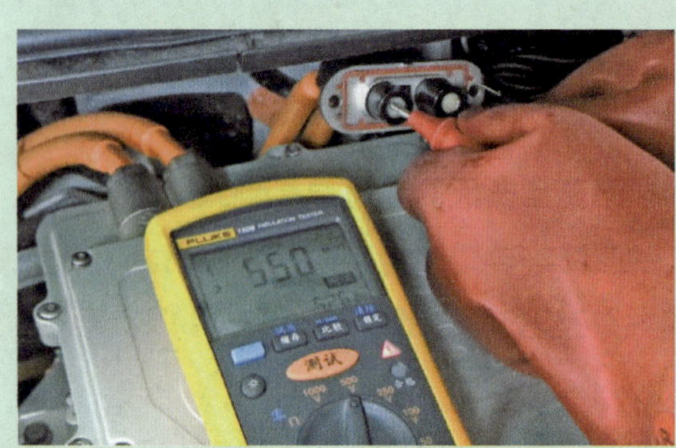

图 2-1-26 测量 PDU 动力蓄电池高压输入负极 - 屏蔽层绝缘电阻

（2）用绝缘表对 PDU（端）- 动力蓄电池高压线束进行绝缘性能检测，分别按照以下测量标准进行

标准电阻

检测仪连接	条件	规定状态
动力蓄电池高压输入正极（1）- 屏蔽层搭铁	电源开关 OFF	550 MΩ 或更大
动力蓄电池高压输入负极（2）- 屏蔽层搭铁	电源开关 OFF	550 MΩ 或更大
动力蓄电池高压输入正极（1）- 高压输入负极（2）	电源开关 OFF	550 MΩ 或更大

1）测量 PDU 动力蓄电池高压输入正极端子（1）与线束屏蔽层搭铁之间的绝缘电阻，电阻值应不小于 550 MΩ（见图 2-1-25），若达不到此值，则应更换该高压线束

2）测量 PDU 动力蓄电池高压输入负极端子（2）与线束屏蔽层搭铁之间的绝缘电阻，电阻值应不小于 550 MΩ（见图 2-1-26），若达不到此值，则应更换该高压线束

3）测量 PDU 动力蓄电池高压输入正极端子（1）与负极端子（2）之间的绝缘电阻，电阻值应不小于 550 MΩ，若达不到此值，则应更换该高压线束

续表

4	检查 PDU- 电机控制器高压线束绝缘性能
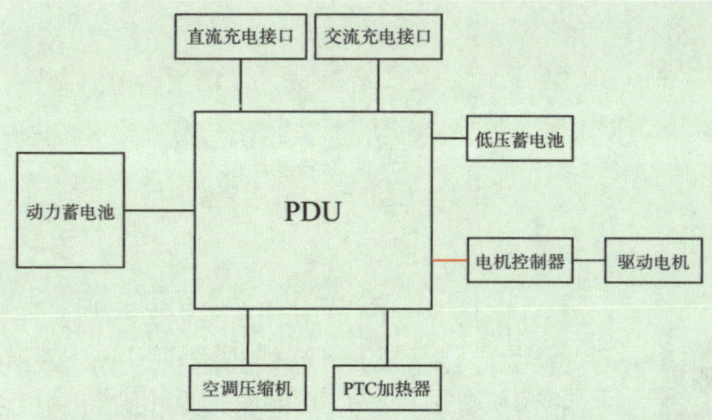 图 2-1-27 PDU- 电机控制器高压系统原理	（1）根据 PDU- 电机控制器高压系统原理（见图 2-1-27）可知，需要对该高压线束绝缘性能进行检测
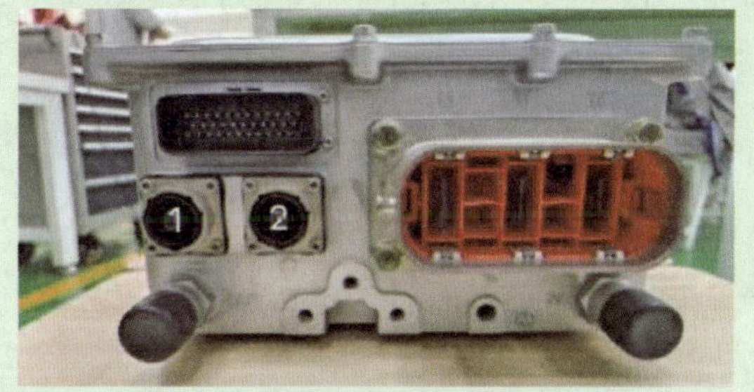 图 2-1-28 电机控制器电缆正、负极端口	1）电机控制器电缆正极、负极端口如图 2-1-28 所示，其中：1 为 PDU- 电机控制器（端）电缆正极；2 为 PDU- 电机控制器（端）电缆负极
 图 2-1-29 拆卸 PDU- 电机控制器（端）正、负极电缆	2）拆卸 PDU- 电机控制器（端）正、负极电缆（见图 2-1-29）
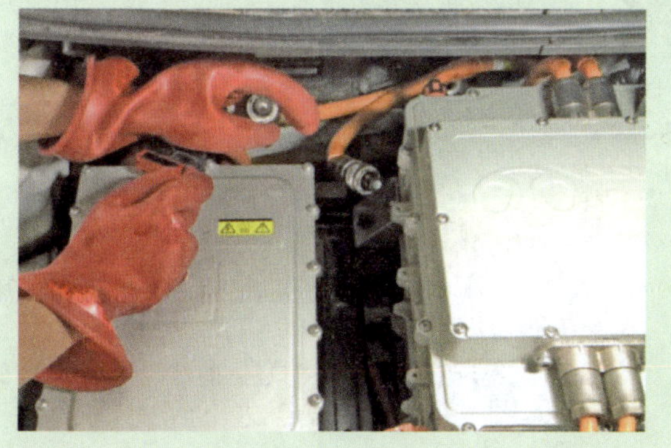 图 2-1-30 PDU- 电机控制器（端）正、负极电缆	**注意：PDU- 电机控制器（端）正、负极电缆（见图 2-1-30）是两根高压线束，拆卸时需要分开操作，切勿一起拉拔，避免造成端口损坏** 3）拆卸 PDU- 电机控制器电缆在 PDU 端的正、负极端子，其位置如图 2-1-23 中标注 3、4 所示 其中，PDU 外部端子定义如下：3 为高压输出到电机控制器正极；4 为高压输出到电机控制器负极 具体拆卸操作与步骤 2）一致，不再阐述

续表

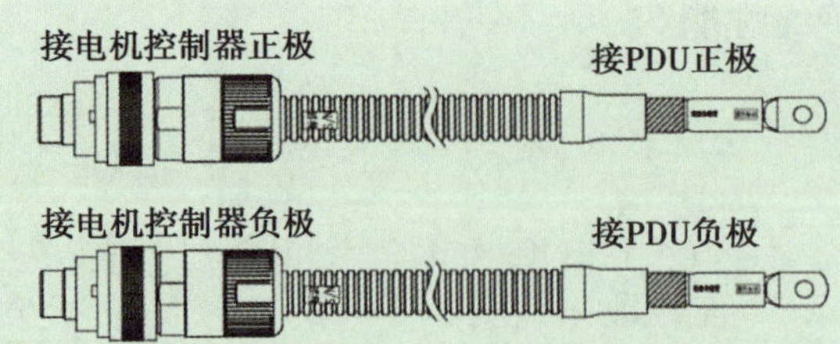

图 2-1-31　PDU- 电机控制器电缆结构

图 2-1-32　取出 PDU- 电机控制器高压线束

4）完成 PDU、电机控制器两边端口拆卸后，由于两个部件间距较近，该高压线束较短，为方便进行绝缘性能检测，可取出该高压线束进行检查（见图 2-1-31、图 2-1-32）

图 2-1-33　测量 PDU- 电机控制器高压线束正极端子（3）与线束屏蔽层搭铁之间的绝缘电阻

（2）取出该段高压线束后，用绝缘表对 PDU- 电机控制器高压线束进行绝缘性能检测，分别按照以下测量标准进行

标准电阻

检测仪连接	条件	规定状态
PDU- 电机控制器正极（3）- 屏蔽层搭铁	电源开关 OFF	550 MΩ 或更大
PDU- 电机控制器负极（4）- 屏蔽层搭铁	电源开关 OFF	550 MΩ 或更大
PDU- 电机控制器正极（3）- 高压输入负极（4）	电源开关 OFF	550 MΩ 或更大

1）测量 PDU- 电机控制器高压线束正极端子（3）与线束屏蔽层搭铁之间的绝缘电阻，电阻值应不小于 550 MΩ（见图 2-1-33），若达不到此值，则应更换线束

续表

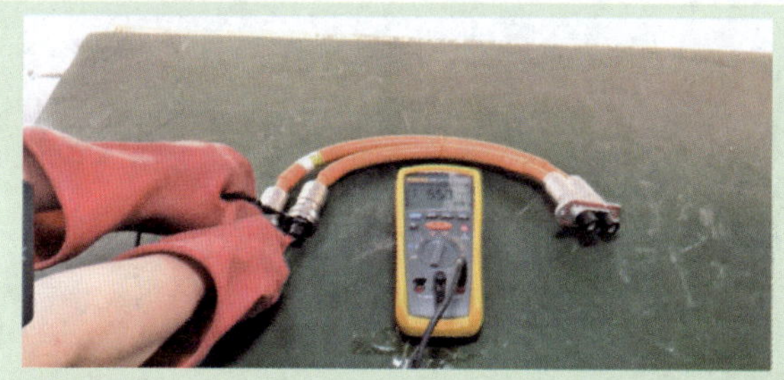 图 2-1-34　测量 PDU- 电机控制器高压线束负极端子（4）与线束屏蔽层搭铁之间的绝缘电阻	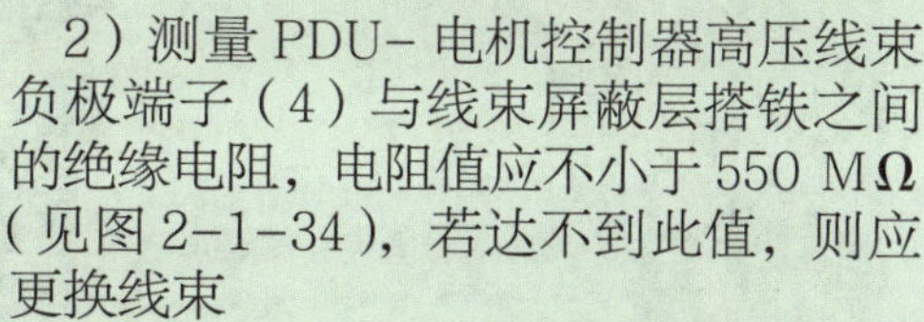 2）测量 PDU- 电机控制器高压线束负极端子（4）与线束屏蔽层搭铁之间的绝缘电阻，电阻值应不小于 550 MΩ（见图 2-1-34），若达不到此值，则应更换线束
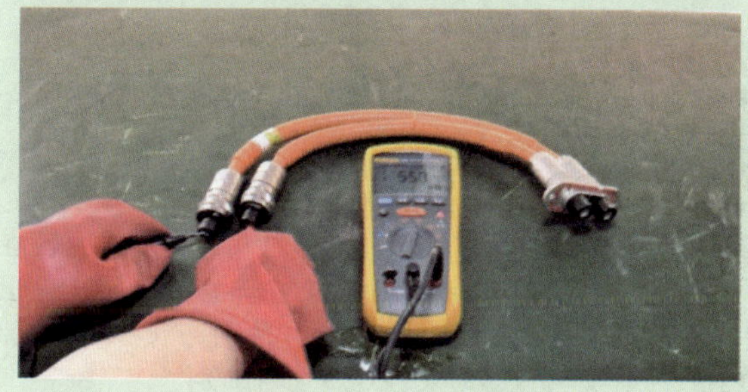 图 2-1-35　测量 PDU- 电机控制器高压线束正极端子（3）与负极端子（4）之间的绝缘电阻	3）测量 PDU- 电机控制器高压线束正极端子（3）与负极端子（4）之间的绝缘电阻，电阻值应不小于 550 MΩ（见图 2-1-35），若达不到此值，则更换线束
5	检查 PDU-PTC 加热器高压线束绝缘性能
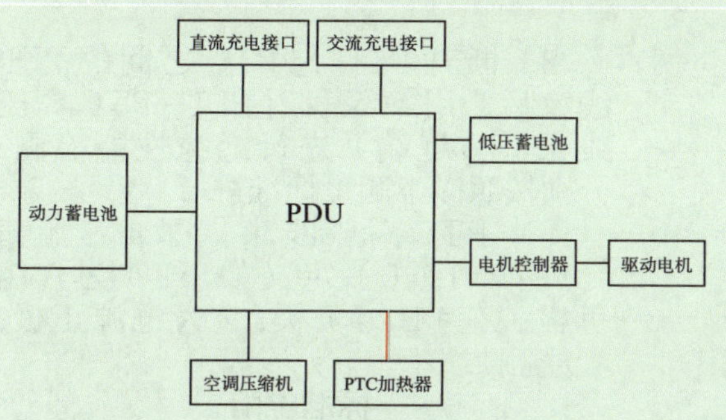 图 2-1-36　PTC 加热器高压线束原理	（1）由 PTC 加热器高压线束原理（见图 2-1-36）可知，该高压线束与车辆 PDU 连接，需要对其进行绝缘性能检测
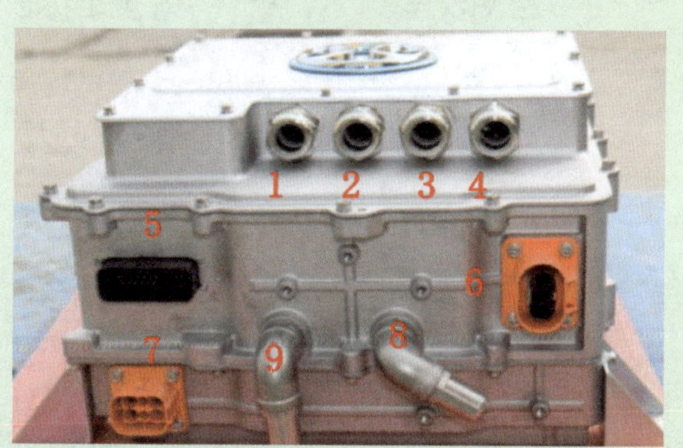 图 2-1-37　PDU 端 PTC 高压输出位置（端子 6，方向朝车后）	1）找到 PDU-PTC 加热器高压线束在 PDU 端的位置（见图 2-1-37） 其中，PDU 外部端子定义如下：6 为 PTC 高压输出 *注意：图 2-1-37 中所示 PDU 端口为朝车后方向*

续表

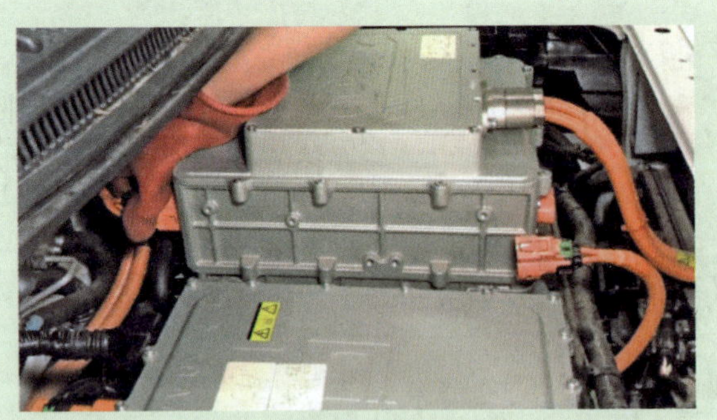
图 2-1-38　拆卸 PDU 上的 PTC 高压线束

2）拆卸 PDU 上的 PTC 高压线束（见图 2-1-38）

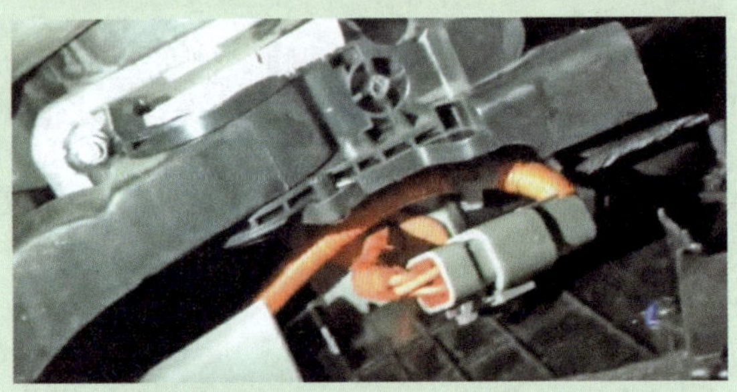
图 2-1-39　拆卸驾驶室下方的 PTC 高压线束

3）拆卸驾驶室下方的 PTC 高压线束（见图 2-1-39）

注意：该线束位于驾驶室下方，PTC 加热器的作用是为车内输送暖气，装在暖风蒸发器总成内，在车辆维修手册里并未标注其在车内的位置，但 PTC 加热器高压线束位置较易识别

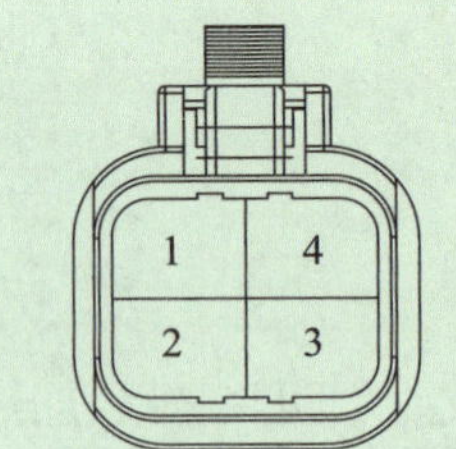

图 2-1-40　PTC 4 芯接插件

（2）断开 PDU 与 PTC 之间的高压线束后，用绝缘表对 PDU-PTC 高压线束（PDU 端）进行绝缘性能检测，分别按照以下测量标准进行

其中 PTC 高压线束端子 4 芯端口（见图 2-1-40）定义如下：1 为 A 组负极；2 为 B 组负极；3 为电源正极；4 为互锁端子

标准电阻

检测仪连接	条件	规定状态
PDU-PTC 正极电源 - 屏蔽层搭铁	电源开关 OFF	550 MΩ 或更大
PDU-PTC A 组负极 - 屏蔽层搭铁	电源开关 OFF	550 MΩ 或更大
PDU-PTC B 组负极 - 屏蔽层搭铁	电源开关 OFF	550 MΩ 或更大

续表

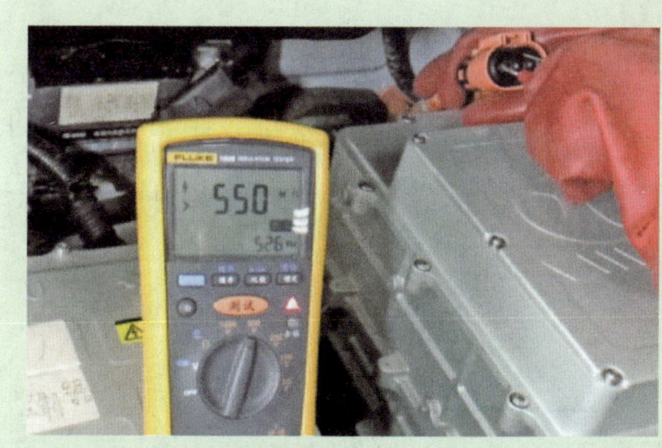

图 2-1-41　测量 PDU-PTC 高压线束正极与线束屏蔽层搭铁之间的绝缘电阻

图 2-1-42　测量 PDU-PTC 高压线束 A 组负极与线束屏蔽层搭铁之间的绝缘电阻

图 2-1-43　测量 PDU-PTC 高压线束 B 组负极与线束屏蔽层搭铁之间的绝缘电阻

检测仪连接	条件	规定状态
PDU-PTC 正极电源 -A 组负极	电源开关 OFF	550 MΩ 或更大
PDU-PTC A 组负极 -B 组负极	电源开关 OFF	550 MΩ 或更大
PDU-PTC 正极电源 -B 组负极	电源开关 OFF	550 MΩ 或更大

检测方法如下：

1）测量 PDU-PTC 高压线束位于 PDU 端的电源正极与线束屏蔽层搭铁之间的绝缘电阻，电阻值应不小于 550 MΩ（见图 2-1-41），若达不到此值，则应更换 PTC 高压线束

2）测量 PDU-PTC 高压线束位于 PDU 端的 A 组负极与线束屏蔽层搭铁之间的绝缘电阻，电阻值应不小于 550 MΩ（见图 2-1-42），若达不到此值，则应更换 PTC 高压线束

3）测量 PDU-PTC 高压线束位于 PDU 端的 B 组负极与线束屏蔽层搭铁之间的绝缘电阻，电阻值应不小于 550 MΩ（见图 2-1-43），若达不到此值，则应更换 PTC 高压线束

续表

 图 2-1-44　测量 PDU-PTC 高压线束电源正极与 A 组负极之间的绝缘电阻	4）测量 PDU-PTC 高压线束位于 PDU 端的电源正极与 A 组负极之间的绝缘电阻，电阻值应不小于 550 MΩ（见图 2-1-44），若达不到此值，则应更换 PTC 高压线束
 图 2-1-45　测量 PDU-PTC 高压线束 A 组负极与 B 组负极之间的绝缘电阻	5）测量 PDU-PTC 高压线束位于 PDU 端的 A 组负极与 B 组负极之间的绝缘电阻，电阻值应不小于 550 MΩ（见图 2-1-45），若达不到此值，则应更换 PTC 高压线束
 图 2-1-46　测量 PDU-PTC 高压线束电源正极与 B 组负极之间的绝缘电阻	6）测量 PDU-PTC 高压线束位于 PDU 端的电源正极与 B 组负极之间的绝缘电阻，电阻值应不小于 550 MΩ（见图 2-1-46），若达不到此值，则应更换 PTC 高压线束
6	检查驱动电机高压线束绝缘性能
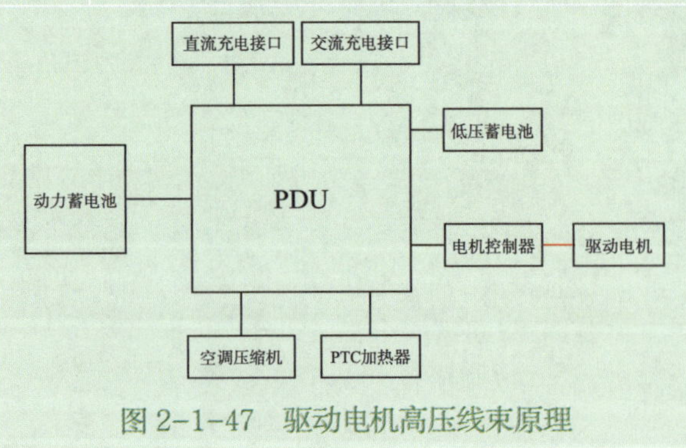 图 2-1-47　驱动电机高压线束原理	（1）由驱动电机高压线束原理（见图 2-1-47）可知，需要对电机控制器与驱动电机连接的高压线束进行绝缘性能检测

续表

<table>
<tr><td>

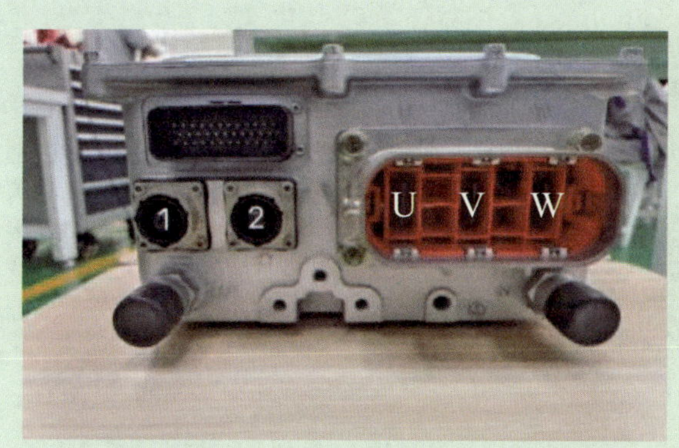

图 2-1-48　电机控制器端驱动电机高压线束插接口（朝车后方向）

</td><td>

1）根据车辆维修手册，找到电机控制器到驱动电机高压线束插接口，该插接口位置如图 2-1-48 所示

说明：电机控制器到驱动电机高压线束为三相交流电线束，因此在电机控制器端盖上标注有 U、V、W 三相交流电标识字母，在电机控制器中能较好地识别出该高压线束接插件

</td></tr>
<tr><td>

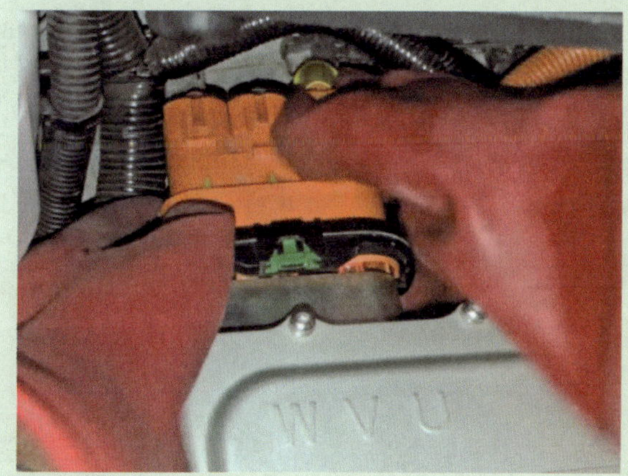

图 2-1-49　拆卸电机控制器端的驱动电机高压线束

</td><td>

2）拆卸电机控制器端的驱动电机高压线束（见图 2-1-49）

注意：该线束是为驱动电机输入三相交流电的，接插件为 3 芯插接口，拆卸时需要按照拉拔反方向将黑色卡扣稍微用力按压，同时向外拉拔线束，即可拆出

说明：由于该高压线束在驱动电机端并不是插接相连，因此另一端（驱动电机）不需要拆卸。在进行该线束绝缘性能检测时，只需要检测一端即可

</td></tr>
<tr><td></td><td>

（2）拆卸完驱动电机高压线束接插件后，用绝缘表对该高压线束进行绝缘性能检测，分别按照以下测量标准进行

标准电阻

检测仪连接	条件	规定状态
驱动电机高压线束 W 相 - 屏蔽层搭铁	电源开关 OFF	550 MΩ 或更大
驱动电机高压线束 V 相 - 屏蔽层搭铁	电源开关 OFF	550 MΩ 或更大
驱动电机高压线束 U 相 - 屏蔽层搭铁	电源开关 OFF	550 MΩ 或更大

</td></tr>
</table>

续表

<table>
<tr>
<td>

图 2-1-50　测量驱动电机高压线束 W 相与线束屏蔽层搭铁之间的绝缘电阻
</td>
<td>1）测量驱动电机高压线束 W 相与线束屏蔽层搭铁之间的绝缘电阻，电阻值应不小于 550 MΩ（见图 2-1-50），若达不到此值，则联系驱动电机厂家更换线束或维修</td>
</tr>
<tr>
<td>

图 2-1-51　测量驱动电机高压线束 V 相与线束屏蔽层搭铁之间的绝缘电阻
</td>
<td>2）测量驱动电机高压线束 V 相与线束屏蔽层搭铁之间的绝缘电阻，电阻值应不小于 550 MΩ（见图 2-1-51），若达不到此值，则联系驱动电机厂家更换线束或维修</td>
</tr>
<tr>
<td>
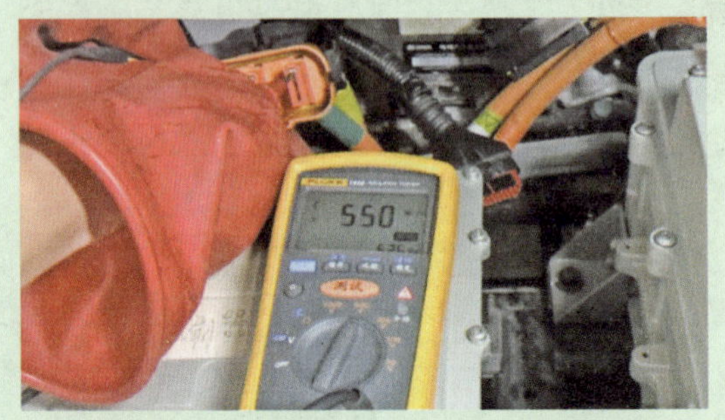

图 2-1-52　测量驱动电机高压线束 U 相与线束屏蔽层之间的绝缘电阻
</td>
<td>3）测量驱动电机高压线束 U 相与线束屏蔽层之间的绝缘电阻，电阻值应不小于 550 MΩ（见图 2-1-52），若达不到此值，则联系驱动电机厂家更换线束或维修
说明：以上 U、V、W 三相检测绝缘电阻顺序并不影响测量结果</td>
</tr>
<tr>
<td>7</td>
<td>检查交流充电高压线束绝缘性能</td>
</tr>
<tr>
<td>
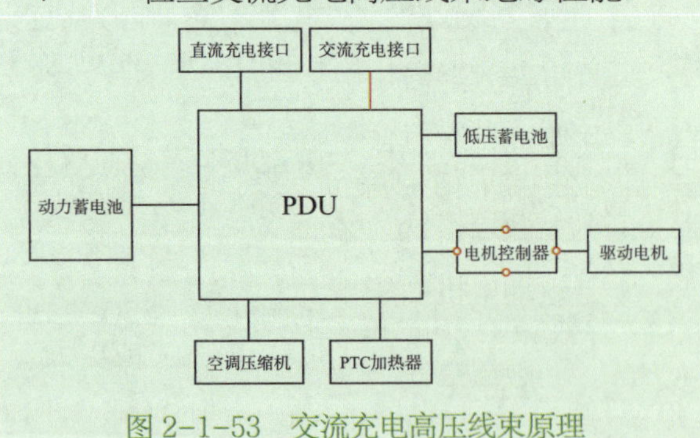

图 2-1-53　交流充电高压线束原理
</td>
<td>（1）由交流充电高压线束原理（见图 2-1-53）可知，需要对 PDU 与交流充电接口之间的高压线束（简称交流充电线束）进行绝缘性能检测</td>
</tr>
</table>

续表

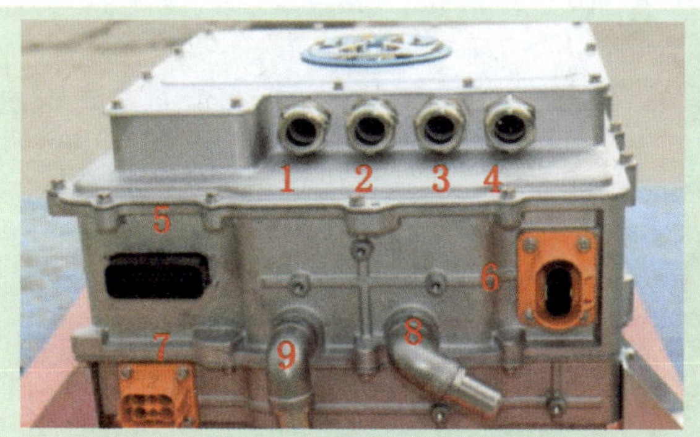 图 2-1-54 PDU 端交流充电高压输入位置（端子 7，方向朝车后）	1）找到 PDU- 交流充电接口之间的高压线束在 PDU 端的位置（见图 2-1-54） 其中，该图 PDU 外部端子关于交流充电接口端口的定义如下：7 为充电机高压输入（慢充高压输入） **注意：图 2-1-54 中所示 PDU 端口为朝车后方向**
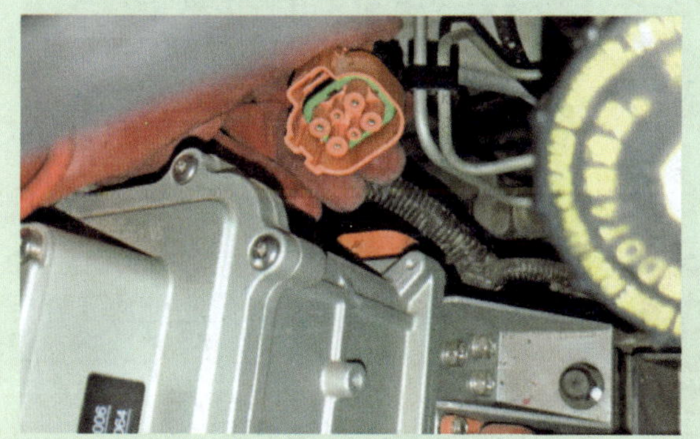 图 2-1-55 拆卸 PDU 上的交流充电高压线束接插件	2）拆卸 PDU 上的交流充电高压线束接插件（见图 2-1-55）
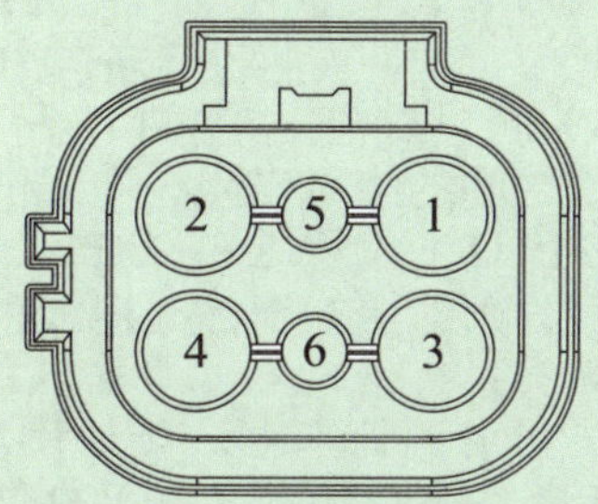 图 2-1-56 PDU 端交流充电线束 6 芯接插件 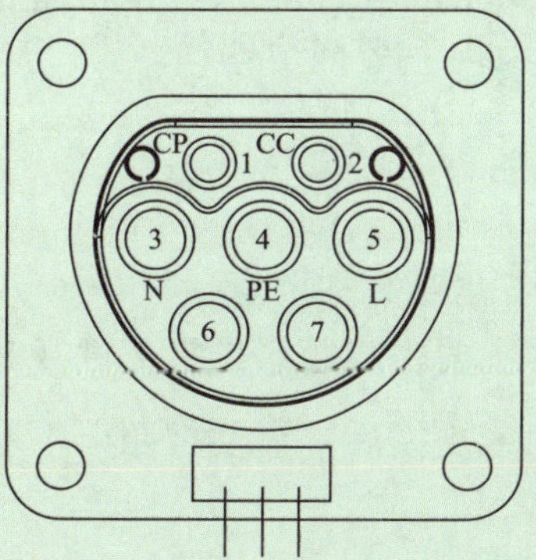 图 2-1-57 交流充电接口	**说明：该接插件为 6 芯接插件（见图 2-1-56），端子定义中的 L、N、PE、CC、CP 对应于交流充电接口的端子** PDU 端交流充电线束 6 芯接插件端子定义如下：1 为 L（交流电源）；2 为 N（交流电源）；3 为 PE（车身地，搭铁）；4 为空（未使用）；5 为 CC（充电连接确认）；6 为 CP（控制确认线） 交流充电接口（见图 2-1-57）端子定义如下：1 为 CP（控制确认线）；2 为 CC（充电连接确认）；3 为 N（交流电源）；4 为 PE（车身地，搭铁）；5 为 L（交流电源）；6 为空（未使用）；7 为空（未使用） 上述绝缘性能检测方法仅需对一端进行该线束的绝缘电阻测量，因此，在实际测量中，可任选一端口进行，为了便于操作，选择位于车后传统汽车油箱盖位置的交流充电接口进行交流充电高压线束绝缘性能检测 **说明：不同纯电动汽车车型的交流充电接口位置可能并不同，测量过程中以实际车型为准**

续表

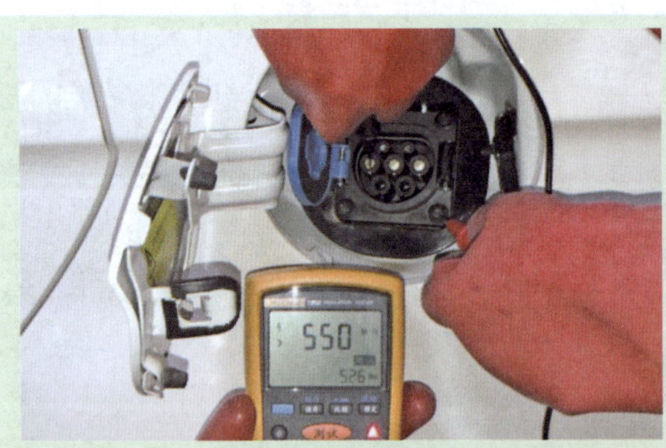

图 2-1-58　测量交流充电接口端子 N 与车身搭铁之间的绝缘电阻

图 2-1-59　测量交流充电接口端子 PE 与车身搭铁之间的绝缘电阻

图 2-1-60　测量交流充电接口端子 L 与车身搭铁之间的绝缘电阻

（2）拆卸完 PDU 端交流充电高压线束接插件后，用绝缘表在交流充电接口端对该高压线束进行绝缘性能检测，分别按照以下测量标准进行

标准电阻

检测仪连接	条件	规定状态
交流充电接口 N- 车身搭铁	电源开关 OFF	550 MΩ 或更大
交流充电接口 PE- 车身搭铁	电源开关 OFF	550 MΩ 或更大
交流充电接口 L- 车身搭铁	电源开关 OFF	550 MΩ 或更大

1）测量交流充电接口端子 N 与车身搭铁之间的绝缘电阻，电阻值应不小于 550 MΩ（见图 2-1-58），若达不到此值，则应更换交流充电线束

2）测量交流充电接口端子 PE 与车身搭铁之间的绝缘电阻，电阻值应不小于 550 MΩ（见图 2-1-59），若达不到此值，则应更换交流充电线束

3）测量交流充电接口端子 L 与车身搭铁之间的绝缘电阻，电阻值应不小于 550 MΩ（见图 2-1-60），若达不到此值，则应更换交流充电线束

说明：交流充电端口输入的是 220 V 交流用电，输入电流传输使用 N、PE、L 三条线束，CC、CP 端口仅为充电枪与充电桩之间提供充电连接、控制确认作用，上述绝缘性能检测仅需对 N、PE、L 三个端子进行

3. 故障排除后的恢复工作

北汽 EV160 2016 款纯电动汽车高压绝缘故障主要由高压系统零部件及其高压线束绝缘性能引起，在对出现绝缘故障的部件进行维修或更换后，需要按照以下步骤进行车辆确认恢复工作。

（1）插入车辆钥匙，将点火开关打到 ON 挡，观察车内仪表盘上的“绝缘故障”指

示灯是否熄灭，并亮起“Ready”指示灯，车辆能够进行正常高压上电。

（2）关闭点火开关，拔出车辆钥匙，对车辆分别进行直流、交流充电操作，观察车辆是否能够进行正常充电，确认直流、交流充电线束绝缘故障得以排除。

（3）连接北汽新能源 BDS 诊断工具，对车辆进行快速测试，检查是否存在与车辆绝缘故障相应的故障码，若有则清除故障码。

（4）启动车辆，对车辆进行道路测试，在路试过程中不出现因车辆高压绝缘性能故障而导致的动力蓄电池突然掉电的情况，从而保证车辆能够正常行驶。

【课后实训】

一、实训情境

某北汽新能源 4S 店接到一辆存在故障的北汽 EV160 2016 款纯电动汽车，经客户及接待人员记录反馈，该车辆点火开关打至 ON 挡时，仪表盘上的“绝缘故障”指示灯亮起，无法点亮“Ready”指示灯，车辆无法正常行驶。经过维修技师的前期高压线束绝缘故障排除工作后，确认该车辆的绝缘故障点可能存在于 PDU、电机控制器和空调压缩机的高压零部件中。试根据车辆维修手册及电路手册，对以上可能存在绝缘问题的高压零部件进行故障诊断与排除。

二、实训内容

1. 查询车辆维修手册，在 PDU、电机控制器及空调压缩机高压零部件实物图（见图 2-1-61）上标注出检测所涉及的高压绝缘端口。

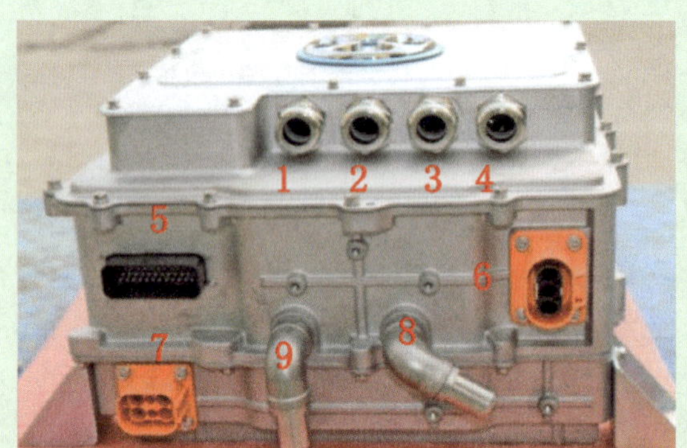

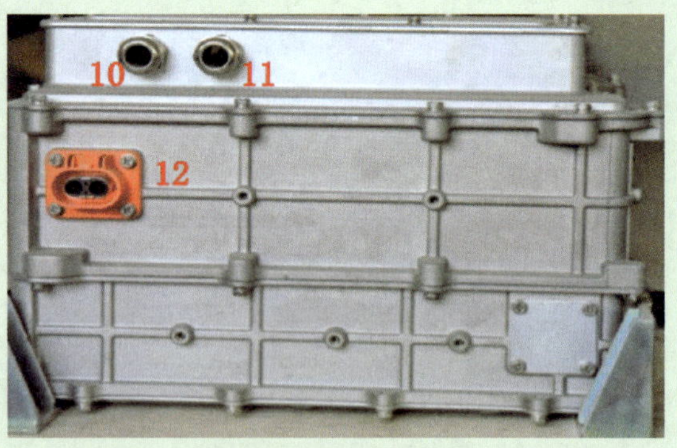

a）

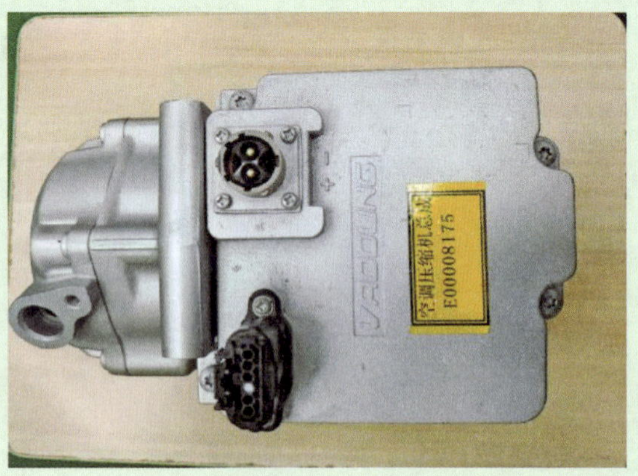

b）　　c）

图 2-1-61　PDU、电机控制器及空调压缩机高压零部件

a）PDU　b）电机控制器　c）空调压缩机

2. 通过小组合作，查阅车辆维修手册，按照绝缘故障排除方法进行故障诊断与排除。描述故障现象，记录检测数值，并进行判断与分析。

（1）描述故障现象

（2）记录检测数值并进行判断与分析（见表 2-1-2）

表 2-1-2　高压零部件绝缘故障诊断工单

<table>
<tr><th>排除部件</th><th>故障端口名称</th><th>检测仪连接</th><th>规定值</th><th>实测值</th><th>判断与处理方法</th></tr>
<tr><td rowspan="4">PDU</td><td></td><td></td><td></td><td></td><td></td></tr>
<tr><td></td><td></td><td></td><td></td><td></td></tr>
<tr><td></td><td></td><td></td><td></td><td></td></tr>
<tr><td></td><td></td><td></td><td></td><td></td></tr>
<tr><td rowspan="4">电机控制器</td><td></td><td></td><td></td><td></td><td></td></tr>
<tr><td></td><td></td><td></td><td></td><td></td></tr>
<tr><td></td><td></td><td></td><td></td><td></td></tr>
<tr><td></td><td></td><td></td><td></td><td></td></tr>
<tr><td rowspan="4">空调压缩机</td><td></td><td></td><td></td><td></td><td></td></tr>
<tr><td></td><td></td><td></td><td></td><td></td></tr>
<tr><td></td><td></td><td></td><td></td><td></td></tr>
<tr><td></td><td></td><td></td><td></td><td></td></tr>
</table>

课题二 | 诊断仪报高压互锁故障诊断与排除

学习目标

1. 能根据故障现象，在车辆维修手册中查询解决诊断仪报高压互锁故障的相关信息。

2. 能使用诊断仪，读取高压互锁故障码，并根据车辆维修手册中的高压互锁系统电路图，合理制定诊断仪报高压互锁故障诊断与排除方案。

3. 能根据故障排除方案，排除诊断仪报高压互锁故障。

4. 在故障排除过程中，能准确记录检测数据，工作过程符合新能源汽车安全操作要求。

任务描述

一辆北汽新能源 EV160 2016 款纯电动汽车在启动时，仪表盘上无“Ready”指示灯，也没有出现任何故障指示灯，车辆无法正常启动。经过初步排查，发现车辆无法上高压电，用故障诊断仪读取故障码，发现故障码为 P0A0A94，诊断仪提示该故障码属于高低压互锁故障。因此，需要对该车辆进行高低压互锁故障检测与维修。

任务分析

首先需要明确电动汽车的主要高压接插件均带有互锁回路，当其中某个接插件被带电断开时，动力蓄电池管理系统会检测到高压互锁回路存在断路，为保护人身安全，将立即进行报警并断开主高压回路电气连接。

上述车辆存在高压互锁故障，说明高压互锁系统或高压接插件中存在相关高压部件的断路故障。因此，为保护车主的人身安全，动力蓄电池管理系统将动力蓄电池主高压回路断开，车辆无法上高压电，导致车辆无法启动和行驶。

通过故障诊断仪确定车辆存在高压互锁故障后，需要根据该车型（北汽 EV160 2016 款）的车辆维修手册及电路手册，逐步对涉及高压互锁系统的高压零部件、相关信号线和高压接插件互锁端子进行故障诊断与排除，从而确定导致车辆无法正常启动和行驶的原因。

相关理论

一、高压互锁功能

电动汽车的高压互锁是指高电压触点监控电路可在出现带电状态断开高压电路的情况时，通过低压电路控制高压主接触器断开，防止触电风险，通常高压接插件均设计有高压互锁功能（见图 2-2-1）。

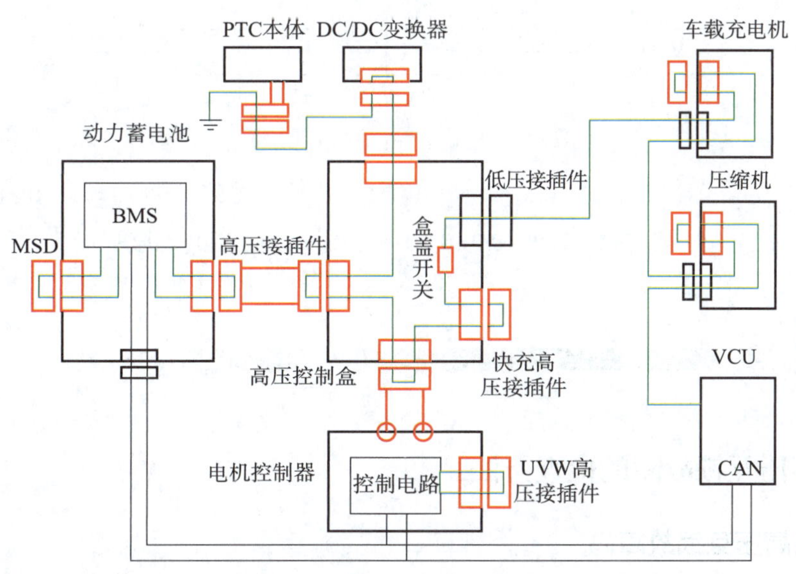

图 2-2-1 某车型高压互锁工作原理
（图中红色标注为高压互锁部位）

1. 设计高压互锁功能的目的

（1）整车在高压上电前确保整个高压系统的完整性，使高压系统在一个封闭的环境下工作，提高安全性。

（2）在整车运行过程中，高压系统回路断开或者完整性受到破坏时，需要启动安全防护。

（3）防止带电插拔高压接插件，以免损坏高压端子。

2. 高压互锁功能

（1）高压安全回路是环形线路，通过 12 V 电网元件（互锁）来监控高电压电网。

（2）不能在未断开安全线的情况下就拔下高压接插件，从而保护人身安全和高压回路。

（3）高压安全回路如果出现断路，会导致高压系统立即被切断。

二、高压互锁系统电路分析

根据车辆维修手册及北汽 EV160 2016 款汽车高压互锁电路原理（见图 2-2-2）可知，该车型的高压互锁系统由 PDU、空调压缩机、VCU 的互锁通信信号线，以及空调压缩机与 PDU 高压线束接插件、PTC 高压线束接插件互锁端子等组成。在对该车型进行高压互锁系统检修时，需要对互锁信号线及其相应高压接插件互锁端子进行故障排除。

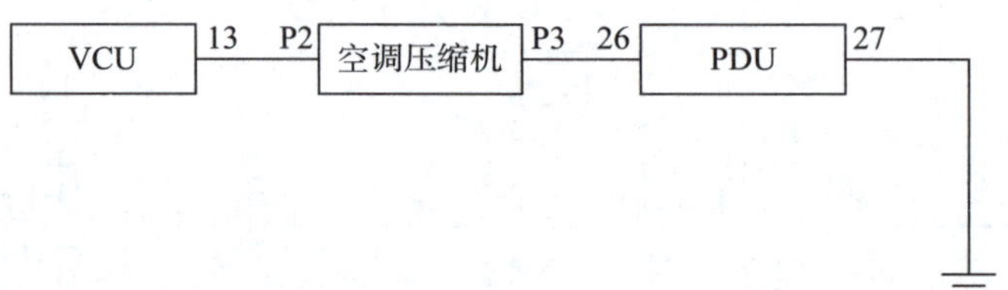

图 2-2-2 北汽 EV160 2016 款汽车高压互锁电路原理

故障排除

一、高压互锁故障的检查方法

1. 读取高压互锁故障码

高压互锁故障会导致车辆无法上高压电，车辆不能正常启动或行驶。出现故障时，应先使用北汽新能源故障诊断仪与车辆连接，读取高压互锁故障码。根据诊断仪提示，提取故障码（P0A0A94，代表高低压互锁故障）。

2. 检查高压互锁信号线

在北汽新能源 EV160 2016 款汽车车辆维修手册中，找到与高压互锁信号线相关的零部件，该车型的 PDU、空调压缩机及 VCU 的 12 V 低压接插件均有高压互锁信号线，用专用万用表或绝缘表对与之相连接的互锁信号线的电阻进行测量，判断是否存在高压互锁信号线断路故障，若存在则考虑更换相应线路或低压接插件。

3. 检查高压接插件互锁端子

查阅该车型的车辆维修手册可知，在空调压缩机与 PDU 连接的高压线束接插件端口、PTC 加热器高压线束接插件端口，均存在高压互锁端子，应使用专用万用表或绝缘检测仪，对高压互锁端子进行电压检测，在高压接插件中判断是否存在高压互锁端子断路故障，若存在则考虑更换高压接插件及相应线束。

二、故障排除

1. 故障诊断流程

高压互锁故障诊断流程如图 2-2-3 所示。

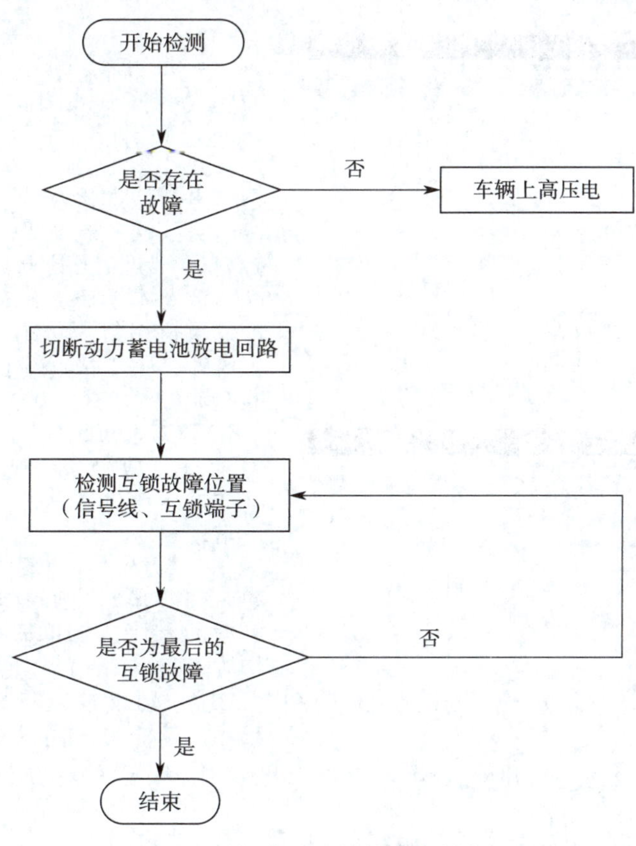

图 2-2-3　高压互锁故障诊断流程

2. 故障检测方法

在上述流程图中，每一个检查步骤的具体检测方法，见表 2-2-1。

表 2-2-1　　具体检测方法

1	读取高压互锁故障码

图 2-2-4　打开北汽新能源汽车故障诊断仪操作程序

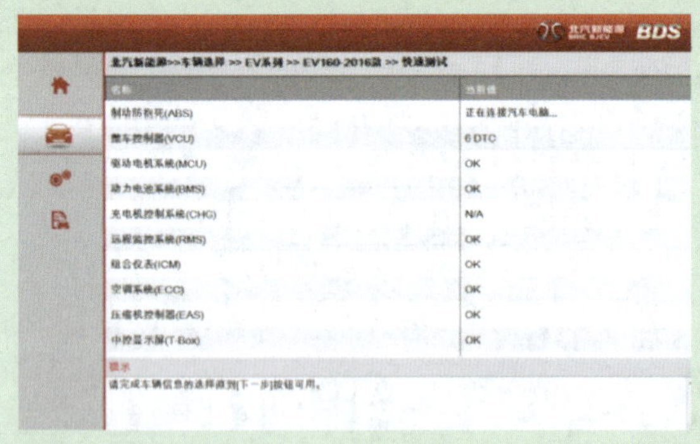

图 2-2-5　快速测试界面

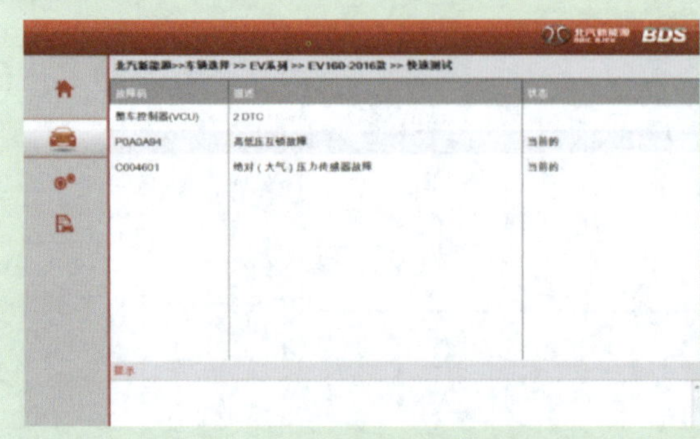

图 2-2-6　读取高压互锁故障码

打开北汽新能源汽车故障诊断仪操作程序，按照以下操作步骤进行

（1）如图 2-2-4 所示，在左侧列表图标中选择汽车图标，启动诊断程序，然后单击“北汽新能源”

（2）启动诊断程序后，在“快速测试界面”（见图 2-2-5）按照界面提示，分别单击“车辆选择 -EV 系列 -EV160 2016 款 - 快速测试”，对整车进行快速诊断

说明：快速测试是通过整车网络进行的测试，实际上读取故障码的同时也可以测试全车总线系统，因此，可优先使用“快速测试”功能

另外，关于快速测试界面右侧当前值的说明如下：

6DTC 表示此处有 6 个故障码；OK 表示没有故障码；N/A 表示无法获取该数据（该处快速测试无法通信，属于正常现象）

（3）等待“快速测试”一段时间后，即可读取当前或历史存在的故障码，在本次故障中，读取到高低压互锁故障，其故障码为“P0A0A94”（见图 2-2-6）

注意：在排除故障后，需重新进入该程序，清除当前高低压互锁故障码

2	检查 PDU 高压互锁搭铁信号线

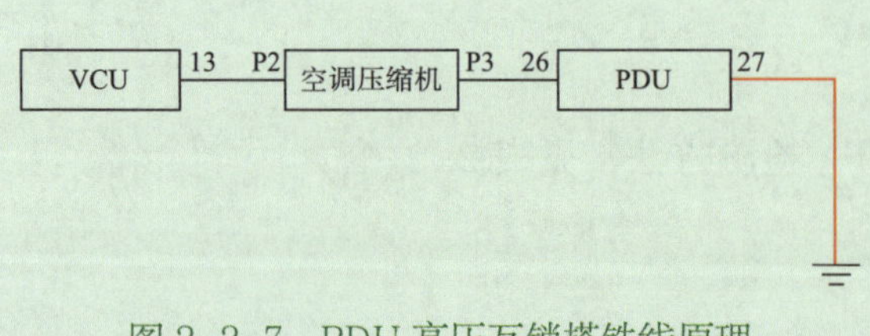

图 2-2-7　PDU 高压互锁搭铁线原理

（1）拆卸 PDU 低压控制接插件

根据高压互锁功能及原理可知，互锁信号线均属于 12 V 低压信号线，因此该处不需要进行高压断电操作。由本车型电路手册简化的高压互锁原理（见图 2-2-7）可知，先对 PDU 高压互锁搭铁线进行检测，检测前需要对 PDU 低压控制接插件进行拆卸

续表

 图 2-2-8 断开低压蓄电池负极	1）打开前舱盖，用绝缘开口扳手断开低压蓄电池负极（见图 2-2-8） 注意：负极断开后，在负极处放好防尘盖。若没有防尘盖，可用绝缘胶布包裹负极，防止蓄电池负极接线意外搭上，以免造成汽车意外上电
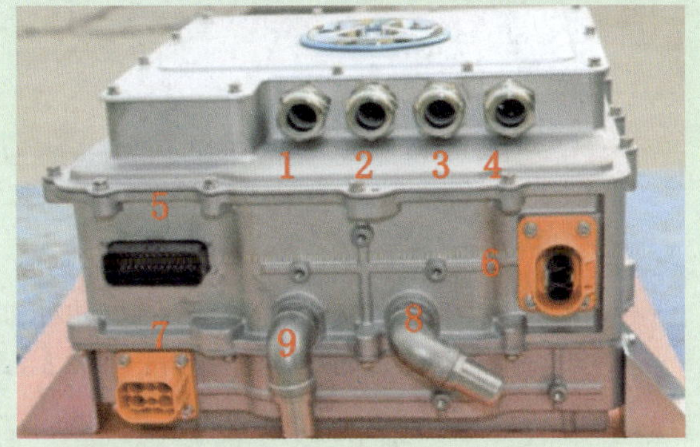 图 2-2-9 PDU 低压控制接插件端口位置（朝车后方向）	2）在 PDU 处找到黑色低压控制接插件，并将其拔下 根据车辆维修手册，PDU 低压控制接插件位置（端口 5）如图 2-2-9 所示，端口定义如下：5 为低压控制
 图 2-2-10 拔下 PDU 低压控制接插件	提示 1：PDU 低压接插件为黑色接插件，在实车上较易识别和查找（见图 2-2-10 箭头处），根据车辆维修手册，该低压控制接插件为 35 芯接插件
 图 2-2-11 PDU 低压控制接插件卡扣	提示 2：在拔下 PDU 低压控制接插件过程中，由于接插件朝向车内，位置受限，为方便拆卸操作，避免拉拔用力过度造成接插件损坏，可借助一字旋具等工具轻微撬动接插件卡扣（见图 2-2-11），同时用手向外拉拔，即可轻易拆下该接插件

续表

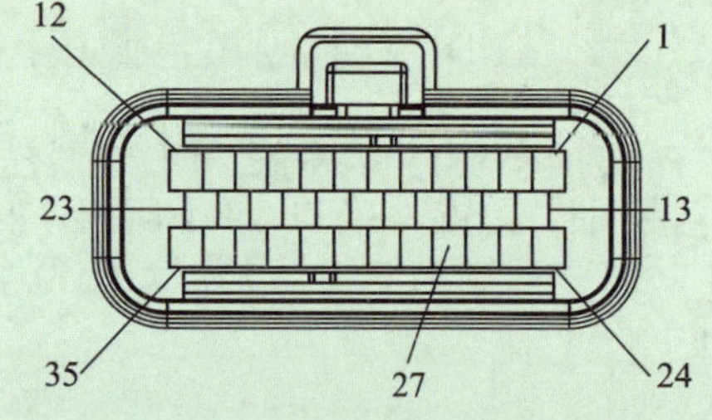

图 2-2-12　PDU 低压控制接插件端子

图 2-2-13　测量 PDU 低压控制接插件 27 号端子与车身搭铁之间的电阻

（2）检测 PDU 高压互锁搭铁信号线

用专用万用表对 PDU 高压互锁搭铁信号线进行测量（测量电阻），按照以下测量标准进行

标准电阻

检测仪连接	条件	规定状态
PDU 高压互锁 27 号端子 - 车身搭铁	电源开关 OFF	小于 1 Ω

其中，PDU 低压控制接插件高压互锁端子（见图 2-2-12）定义如下：27 为高压互锁 2

1）拆卸完 PDU 低压控制接插件，先观察该接插件外观有无破损。若外观有明显破损，则应更换接插件。若无破损，再仔细观察接插件针脚是否存在明显退针或针脚折断等情况。若有，则建议更换该接插件；若无，则可以进行下一步

2）用专用万用表测量 PDU 低压控制接插件 27 号端子与车身搭铁之间的电阻，其值应小于 1 Ω（见图 2-2-13）。若测量值稍大于 1 Ω，则再次检查 PDU 低压控制接插件 27 号端子是否存在虚接等情况；若测量值明显大于 1 Ω，甚至是无穷大，则判断该线路存在断路，需要更换 PDU 低压控制接插件线束总成，该故障会造成车辆无法正常上电

3　检查 PDU 与空调压缩机之间的高压互锁信号线

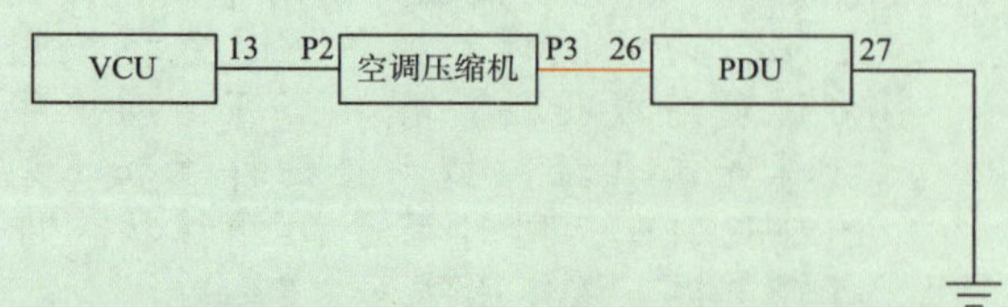

图 2-2-14　PDU- 空调压缩机高压互锁原理

（1）由 PDU- 空调压缩机高压互锁原理（见图 2-2-14）可知，需要对该高压互锁信号线束进行检测

续表

图 2-2-15 举升车辆

图 2-2-16 拆卸空调压缩机低压控制接插件

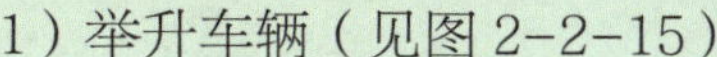

1）举升车辆（见图 2-2-15）

提示：做好车辆举升前的相关事项，确保人身安全

2）拆卸空调压缩机低压控制接插件（见图 2-2-16）

提示：空调压缩机位置较好识别，在拆卸黑色低压控制接插件时，将黄色卡扣往外拉拔解锁，然后稍微用力拔出黑色接插件即可，切勿用力过度，避免造成接插件损坏

3）降下车辆

提示：由于空调压缩机低压控制接插件线路较长，且靠近前舱盖上部，为方便后续检测，降下车辆后，可将该接插件拉至前舱盖上部位置，以便进行数据测量

测量时，以实际车型为准，若无法将空调低压控制接插件往上拉或线束长度不足，可考虑使用加长表笔测量

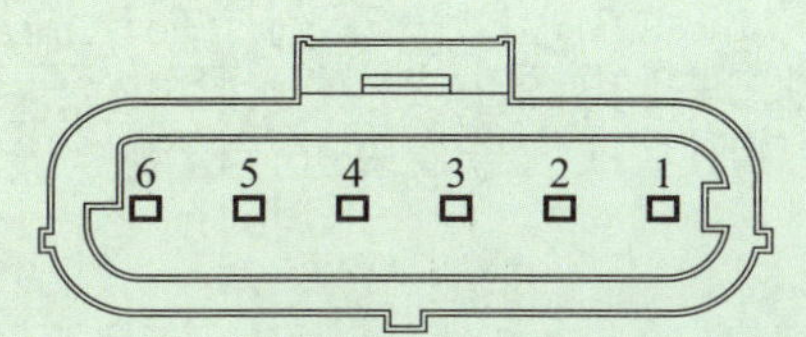

图 2-2-17 空调压缩机低压控制接插件

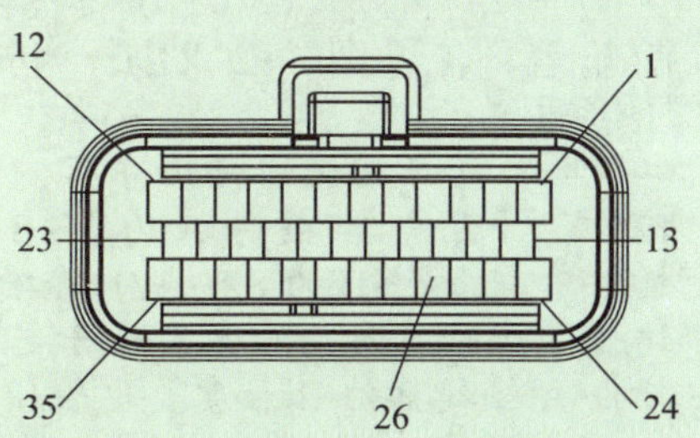

图 2-2-18 PDU 低压控制接插件

（2）检测 PDU- 空调压缩机高压互锁信号线

用专用万用表对 PDU 与空调压缩机之间的高压互锁信号线的电阻进行测量，按照以下测量标准进行

标准电阻

检测仪连接	条件	规定状态
PDU 高压互锁 26 号端子 - 空调压缩机低压接插件 3 号端子	电源开关 OFF	小于 1 Ω

其中，空调压缩机低压控制接插件（见图 2-2-17）端子定义如下：3 为高低压互锁信号线

PDU 低压控制接插件（见图 2-2-18）高压互锁端子定义如下：26 为高压互锁 2

续表

<table>
<tr><td></td><td>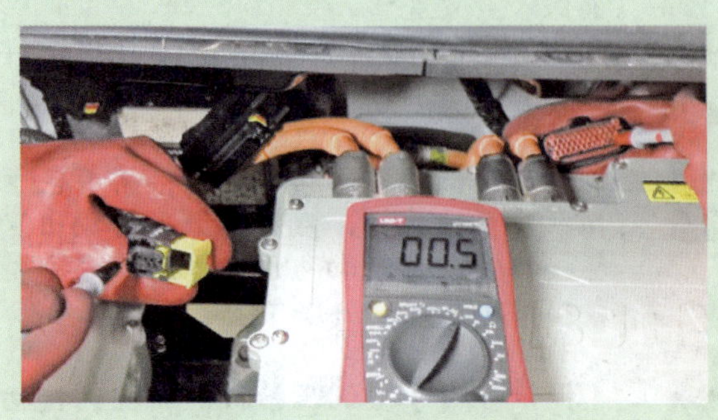

图 2-2-19　测量 PDU 低压控制接插件 26 号端子与空调压缩机低压控制接插件 3 号端子之间的电阻</td><td>1）降落车辆后，按照上述方法，将空调压缩机低压控制接插件拉至前舱盖上部，观察该接插件外观有无破损，若外观有明显破损，则应更换接插件。若无破损，再仔细观察该接插件针脚是否存在明显退针或针脚折断等情况。若有，建议更换该接插件；若无，则可以进行下一步
2）用专用万用表测量 PDU 低压控制接插件 26 号端子与空调压缩机低压控制接插件 3 号端子之间的电阻，电阻值应小于 1 Ω（见图 2-2-19）
若测量电阻值稍大于 1 Ω，则再次检测 PDU 低压控制接插件 26 号端子与空调压缩机低压控制接插件 3 号端子之间是否存在虚接等情况
若测量电阻值明显大于 1 Ω，甚至是无穷大，则判断该线路存在断路，需要更换低压控制接插件线束总成，该故障会造成车辆无法正常上电</td></tr>
<tr><td>4</td><td colspan="2">检查 VCU 与空调压缩机之间的高压互锁信号线</td></tr>
<tr><td></td><td>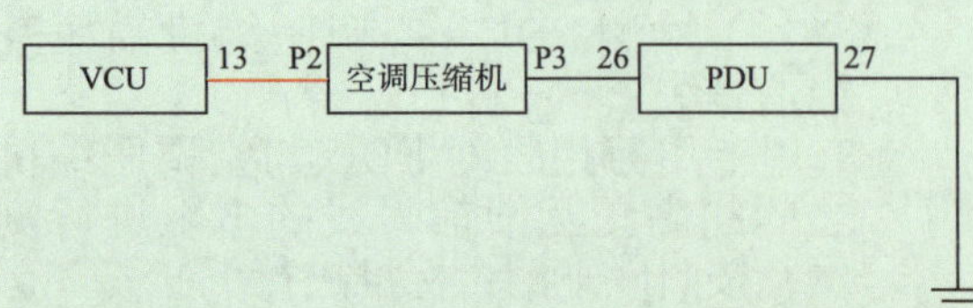

图 2-2-20　VCU- 空调压缩机高压互锁原理</td><td>（1）由 VCU- 空调压缩机高压互锁原理（见图 2-2-20）可知，需要对该高压互锁信号线束进行检测</td></tr>
<tr><td></td><td>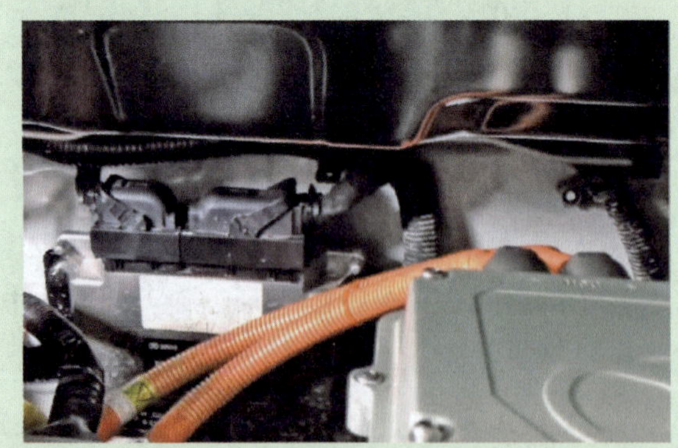
图 2-2-21　整车控制器（VCU）接插件的位置</td><td>1）整车控制器（VCU）接插件位于前舱盖内（见图 2-2-21），为黑色低压接插件
说明：整车控制器接插件有 2 个，共 121 芯，其中接插件 A 为 1～81 芯接插件，接插件 B 为 82～121 芯接插件，均位于前舱盖内，外观上较好区别，接插件 A 较接插件 B 长度要更长</td></tr>
</table>

续表

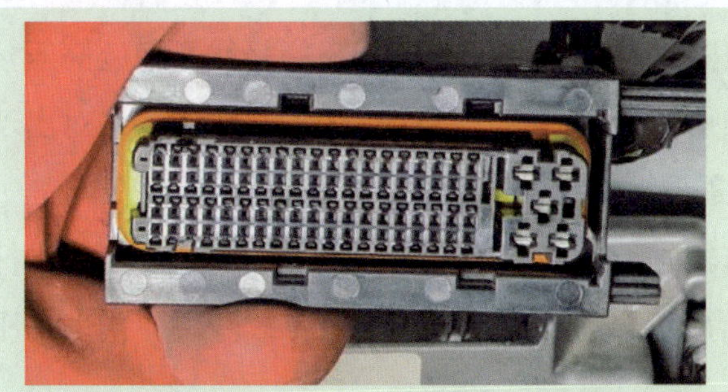

图 2-2-22 整车控制器（VCU）线束端 121 芯接插件 A

2）拆卸整车控制器（VCU）线束端 121 芯接插件 A（见图 2-2-22）

提示：拆卸时需提起接插件外部卡扣，然后稍微用力向外拉拔即可拆出，切勿用力过度，避免造成接插件损坏

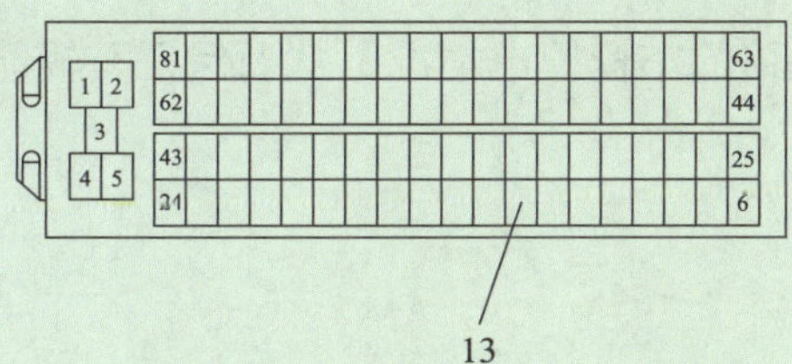

图 2-2-23 整车控制器（VCU）线束端 121 芯接插件 A

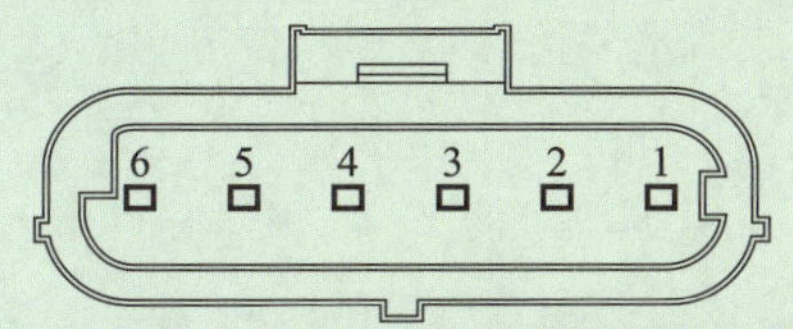

图 2-2-24 空调压缩机低压控制接插件

图 2-2-25 测量整车控制器接插件 A 的 13 号端子与空调压缩机低压控制接插件 2 号端子之间的电阻

（2）检测 VCU- 空调压缩机高压互锁信号线

用专用万用表对 VCU 与空调压缩机之间的高压互锁信号线的电阻进行测量，按照以下测量标准进行

标准电阻

检测仪连接	条件	规定状态
VCU 的 13 号端子 - 空调压缩机低压接插件 2 号端子	电源开关 OFF	小于 1 Ω

其中，整车控制器（VCU）线束端 121 芯接插件 A（见图 2-2-23）端子定义如下：13 为高低压互锁信号

空调压缩机低压控制接插件（见图 2-2-24）高压互锁端子的定义如下：2 为高低压互锁信号线

1）观察整车控制器接插件 A 外观有无破损。若外观有明显破损，则应更换接插件。若无破损，再仔细观察该接插件针脚是否存在明显退针或针脚折断等情况。若有，建议更换该接插件；若无，可以进行下一步

2）用专用万用表测量整车控制器接插件 A 的 13 号端子与空调压缩机低压控制接插件 2 号端子之间的电阻，电阻值应小于 1 Ω（见图 2-2-25）

若测量电阻值稍大于 1 Ω，则再次检查整车控制器接插件 A 的 13 号端子与空调压缩机低压控制接插件 2 号端子之间是否存在虚接等情况

若测量电阻值明显大于 1 Ω，甚至是无穷大，则判断该线路存在断路，需要更换低压控制接插件线束总成，该故障会造成车辆无法正常上电

3. 故障排除后的恢复工作

北汽 EV160 2016 款纯电动汽车高压互锁故障主要由高压互锁信号线及相应高压接插件互锁端子断路所引起，排除高压互锁信号线及高压接插件互锁端子故障后，对出现互锁断路故障的部件进行维修或者更换，需要按照以下步骤进行车辆确认恢复工作。

（1）使用北汽新能源故障诊断仪与车辆进行连接，先对曾经出现的历史故障码进行清除，然后重新读取故障码，排除故障后应不会再次出现 P0A0A94 故障码，代表高压互锁故障已排除。

（2）插入车辆钥匙，将点火开关打到 ON 挡，观察车内仪表盘，应能亮起“Ready”指示灯，车辆能够进行正常高压上电。

（3）启动车辆，对车辆进行道路测试，车辆应能在路试过程中不出现因车辆高压互锁故障而导致的动力蓄电池突然切断高压主电路的车辆掉电情况，从而保证车辆能够正常行驶。

【课后实训】

一、实训情境

一辆EV160 2016款纯电动汽车，打开点火开关到ON挡时，仪表盘上没有“Ready”指示灯，车辆无法上高压电。车间维修技师用故障诊断仪对车辆进行测试，发现车辆存在故障码P0A0A94（高低压互锁故障），经过初步故障排除，车辆高压互锁信号线通信正常，不存在断路故障，需要对该车辆的高压接插件的互锁端子进行故障排除。试根据车辆维修手册对高压接插件互锁端子进行检测。

二、实训内容

1. 高压互锁的功能

____

____

____

2. 高压互锁接插件的位置标注

查询车辆维修手册，在图2-2-26中，标注出涉及高压互锁接插件的位置（可参考图2-2-1的标注方法）。

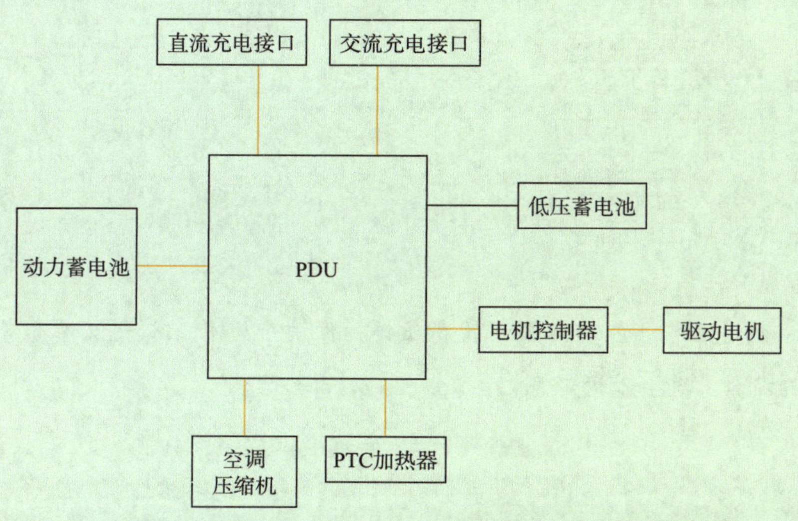

图2-2-26 北汽EV160 2016款车辆高压部件电路原理

3. 通过小组合作，根据车辆维修手册，按照高压互锁故障排除方法，在实车上对PDU-空调压缩机高压线束接插件和PTC加热器高压线束接插件上的高压互锁端子进行断路故障排除。描述故障现象，记录检测数值，并进行判断与分析。

（1）描述故障现象

（2）记录检测数值并进行判断与分析（见表 2-2-2）

表 2-2-2　　高压接插件互锁端子故障诊断工单

排除部件	高压互锁端子	检测仪连接	规定值	实测值	判断与处理方法
PDU- 空调压缩机高压线束接插件	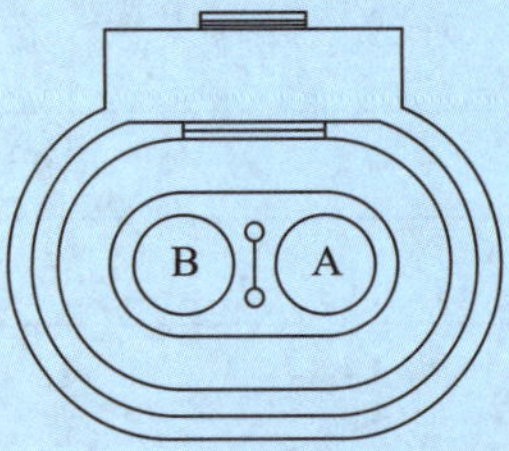 中间互锁端子				
PTC 加热器高压线束接插件	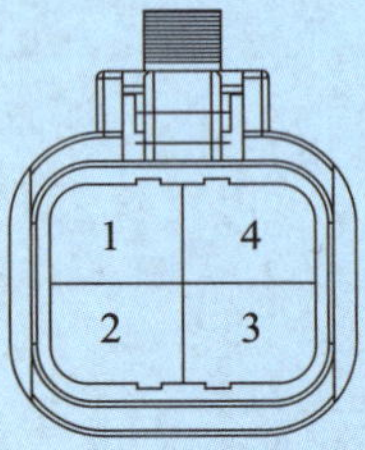 4- 互锁信号线				

提示：检测过程中，以实际车型的高压接插件端子为准。本表仅供参考，涉及高压互锁的高压接插件可能会有所不同。

课题三 | 不能进行交流充电故障诊断与排除

学习目标

1. 能根据故障现象，在车辆维修手册中查询解决车辆不能进行交流充电故障的相关信息。

2. 能根据车辆维修手册中的系统电路图，合理制定不能进行交流充电的故障排除方案。

3. 能根据故障排除方案，排除车辆不能进行交流充电故障。

4. 在故障排除过程中，能准确记录检测数据，工作过程符合新能源汽车安全操作要求。

任务描述

彭女士驾驶一辆北汽新能源 EV160 2016 款纯电动汽车从公司下班回到住宅区，将车辆停在私人停车位上后，发现车辆仪表盘上显示“续航里程 80km”，充电指示灯提示车主需要为车辆充电。彭女士在私人停车位上安装了交流充电桩为车辆进行充电。但是，彭女士发现车辆仪表盘上并未显示车辆“正在充电中”指示灯，来回插拔几次充电枪，均未能成功进行车辆交流充电。于是，彭女士联系北汽新能源 4S 店客服。经过与客服人员的初步沟通，彭女士再次确认交流充电桩及充电枪并无故障。客服人员告知彭女士，车辆可能出现不能进行交流充电故障，基于该车续航里程还剩余 80 km，建议彭女士将车辆开到最近的 4S 店进行维修。

附近一家 4S 店接收彭女士的车辆后，维修技师对车辆再次进行交流充电确认操作，初步确认车辆存在不能进行交流充电故障，需要对车辆进行故障排除。

任务分析

纯电动汽车不能进行交流充电引发的故障原因有很多。首先应确保交流充电桩以及连接车辆的充电枪能够正常使用，排除充电桩及充电枪自身故障；然后考虑车辆本身是否存在充电系统引起的某些故障，而导致车辆不能进行交流充电。北汽EV160 2016款纯电动汽车不能进行交流充电的故障现象为仪表盘提示充电，但车辆通过充电枪连接充电桩后，仪表盘上的充电指示灯并未亮起（见图2-3-1），续航里程未有任何改变，充电系统无法正常工作。

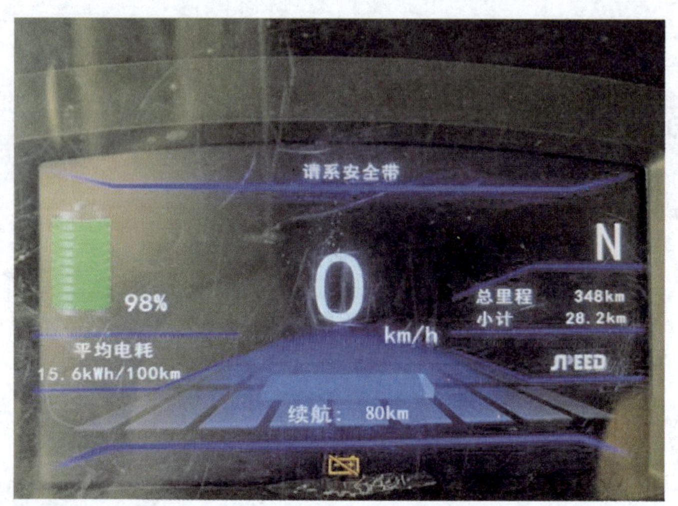

图2-3-1　不能进行交流充电故障现象

车辆不能进行交流充电故障的诊断与排除涉及充电设施的排故与车辆本身充电系统排故两个方面。在此，仅讨论与车辆相关的交流充电系统故障诊断与排除。

相关理论

车辆交流充电电路分析

北汽EV160 2016款汽车交流充电系统由交流充电接口、PDU、VCU、相关熔丝以及与之连接的各高低压线束组成（见图2-3-2）。该款车型的车载充电机（OBC）集成在PDU内部，因此，车载充电机的高压熔断器GB04也安装在PDU内部。另外，根据车辆交流充电相关理论可知，车辆进行交流充电时，VCU与OBC之间需要相互唤醒，并且VCU与PDU之间的CAN-H线、CAN-L线和交流充电连接确认信号线通信正常，才能激活车载充电机为车辆进行交流充电。

同时，由于车载充电机集成在PDU内部，若PDU常电电源以及本身搭铁不良，或者交流充电接口到PDU之间的高压线束出现故障，PDU不工作，也会导致车辆不能进行交流充电。

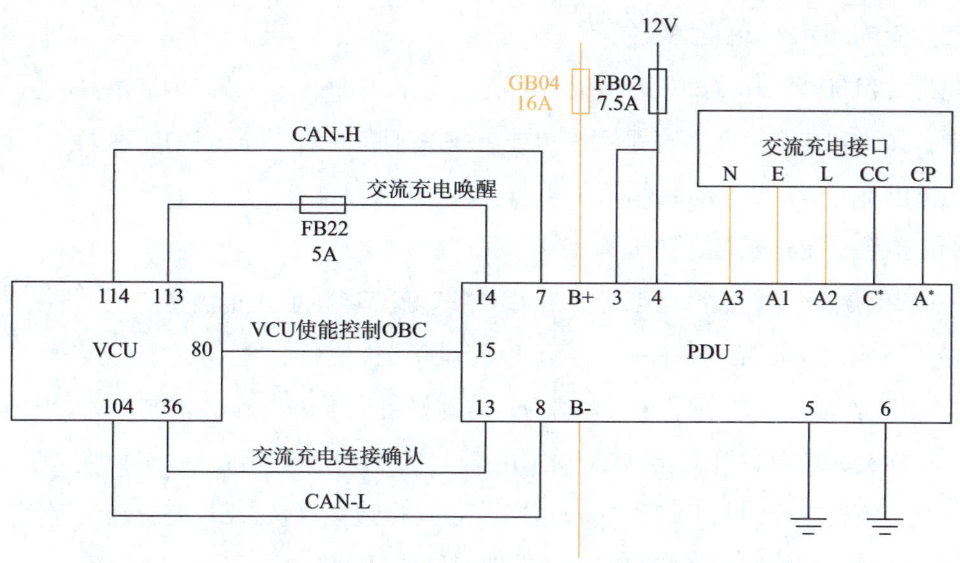

图 2-3-2 北汽 EV160 2016 款汽车交流充电系统电路原理

故障排除

一、车辆不能进行交流充电的检查方法

1. 检查充电桩及充电枪

本任务涉及纯电动汽车整车交流充电系统故障诊断与排除，因此，首先需要对交流充电桩及充电枪进行故障排除，确认充电桩能够正常工作，充电枪在连接充电桩与车辆过程中，能够正常为车辆进行交流充电，确保充电桩与充电枪均正常。若充电桩与充电枪不能正常为车辆进行交流充电，则说明充电桩或充电枪存在故障，需要联系充电桩厂家对其进行故障诊断与维修。充电桩及充电枪的具体维修方法不属于本任务范围，在此不再详细阐述。

2. 检查车辆交流充电系统

（1）读取故障码

首先，用北汽新能源故障诊断仪对车辆进行快速测试，读取车辆故障码，检查是否存在充电系统故障码，并读取相关故障信息，确认具体故障位置。若故障诊断仪无法获取充电系统故障码，需要结合车辆维修手册及电路手册，对充电系统进行进一步的故障排除。

（2）检查 PDU 常电及搭铁信号

北汽 EV160 2016 款汽车的车载充电机集成在 PDU 内，如果 PDU 本身低压通信出现问题，如常电电源不足甚至是不来电或者搭铁不良，均会导致 PDU 不工作，那么车载充电机也不工作，从而导致车辆不能进行交流充电。

（3）检查交流充电通信信号

在纯电动汽车进行交流充电时，当用户将交流充电枪插入车辆交流充电插座时，判断车辆是否满足交流充电条件并与交流供电设备进行通信，通信完成后整车控制系统（VCU）控制车载充电机（OBC）为动力蓄电池进行充电，交流充电结束时，退出充电。因此，在需要充电时，PDU 与 VCU 之间的交流充电系统连接确认、车辆唤醒、低压唤醒，以及交流充电接口与 PDU 之间的 CC 交流充电连接确认、CP 控制确认等信号必须获得正常通信，才能完成充电过程。若出现通信信号丢失或者不良，则会引起车辆不能进行交流充电。

（4）检查交流充电高压线束及车载充电机高压熔断器

交流充电桩将交流电通过交流充电高压线束，输入给 PDU 内的车载充电机，才能为动力蓄电池进行高压交流充电。因此，在交流充电传输高压路径中，若交流充电高压线束以及位于 PDU 内的充电高压熔断器出现故障，则整条高压充电路径被切断，则不能完成车辆交流充电。为此，需要检查交流充电高压线束以及充电高压熔断器是否存在故障。

二、故障排除

1. 故障诊断流程

北汽 EV160 2016 款汽车不能进行交流充电，首先需要通过故障诊断仪读取故障码，看是否有故障码提示，若充电系统提示有故障，则可以缩小故障排除范围。若诊断仪无法获取故障码，则结合车辆维修手册与电路手册，查阅交流充电系统相关部件及线路，逐步进行故障排除。出现不能进行交流充电故障有可能是一种或多种故障原因引起的，需要逐一排除，维修过程中以实际车型的充电系统电路图为准。

北汽 EV160 2016 款汽车不能进行交流充电故障诊断流程如图 2-3-3 所示。

2. 故障检测方法

在上述流程图中，每个检查步骤的具体检测方法见表 2-3-1。

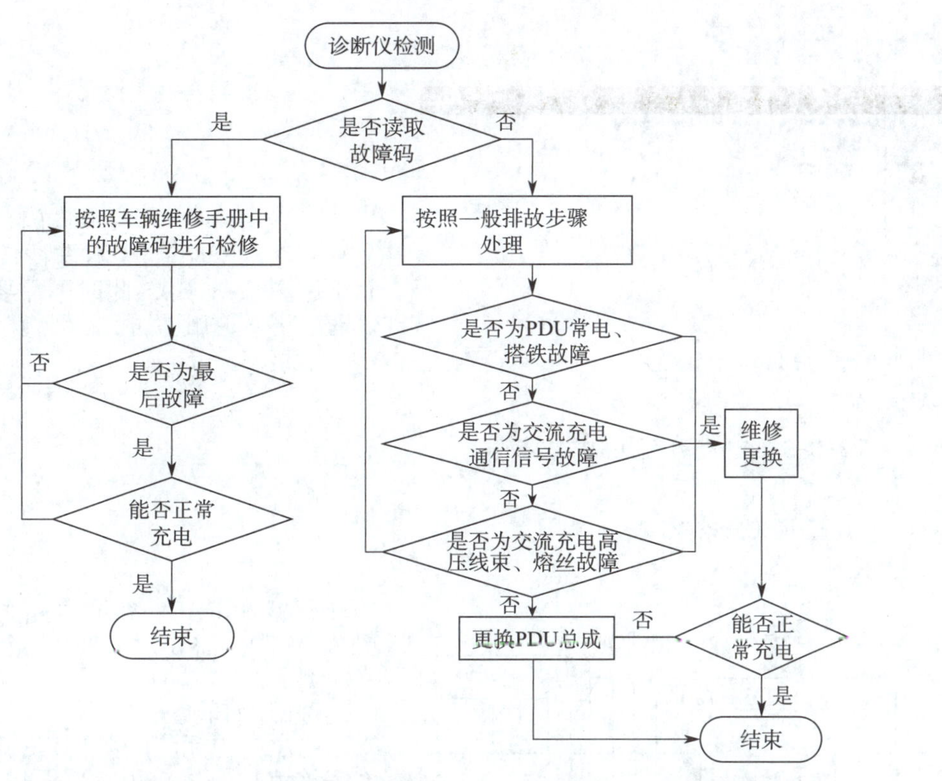

图 2-3-3　北汽 EV160 2016 款汽车不能进行交流充电故障诊断流程

表 2-3-1　具体检测方法

1	读取不能进行交流充电的故障码
 图 2-3-4　打开北汽故障诊断仪操作程序	打开北汽新能源汽车故障诊断仪操作程序界面（BDS 诊断工具） （1）在左侧列表图标中选择汽车图标，启动诊断程序，然后单击“北汽新能源”（见图 2-3-4）
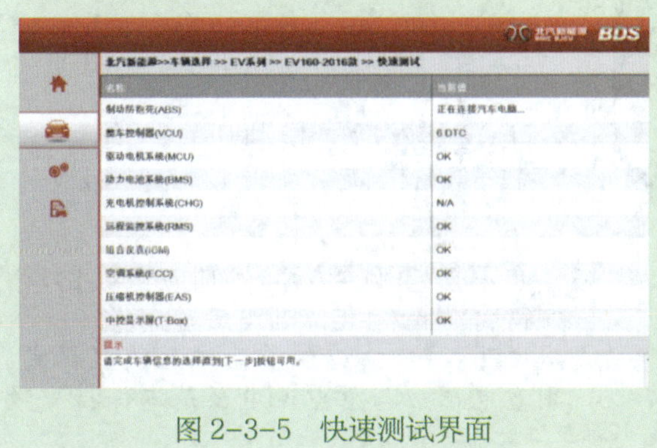 图 2-3-5　快速测试界面	（2）启动诊断程序后，按照页面提示，分别单击“车辆选择 -EV 系列 -EV160 2016 款 - 快速测试”，对整车进行快速诊断（见图 2-3-5），车载充电机控制系统状态为 N/A（无法获取该数据）

续表

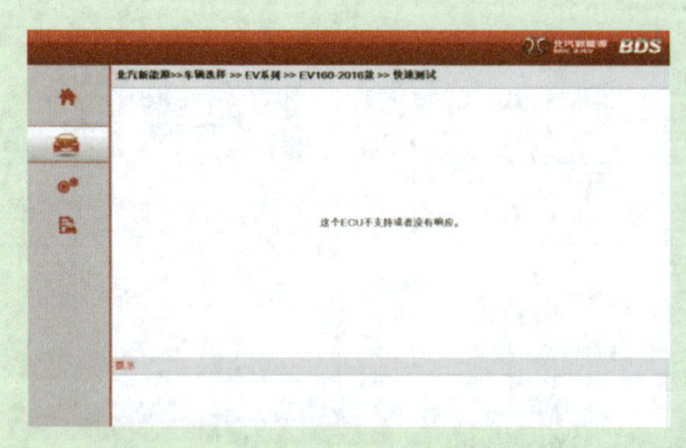

图 2-3-6 充电系统无法提取故障码

（3）单击进入“充电机控制系统（CHG）”，出现 ECU 不支持等信息界面（见图 2-3-6），此时不需要做任何处理，正常退出即可

2　检查 FB02 熔丝

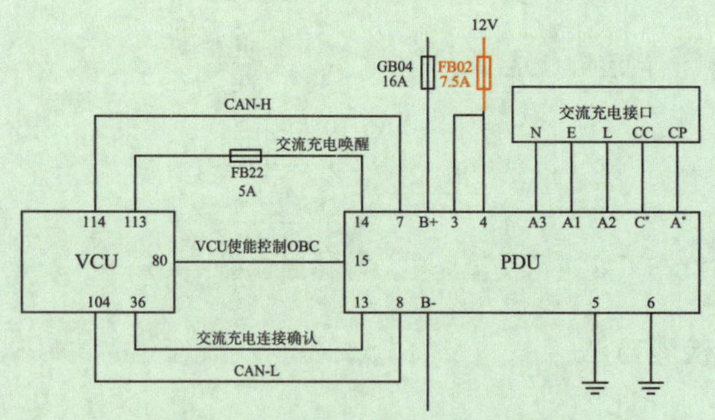

图 2-3-7 FB02 熔丝电路原理

（1）根据 FB02 熔丝电路原理（见图 2-3-7），需要对 FB02 熔丝进行电路检测

1）打开前舱盖，根据车辆维修手册或熔丝盒内的标注识别 FB02 熔丝，将该熔丝单独取出，用专用万用表测量，判断熔丝通断状态

2）打开熔丝盒，找到 FB02 熔丝的位置，在实车上通过对熔丝前后两端 - 车身搭铁电压进行测量，进而判断熔丝通断状态

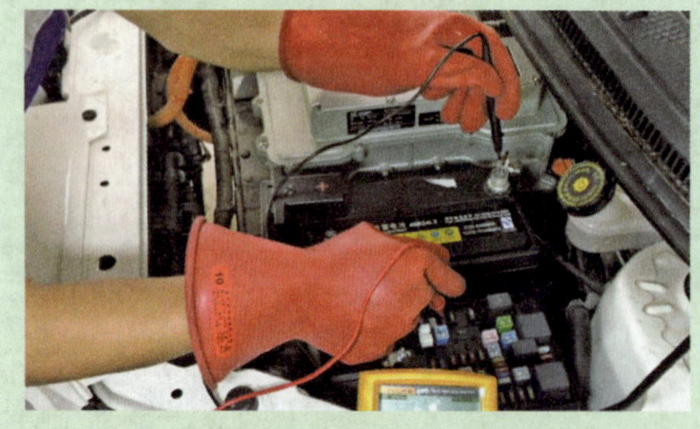

图 2-3-8 测量 FB02 熔丝

（2）用专用万用表或绝缘表按照上述第二种方法对 FB02 熔丝的电压进行测量（见图 2-3-8），按照以下测量标准进行

标准电压

检测仪连接	条件	规定状态
FB02 熔丝前端 - 车身搭铁	电源开关 OFF	10～14 V
FB02 熔丝后端 - 车身搭铁	电源开关 OFF	10～14 V

如不符合测量标准，则应更换熔丝；如符合测量标准，则可装复熔丝

说明：FB02 熔丝前后端无明显界定，测量电压应与蓄电池电压基本保持一致

续表

3 检查 FB22 熔丝

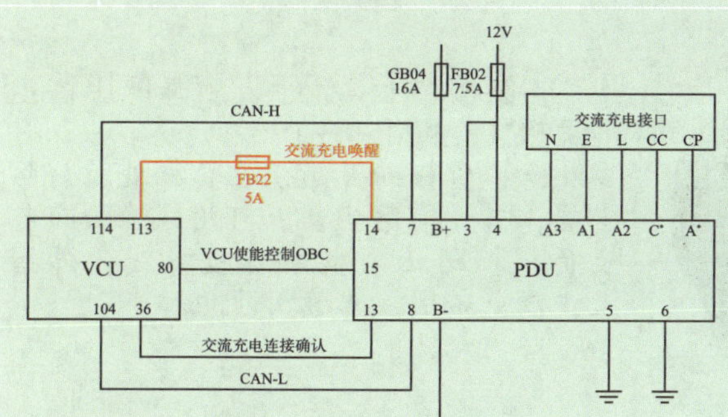

图 2-3-9 FB22 熔丝电路原理

（1）根据 FB22 熔丝电路原理（见图 2-3-9），需要对 FB22 熔丝进行电路检测

FB22 熔丝的检测方法与 FB02 熔丝检测方法一致，可选用其中一种方法进行检测

图 2-3-10 拔下 FB22 熔丝

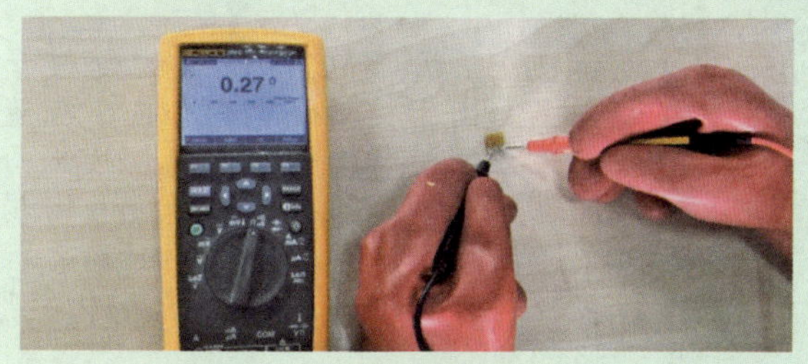

图 2-3-11 测量 FB22 熔丝

（2）用熔丝盒自带的镊子，根据车辆维修手册或熔丝盒标注提示，找到 FB22 熔丝，并轻轻将其拔下（见图 2-3-10）

用专用万用表或绝缘表对 FB22 熔丝通断状态进行测量（见图 2-3-11），按照以下测量标准进行

标准电阻

检测仪连接	条件	规定状态
FB22 熔丝前端 -FB22 熔丝后端	—	小于 1 Ω

如不符合测量标准，则应更换熔丝；如符合测量标准，则可装复熔丝

说明：FB22 熔丝前后端无明显界定，测量前可先观看熔丝外观及内部导线丝有无明显断裂

4 检查 PDU 常电电源线

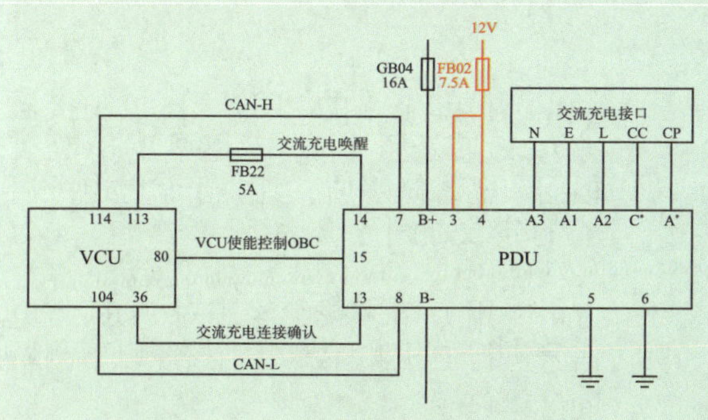

图 2-3-12 PDU 常电电源电路原理

（1）由 PDU 常电电源电路原理（见图 2-3-12）可知，需要对 PDU 常电电源线进行检测

续表

<table>
<tr><td>
图 2-3-13　断开低压蓄电池负极</td><td>1）用绝缘开口扳手，断开低压蓄电池负极（见图 2-3-13）
注意：负极断开后，在负极处放好防尘盖，若没有防尘盖，可用绝缘胶布包裹负极，防止蓄电池负极接线意外搭上，以免造成汽车意外上电</td></tr>
<tr><td>
图 2-3-14　PDU 低压控制接插件位置</td><td>2）在 PDU 处找到黑色低压控制接插件，并注意将其拔下
提示 1：PDU 低压接插件为黑色接插件，在实车上较好识别并找到（见图 2-3-14），根据车辆维修手册，该低压控制接插件为 35 芯接插件</td></tr>
<tr><td>
图 2-3-15　拆卸 PDU 低压控制接插件</td><td>提示 2：在拔下 PDU 低压控制接插件过程中，由于接插件朝向车内，位置受限，为方便拆卸操作，避免拉拔用力过度造成接插件损坏，可借助一字旋具等工具微撬接插件卡扣，同时用手往外拉拔，即可较轻易地拆出接插件（见图 2-3-15）</td></tr>
<tr><td>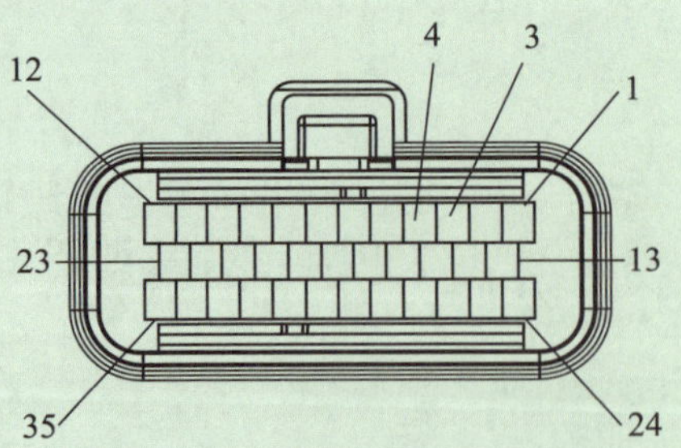

图 2-3-16　PDU 低压控制接插件端口</td><td>（2）拆卸下来的 PDU 低压控制接插件为 35 芯低压接插件（见图 2-3-16），根据车辆维修手册，其关于常电电源端子的定义如下：3 为 12 V 常电，4 为 12 V 常电
用专用万用表或绝缘表对 PDU 常电信号进行电压测量，分别按照以下测量标准进行</td></tr>
</table>

续表

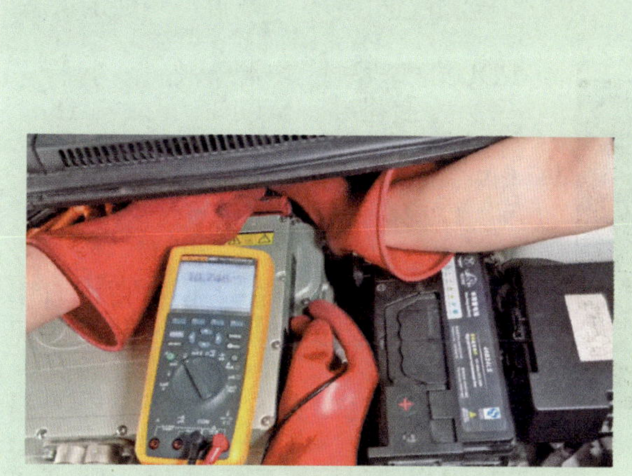

图 2-3-17 测量 PDU 常电 3 号端子与车身搭铁之间的电压

标准电压

检测仪连接	条件	规定状态
PDU 的 3 号端子 - 车身搭铁	电源开关 OFF	10 ~ 14 V
PDU 的 4 号端子 - 车身搭铁	电源开关 OFF	10 ~ 14 V

1）拆卸完 PDU 低压控制接插件，观察该接插件外观有无破损，若有明显外观破损，则应更换接插件；若无破损，再仔细观察接插件针脚是否存在明显退针或针脚折断等情况。若有破损，建议更换该接插件，若无，可以进行下一步

2）用专用万用表分别测量 PDU 低压控制接插件 3 号端子、4 号端子与车身搭铁之间的电压（见图 2-3-17），电压值应在 10 ~ 14 V

说明：测量电压应与蓄电池电压基本保持一致

5　检查 PDU 低压控制器搭铁信号线

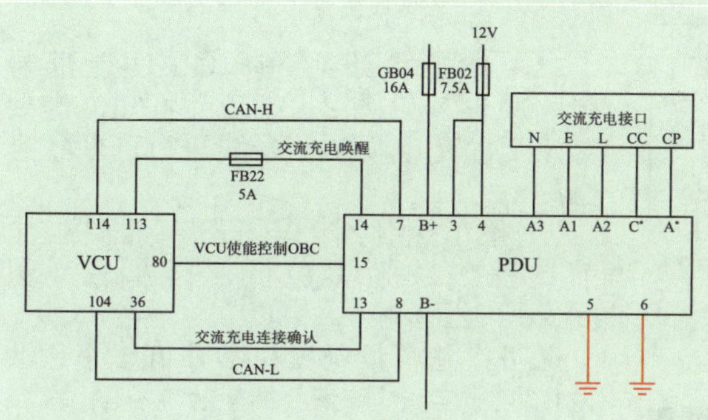

图 2-3-18 PDU 低压控制器搭铁信号电路原理

（1）根据 PDU 低压控制器搭铁信号电路原理（见图 2-3-18）可知，需要对该信号线进行检测

上一步测量过程已经将 PDU 低压控制接插件拆卸，这里不再阐述拆拔过程，接着上一步进行搭铁信号线测量即可

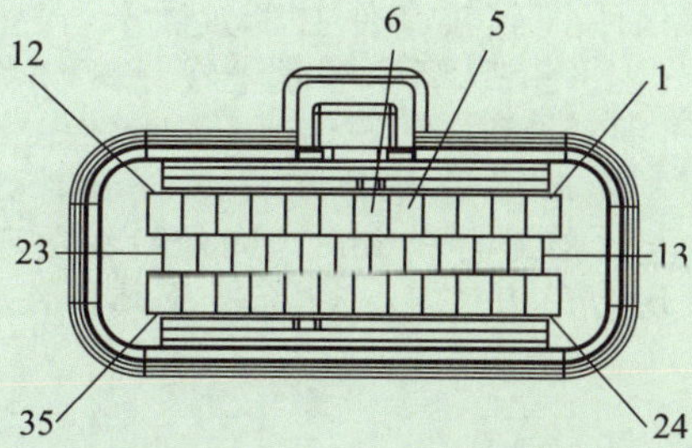

图 2-3-19 PDU 低压控制接插件端子

（2）根据车辆维修手册，其关于 PDU 低压控制接插件的搭铁信号端子（见图 2-3-19）定义如下：5 为地（车身搭铁），6 为地（车身搭铁）

用专用万用表或绝缘表对 PDU 常电信号进行电阻测量，分别按照以下测量标准进行

续表

图 2-3-20　测量 PDU 的 5 号端子与车身搭铁之间的电阻

标准电阻

检测仪连接	条件	规定状态
PDU 的 5 号端子 - 车身搭铁	电源开关 OFF	小于 1 Ω
PDU 的 6 号端子 - 车身搭铁	电源开关 OFF	小于 1 Ω

1）测量 PDU 的 5 号端子与车身搭铁之间的电阻，电阻值小于 1 Ω（见图 2-3-20）

2）测量 PDU 的 6 号端子与车身搭铁之间的电阻，电阻值小于 1 Ω

测量值若稍大于标准值，则考虑 PDU 低压控制器搭铁不良；测量值若明显大于标准值，甚至无穷大，则 PDU 低压控制器搭铁信号线断路，需更换接插件

6　检查 OBC 唤醒 VCU 使能信号线

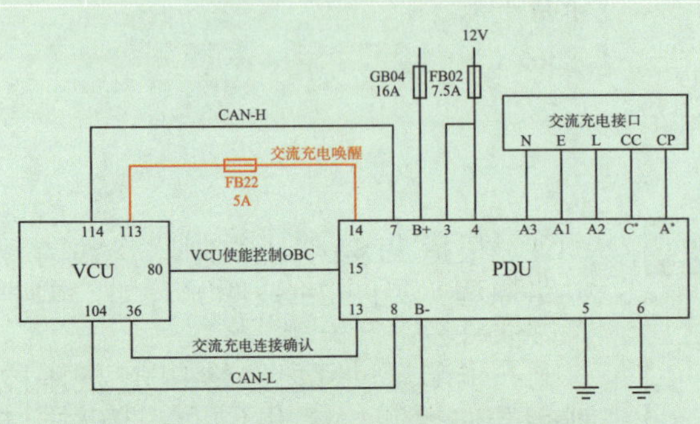

图 2-3-21　OBC 唤醒 VCU 使能信号电路原理

图 2-3-22　整车控制器（VCU）接插件位置

（1）根据 OBC 唤醒 VCU 使能信号电路原理（见图 2-3-21）可知，需要对该交流充电唤醒信号线进行通断状态检测

1）整车控制器（VCU）接插件位于前舱盖内，为黑色低压接插件（见图 2-3-22）

说明：整车控制器接插件有 2 个，共 121 芯，其中接插件 A 为 1～81 芯接插件，接插件 B 为 82～121 芯接插件，均位于前舱盖内，外观上较好区别，接插件 A 较接插件 B 长度要长

2）拆卸整车控制器（VCU）线束端 121 芯接插件 B（82～121）

提示：拆卸时需提起接插件外部卡扣，然后再稍微用力向外拉拔即可拆出，切勿用力过度，避免造成接插件损坏

续表

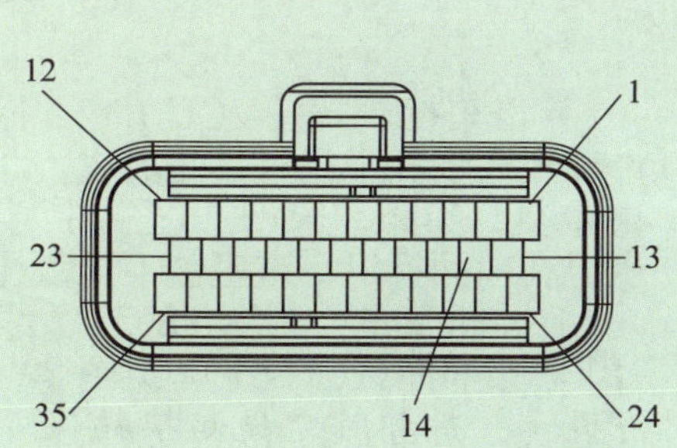

图 2-3-23 PDU 低压控制接插件端子

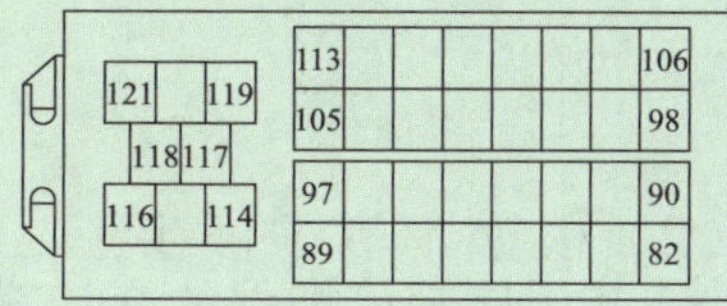

图 2-3-24 整车控制器（VCU）线束端 121 芯接插件 B（82～121）端口

图 2-3-25 测量 OBC 唤醒 VCU 使能信号线

（2）根据车辆维修手册，其关于 PDU 低压控制接插件的交流充电唤醒信号端子（见图 2-3-23）定义如下：14 为 OBC 使能输出（OBC 唤醒 VCU 使能信号）

整车控制器（VCU）接插件 B 关于交流充电唤醒信号端口（见图 2-3-24）的定义如下：113 为交流充电唤醒

用专用万用表或绝缘表对 OBC 唤醒 VCU 交流充电唤醒信号进行电阻测量，分别按照以下测量标准进行

标准电阻

检测仪连接	条件	规定状态
PDU 的 14 号端子 -VCU 的 113 号端子	电源开关 OFF	小于 1 Ω

1）拆卸完整车控制器（VCU）接插件 B 后，观察该接插件外观有无破损，若外观有明显破损，则应更换接插件。若无破损，再仔细观察接插件针脚是否存在明显退针或针脚折断等情况。若有，建议更换该接插件，若无，可以进行下一步

2）测量 PDU 的 14 号端子与 VCU 的 113 号端子之间的电阻（见图 2-3-25），电阻值应小于 1 Ω

测量值若大于标准值，甚至无穷大，则该交流充电唤醒信号线断路，需考虑更换接插件线束

7 检查 PDU-VCU 交流充电确认信号线

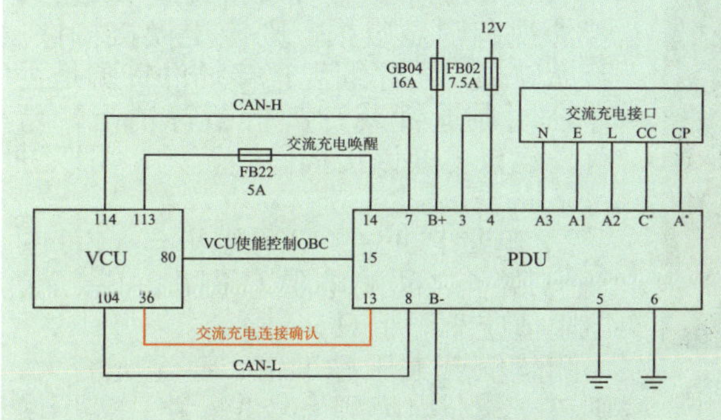

图 2-3-26 PDU-VCU 交流充电确认信号电路原理

（1）根据 PDU-VCU 交流充电确认信号电路原理（见图 2-3-26）可知，需要对该交流充电确认信号线进行通断检测

续表

图 2-3-27　整车控制器（VCU）线束端 121 芯接插件 A

1）整车控制器（VCU）121 芯接插件在上述步骤中已有具体描述，此处不再重复，另外，PDU 低压控制接插件也已在前面拆出，这里也不再叙述

2）拆卸整车控制器（VCU）线束端 121 芯接插件 A（1-81）（见图 2-3-27）

提示：拆卸时需提起接插件外部卡扣，然后稍微用力向外拉拔即可，切勿用力过度，避免造成接插件损坏

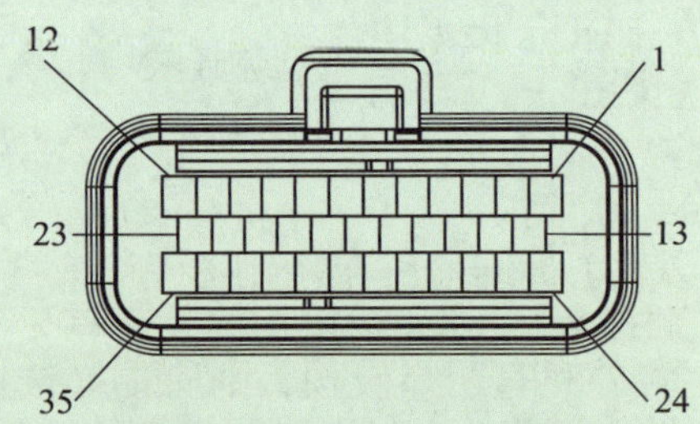

图 2-3-28　PDU 低压控制接插件端口

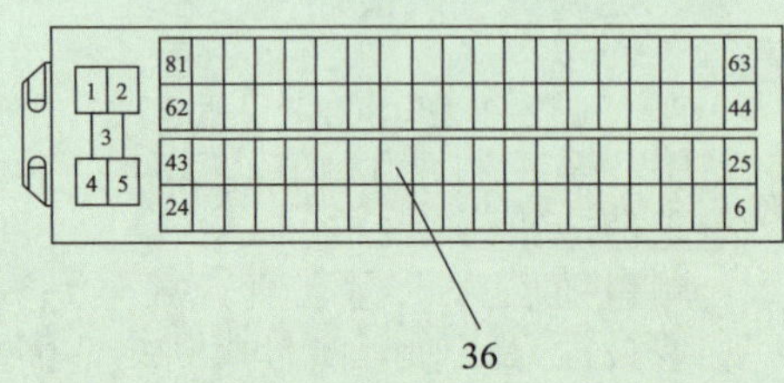

图 2-3-29　整车控制器（VCU）线束端 121 芯接插件 A（1-81）端口

图 2-3-30　测量 PDU 的 13 号端子与 VCU 的 36 号端子之间的电阻

（2）根据车辆维修手册，其关于 PDU 低压控制接插件的交流充电确认信号端子（见图 2-3-28）的定义如下：13 为交流充电 CC 连接确认

整车控制器（VCU）接插件 A 关于交流充电确认信号端口（见图 2-3-29）的定义如下：36 为交流充电连接确认 CC 信号

用专用万用表或绝缘表对 PDU-VCU 交流充电确认信号进行电阻测量，分别按照以下测量标准进行

标准电阻

检测仪连接	条件	规定状态
PDU 的 13 号端子 -VCU 的 36 号端子	电源开关 OFF	小于 1 Ω

1）拆卸完整车控制器（VCU）接插件 A 后，观察该接插件外观有无破损，若外观有明显破损，则应更换接插件。若无破损，再仔细观察接插件针脚是否存在明显退针或针脚折断等情况，若有，建议更换该接插件，若无，可以进行下一步

2）测量 PDU 的 13 号端子与 VCU 的 36 号端子之间的电阻（见图 2-3-30），电阻值应小于 1 Ω

测量值若大于标准值，甚至无穷大，则该交流充电唤醒信号线断路，需更换接插件线束

续表

8	检查 VCU 唤醒 OBC 使能信号线

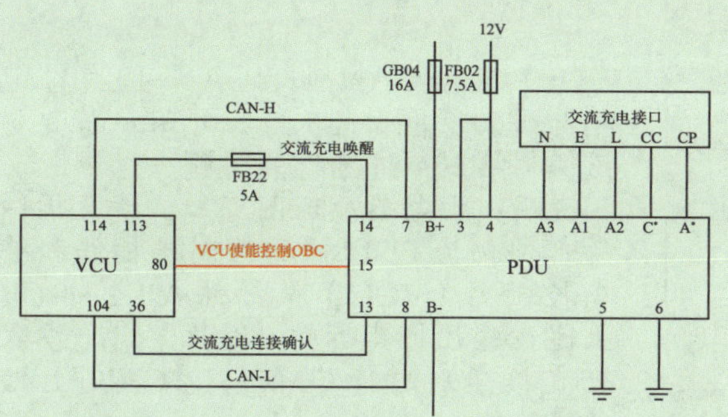

图 2-3-31　VCU 唤醒 OBC 使能电路原理

（1）根据 VCU 唤醒 OBC 使能电路原理（见图 2-3-31）可知，需要对该唤醒使能信号线进行通断性能检测

说明：由电路原理图可知，涉及拆卸的部件仍为 PDU 低压控制接插件和整车控制器（VCU）接插件 A（1～81），上述步骤已将其拆卸，因此，以下步骤可直接进行 VCU 唤醒 OBC 使能信号线检测

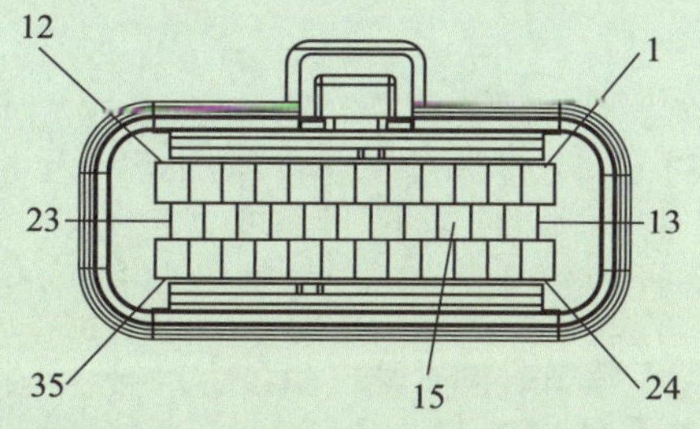

图 2-3-32　PDU 低压控制接插件端口

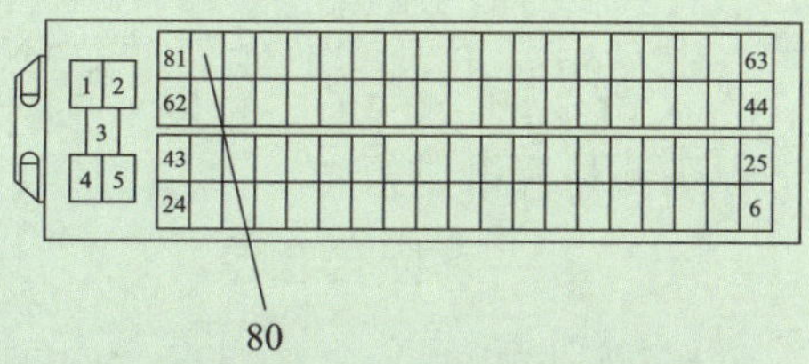

图 2-3-33　整车控制器（VCU）线束端 121 芯接插件 A（1～81）端口

图 2-3-34　测量 PDU 的 15 号端子与 VCU 的 80 号端子之间的电阻

（2）根据车辆维修手册，其关于 PDU 低压控制接插件的交流充电唤醒信号端子（见图 2-3-32）的定义如下：15 为 VCU 使能输出（VCU 唤醒 OBC 使能信号）

整车控制器（VCU）接插件 A 关于交流充电唤醒信号端口（见图 2-3-33）的定义如下：80 为 VCU 使能控制 OBC（VCU 唤醒）

注意：某些车型为 81 号端子，测量以实际维修电路手册为准

用专用万用表或绝缘表对 VCU 唤醒 OBC 使能信号进行电阻测量，按照以下测量标准进行

标准电阻

检测仪连接	条件	规定状态
PDU 的 15 号端子 -VCU 的 80 号端子	电源开关 OFF	小于 1 Ω

1）测量 PDU 的 15 号端子与 VCU 的 80 号端子之间的电阻（见图 2-3-34），电阻值应小于 1 Ω

2）测量值若大于标准值，甚至无穷大，则该交流充电唤醒信号线断路，需更换接插件线束

续表

9	检查 CAN-H、CAN-L 信号线

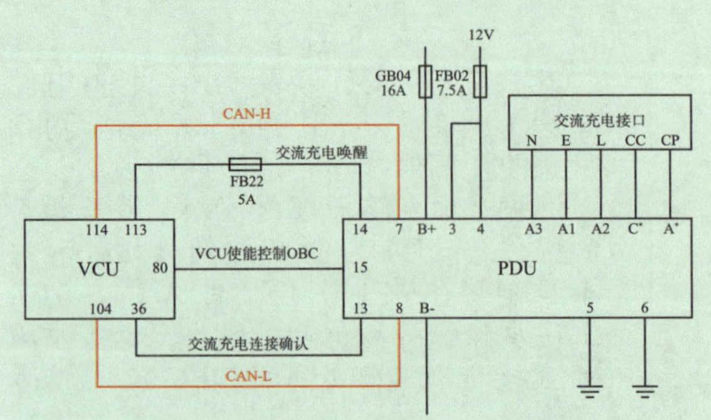

图 2-3-35　CAN-H、CAN-L 信号电路原理

（1）根据 CAN-H、CAN-L 信号电路原理（见图 2-3-35）可知，需要对该信号线进行通断性能检测

说明：由电路原理图可知，涉及拆卸的部件仍为 PDU 低压控制接插件和整车控制器（VCU）接插件 A（1～81），上述步骤已将其拆卸，因此，以下步骤可直接分别进行 CAN-H、CAN-L 信号线检测

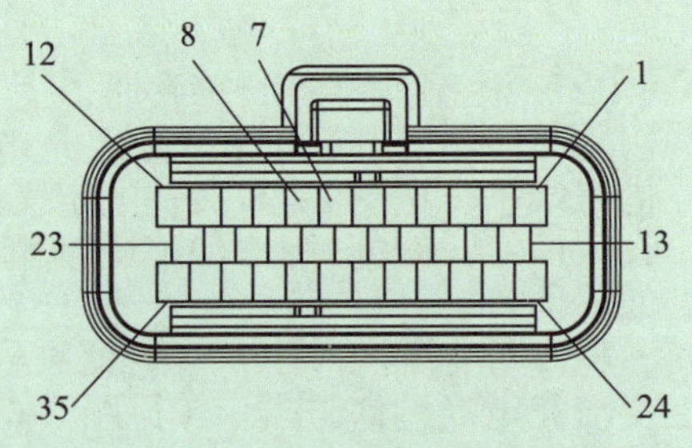

图 2-3-36　PDU 低压控制接插件端口

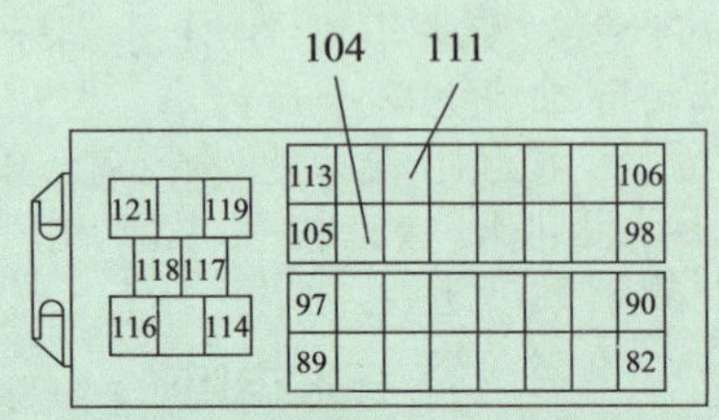

图 2-3-37　整车控制器（VCU）线束端 121 芯接插件 B（82～121）端口

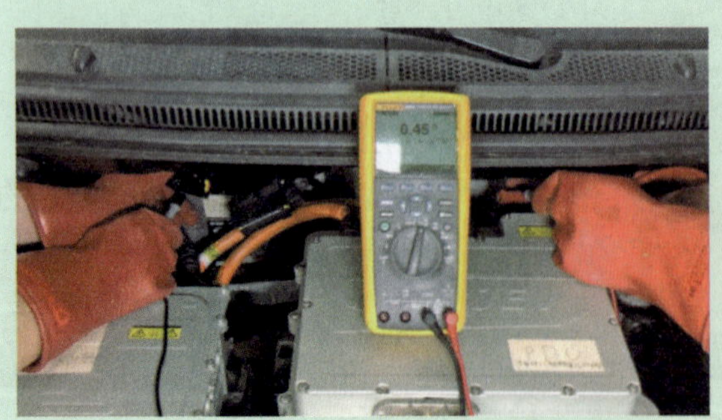

图 2-3-38　测量 CAN-H 信号线

（2）根据车辆维修手册，其关于 PDU 低压控制接插件的 CAN-H、CAN-L 信号端子（见图 2-3-36）的定义如下：7 为 CAN-H，8 为 CAN-L

整车控制器（VCU）接插件 B 关于 CAN-H、CAN-L 信号端口（见图 2-3-37）的定义如下：104 为 CAN 低，111 为 CAN 高

用专用万用表或绝缘表对 CAN-H、CAN-L 信号进行电阻测量，分别按照以下测量标准进行

标准电阻

检测仪连接	条件	规定状态
PDU 的 7 号端子 -VCU 的 111 号端子	电源开关 OFF	小于 1 Ω
PDU 的 8 号端子 -VCU 的 104 号端子	电源开关 OFF	小于 1 Ω

1）测量 PDU 的 7 号端子与 VCU 的 111 号端子之间的电阻（见图 2-3-38），电阻值应小于 1 Ω

续表

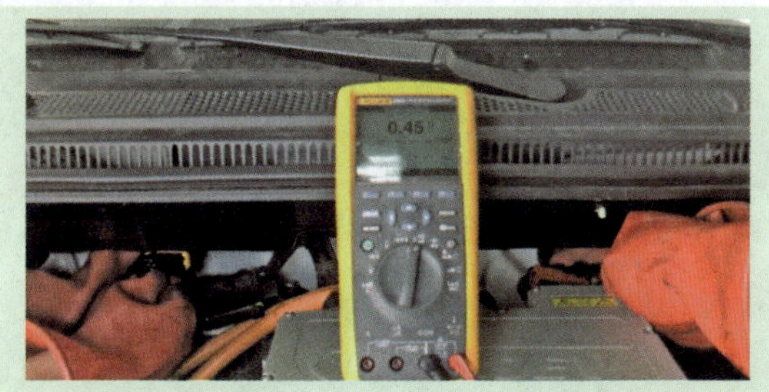

图 2-3-39　测量 CAN-L 信号线

2）测量 PDU 的 8 号端子与 VCU 的 104 号端子之间的电阻（见图 2-3-39），电阻值应小于 1 Ω

测量值若大于标准值，甚至无穷大，则该 CAN-H 或 CAN-L 信号线断路，需考虑更换接插件线束

10　检查交流充电线束（高压线束）

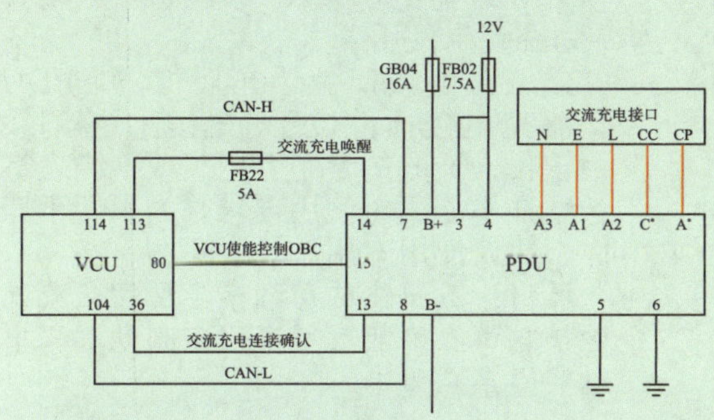

图 2-3-40　交流充电线束电路原理

（1）以上步骤所涉及的检测信号线束均为低压线束，而通过对前期课程的学习内容可知，交流充电线束属于车辆高压电线束，需佩戴标准绝缘手套检测。根据交流充电高压线束电路原理（见图 2-3-40）可知，需要对该高压线束进行通断性能检测

注意：在进行交流充电高压线束测量之前，为防止发生高压触电事故，确保人身安全，需要按照操作规范，对车辆进行高压断电操作，具体新能源汽车高压断电操作已在前期课程内容学习中有具体介绍，这里不再阐述

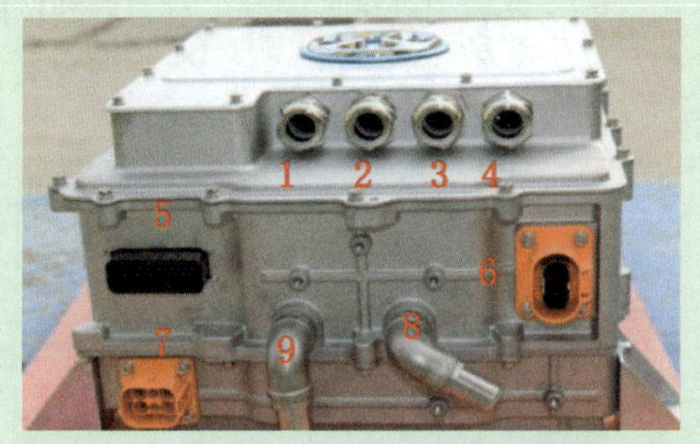

图 2-3-41　PDU 端交流充电高压输入位置（端子 7，方向朝车后）

（2）识别 PDU 至交流充电接口之间的交流充电线束端口定义并进行拆卸

1）找到 PDU- 交流充电接口之间的高压线束在 PDU 端的位置（见图 2-3-41）

其中，该图 PDU 外部端子关于交流充电端口定义如下：7 为充电机高压输入（交流充电高压输入）

注意：图中所示 PDU 端口为朝车后方向

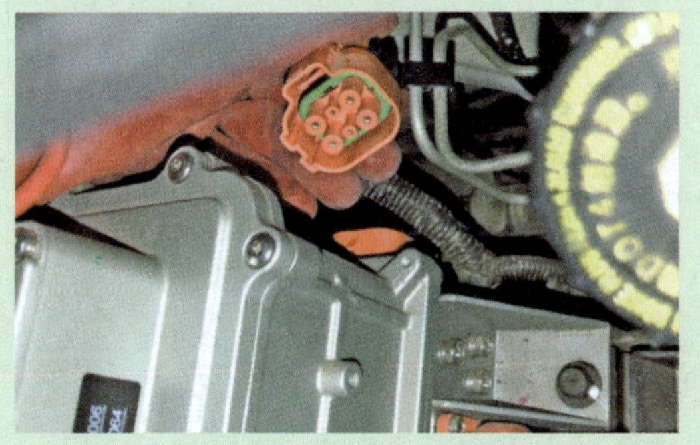

图 2-3-42　拆卸 PDU 上的交流充电高压线束接插件

2）拆卸 PDU 上的交流充电高压线束接插件（见图 2-3-42）

说明：该接插件为 6 芯接插件，端子定义中的 L、N、PE、CC、CP 对应于交流充电接口的端子

续表

图 2-3-43　PDU 端交流充电线束 6 芯接插件

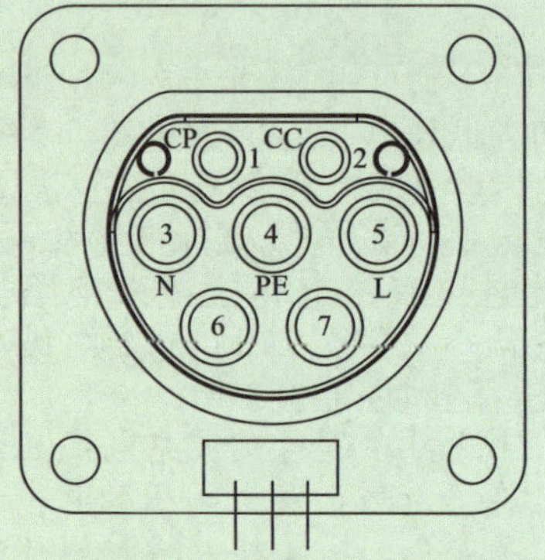

图 2-3-44　交流充电接口

PDU 端交流充电线束 6 芯接插件端子（见图 2-3-43）定义如下：1 为 L（交流电源），2 为 N（交流电源），3 为 PE（车身地　搭铁），4 为空（未使用），5 为 CC（充电连接确认），6 为 CP（控制确认线）

交流充电接口端子（见图 2-3-44）定义如下：1 为 CP（控制确认线），2 为 CC（充电连接确认），3 为 N（交流电源），4 为 PE（车身地　搭铁），5 为 L（交流电源），6 为空（未使用），7 为空（未使用）

交流充电接口位于车后位置，PDU 交流充电接插件位于前舱盖，检测线路较长，一般的专用万用表或绝缘表笔长度并不能满足使用要求，为了便于操作，建议使用专用加长表笔

说明：不同纯电动汽车车型的交流充电接口位置可能有所不同，测量过程中以实际车型为准

（3）用专用万用表或绝缘表对交流充电线束端子进行导通性测量，分别按照以下测量标准进行

标准电阻

检测仪连接	条件	规定状态
PDU 交流充电接插件 1 端子 - 交流充电接口 5 端子	电源开关 OFF	小于 1 Ω
PDU 交流充电接插件 2 端子 - 交流充电接口 3 端子	电源开关 OFF	小于 1 Ω
PDU 交流充电接插件 3 端子 - 交流充电接口 4 端子	电源开关 OFF	小于 1 Ω
PDU 交流充电接插件 5 端子 - 交流充电接口 2 端子	电源开关 OFF	小于 1 Ω
PDU 交流充电接插件 6 端子 - 交流充电接口 1 端子	电源开关 OFF	小于 1 Ω

续表

		1）测量 PDU 交流充电线束接插件 1 号端子与交流充电接口 5 号端子之间的电阻，电阻值应小于 1 Ω 2）测量 PDU 交流充电线束接插件 2 号端子与交流充电接口 3 号端子之间的电阻，电阻值应小于 1 Ω 3）测量 PDU 交流充电线束接插件 3 号端子与交流充电接口 4 号端子之间的电阻，电阻值应小于 1 Ω 4）测量 PDU 交流充电线束接插件 5 号端子与交流充电接口 2 号端子之间的电阻，电阻值应小于 1 Ω 5）测量 PDU 交流充电线束接插件 6 号端子与交流充电接口 1 号端子之间的电阻，电阻值应小于 1 Ω 测量值若大于标准值，甚至无穷大，则该交流充电高压线束断路，需更换线束
11	检查充电机高压熔断器	
	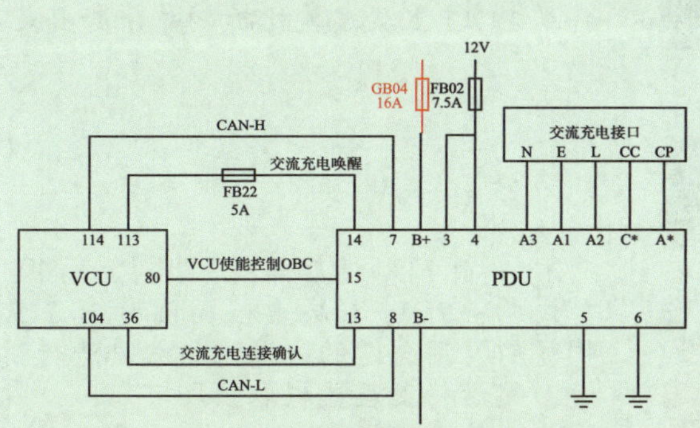 图 2-3-45 动力蓄电池充电系统电路原理	（1）北汽 EV160 2016 款车型 PDU 集成了高压控制盒、DC/DC 变换器、车载充电机（OBC）的功能，汽车进行交流充电需要经过车载充电机的电流转换，因此，在 PDU 内部具有空调压缩机、PTC 加热器、DC/DC 变换器和车载充电机（OBC）4 根高压熔断器，以起到保护各自高压部件相关电路的作用 因此，从图 2-3-45 所示的动力蓄电池充电系统电路原理可知，充电机高压熔断器 GB04 熔断，也会造成车辆无法进行正常交流充电，需要对该熔断器进行通断性能检测
	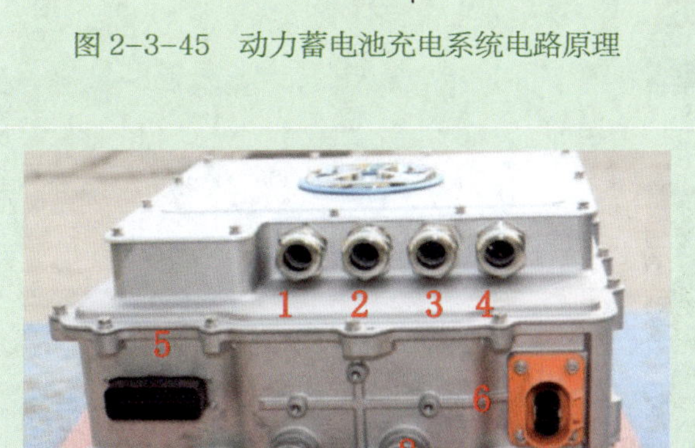 图 2-3-46 PDU 上层端盖（方向朝车后）	（2）识别 PDU 高压部件上层端盖并进行相关部件的拆卸 1）找到 PDU 上层端盖连接的所有高压线束位置（见图 2-3-46、图 2-3-47）

续表

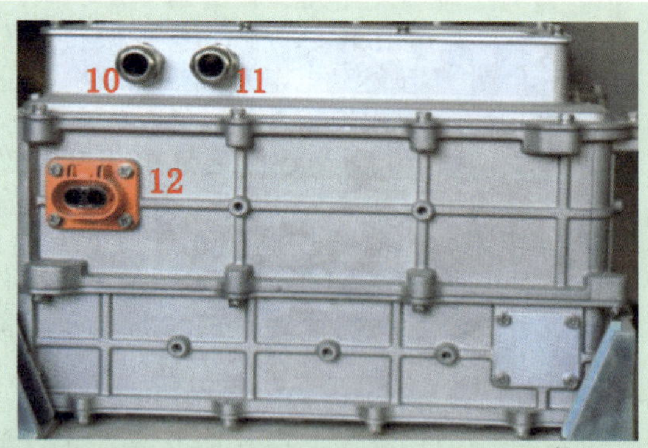

图 2-3-47　PDU 上层端盖（方向朝车前）

其中，PDU 上层端盖高压线束端口定义如下：1 为动力蓄电池高压输入正极，2 为动力蓄电池高压输入负极，3 为高压输出到电机控制器正极，4 为高压输出到电机控制器负极，10 为连接直流充电高压负极，11 为连接直流充电高压正极

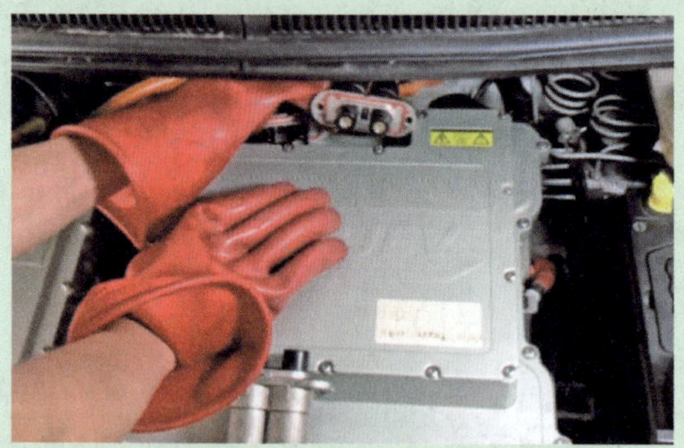

图 2-3-48　拆卸 PDU 上层端盖高压线束

2）拆卸 PDU 上层端盖高压线束（见图 2-3-48）

说明：由上面 PDU 上层端盖高压线束端口定义可知，此处有动力蓄电池高压输入线束、高压输出到电机控制器线束和直流充电高压线束共 3 段线束，需要用专用绝缘工具对 3 段高压线束接插件从 PDU 上层端盖处拆卸并分离出来

图 2-3-49　拆卸 PDU 上层盖板

3）拆卸 PDU 上层盖板（见图 2-3-49）

说明：PDU 上层盖板周围分布了紧固螺钉，用合适的绝缘螺钉旋具进行拆卸，然后将上层盖板取出即可

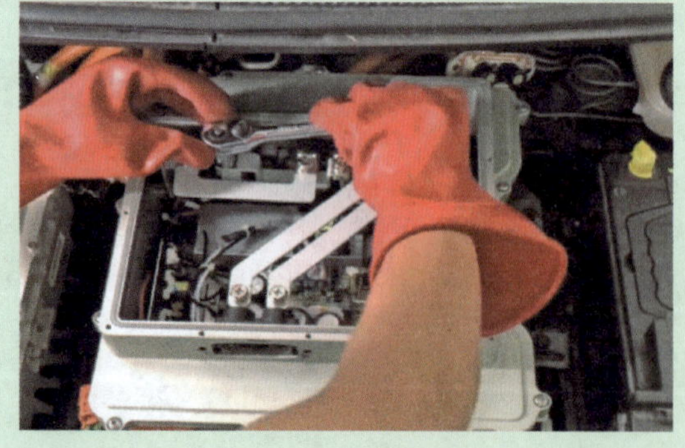

图 2-3-50　拆卸 PDU 内部导电铜片螺栓

4）拆卸 PDU 内部导电铜片螺栓（见图 2-3-50）

5）取出导电铜片螺栓后，将 PDU 外层盖螺钉拧松

续表

<table>
<tr><td>

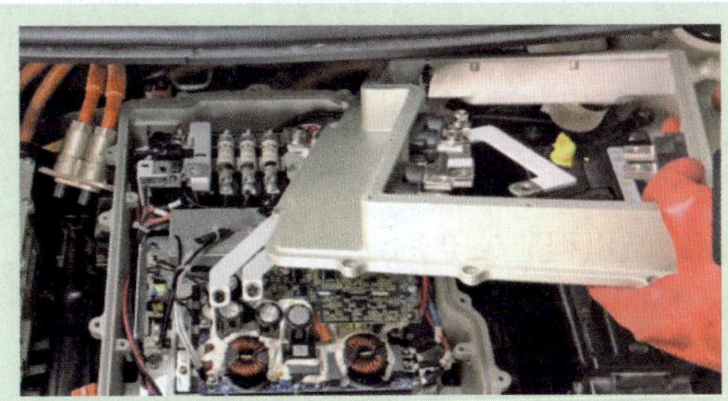

图 2-3-51 取出 PDU 上层外壳

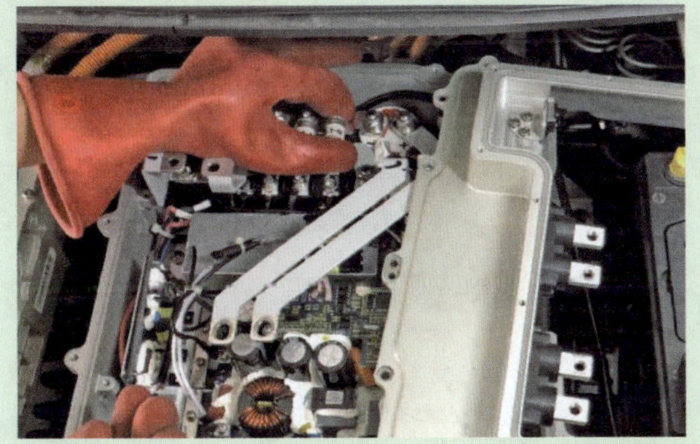

图 2-3-52 拆卸充电机高压熔断器（GB04）

</td><td>

6）取出 PDU 上层外壳（见图 2-3-51）

注意：将连接 PDU 上层外壳的导电铜片拨开，轻微摇动 PDU 上层外壳，确认外壳与 PDU 本体完全分离后再取出，避免在拆卸过程中造成导电铜片损坏

7）分离出 PDU 上层外壳体后，注意观察并区分 PDU 内部 4 根高压熔断器（见图 2-3-52）

说明：根据该车型的车辆维修手册可知，充电机高压熔断器（GB04）的位置位于 PDU 内部右侧，为 16A 的高压熔断器

提示：维修时以实际车型为准，找准充电机高压熔断器位置

8）将充电机高压熔断器取出，单独进行导通性测量

</td></tr>
<tr><td>

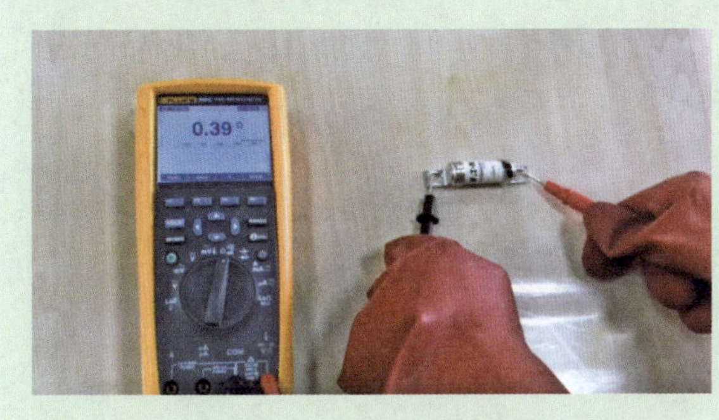

图 2-3-53 测量充电机高压熔断器（GB04）的导通性

</td><td>

（3）用专用万用表或绝缘表对充电机高压熔断器（GB04）进行导通性测量（见图 2-3-53），按照以下测量标准进行

标准电阻

检测仪连接	条件	规定状态
充电机高压熔断器前端 - 充电机高压熔断器后端	—	小于 1 Ω

测量充电机高压熔断器前端与后端之间的电阻，电阻值应小于 1 Ω，若不符合标准，则应更换高压熔断器

</td></tr>
</table>

3. 故障排除后的恢复工作

北汽 EV160 2016 款纯电动汽车不能进行交流充电的故障主要由 PDU 常电搭铁信号、交流充电通信信号以及交流充电高压线束及熔丝故障等原因所引起，在对以上故障进行全面诊断与排除，对出现引起交流充电故障的部件进行维修或者更换后，需要按照以下步骤进行车辆确认恢复工作。

（1）若排除故障过程中，故障诊断仪能够读取充电系统故障码，在完成不能进行交流充电故障诊断与排除工作后，需要再次用故障诊断仪与车辆进行连接，重新读取故障码，确认是否还存在充电系统故障，并将历史故障码清除。

（2）排除相关故障后，将车辆与交流充电桩进行充电连接，观察车辆仪表盘上的充电指示灯是否点亮，充电一段时间后，车辆续航里程应该会逐渐增加，代表车辆能够正常进行交流充电。

【课后实训】

一、实训情境

深圳市某 4S 店接收到一辆比亚迪 e5 纯电动汽车，根据车主描述，该车辆能够正常行驶，车辆提示充电时，车主为车辆进行交流充电时，充电指示灯没有亮起，车辆不能进行交流充电。车主联系了比亚迪 4S 店，将车辆开至接待区进行维修。

经过维修技师再次确认，该车存在交流充电故障，需要对车辆进行不能交流充电故障诊断与排除。

二、实训内容

1. 根据比亚迪 e5 汽车车辆维修手册或电路手册，查阅与交流充电系统相关的部件及线束，完成表 2-3-2 的填写。

表 2-3-2　　纯电动汽车（比亚迪 e5）交流充电系统部件列表

交流充电系统部件名称	高压线束或信号线名称	端口或接插件	端子编号

注意：该表供参考学习纯电动汽车交流充电系统部件，根据实际维修车型可自行续表。

2. 查询比亚迪 e5 汽车车辆维修手册，结合比亚迪 e5 汽车的高压系统原理图，简化出比亚迪 e5 汽车的交流充电系统电路原理图。

3. 通过小组合作，根据车辆维修手册，描述比亚迪 e5 汽车不能进行交流充电的故障现象，记录检测数值，并进行判断与分析。

（1）描述故障现象

____

____

____

____

____

（2）记录检测数值并进行判断与分析（见表 2-3-3）

表 2-3-3　纯电动汽车（比亚迪 e5）交流充电故障诊断与排除工单

序号	诊断部位	检测仪连接	规定值	实测值	判断与简单分析
1					
2					
3					
4					
5					
6					
7					
8					
9					
10					

课题四 | 仪表报蓄电池故障诊断与排除

学习目标

1. 能根据故障现象，在车辆维修手册中查询解决车辆仪表报蓄电池故障的相关信息。

2. 能根据车辆维修手册中的低压蓄电池充电系统电路图，合理制定仪表报蓄电池故障排除方案。

3. 能根据故障排除方案，排除车辆仪表报蓄电池故障。

4. 在故障排除过程中，能准确记录检测数据，工作过程符合新能源汽车安全操作要求。

任务描述

广州市梁先生与家人驾驶一辆北汽 EV160 2016 款纯电动汽车去珠海旅游。车辆能够正常启动与行驶，在行驶至中山市的高速公路时，车辆仪表盘上的充电警告灯突然亮起，并出现“蓄电池故障”提示语。梁先生为了安全起见，将车辆开至最近的高速公路服务区停放，并联系了北汽新能源 4S 店工作人员，希望能做进一步的检查。

车辆停止后，梁先生按照 4S 店客服人员的要求，关闭车辆钥匙开关，然后将钥匙重新打至 ON 挡位，再次观察仪表盘上的故障提示。此时，仪表盘上仍然出现“蓄电池故障”提示语，并且充电警告指示灯点亮，指示灯与提示语并没有在 3 s 左右熄灭，同时车辆“Ready”指示灯能够正常点亮。

经过梁先生描述故障现象后，4S 店的维修技师初步判断车辆低压蓄电池系统可能存在充电故障，但能够上高压电，车辆可以行驶，为了安全起见，建议梁先生将车辆行驶至中山市最近的北汽新能源 4S 店进行故障诊断与排除。

任务分析

北汽 EV160 2016 款纯电动汽车若出现蓄电池故障及充电警告指示灯故障现象，通常是因为车辆不能正常为低压蓄电池进行充电造成的。纯电动汽车相比传统汽油车而言，没有交流发电机为 12 V 低压蓄电池进行充电，取而代之的是由车辆动力蓄电池通过电压的高低转换，直接给 12 V 低压蓄电池进行充电。车辆提示蓄电池故障和点亮充电警告灯，说明车辆低压充电系统存在某种或多种故障（见图 2-4-1）。

如果出现低压蓄电池充电系统故障，需要通过故障诊断仪，并根据车辆维修手册及低压充电系统电路原理图，用专用万用表或绝缘表逐个检测各相关充电部件线束确定故障点，如果检测值达不到规定值，则需要更换相关部件、线束，以达到排除低压蓄电池故障的目的。

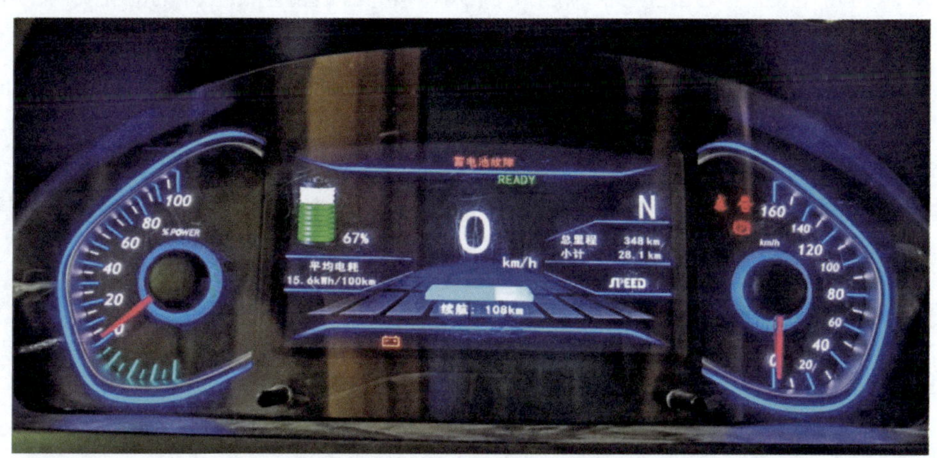

图 2-4-1 低压蓄电池故障现象

相关理论

一、低压蓄电池充电系统电路分析

北汽 EV160 2016 款纯电动汽车的低压蓄电池充电系统电路由动力蓄电池、PDU、12 V 低压蓄电池、VCU 以及与它们之间连接的高压线束、通信信号线和相关熔丝等组成（见图 2-4-2）。

首先说明该款汽车的 DC/DC 变换器集成在 PDU 内部，因此，低压蓄电池要获得 12 V 充电电压，需经由动力蓄电池提供高压直流电，然后在 PDU 内进行高压直流电转换为低压直流电的过程，才能输出给蓄电池进行充电。同时，在整个低压充电回路给低压蓄电池充电之前，需要 VCU 通过使能信号线唤醒 DC/DC 变换器工作。

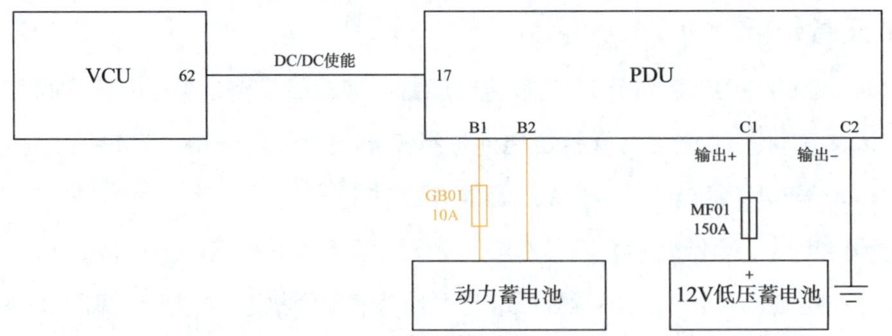

图 2-4-2 北汽 EV160 2016 款纯电动汽车低压蓄电池电路原理

二、DC/DC 变换器工作条件及判断

DC/DC 变换器的功能是将来自动力蓄电池的高压直流电，经过转换之后输出低压直流电，从而为蓄电池提供充电电压。因此，DC/DC 变换器是低压蓄电池充电系统的关键部件，它的工作条件如下。

1. 高压输入范围为 DC 290 ~ 420 V。

2. 低压输入范围为 DC 9 ~ 14 V。

因此，判断 DC/DC 变换器是否工作，需要在保证整车线束正常连接的情况下，上电前使用专用万用表或绝缘表测量蓄电池端电压，并记录；整车上电，继续读取专用万用表或绝缘表数值，查看变化情况。如果电压数值在 13.8 ~ 14 V，则判断为 DC/DC 变换器能正常工作。

故障排除

一、低压蓄电池充电系统的检查方法

经过上述对低压蓄电池充电系统的电路原理及充电路径分析可知，涉及低压蓄电池充电的相关部件有动力蓄电池、PDU（内含 DC/DC 变换器）、蓄电池、VCU 以及相关高低压线束、熔丝等。因此，以上部件出现某种或多种故障，均会导致低压蓄电池不能充电。由于在仪表报高压系统绝缘故障诊断与排除任务中介绍了动力蓄电池与 PDU 之间的高压正、负极母线的检修，此处不再阐述高压线束端的故障排除，仅对低压系统部件进行故障诊断与排除。

1. 读取故障码

用北汽新能源故障诊断仪对车辆进行快速测试，确定是否能够读取到低压蓄电池充电系统相关故障的故障码。若能够读取故障码，按照故障码的提示，确定故障位置，根据车辆维修手册进行对应故障点的维修。若无法读取故障码，则需要结合车辆电路手册及低压蓄电池充电系统原理，对所涉及的相关部件进行逐步诊断与排除。

2. 检查 PDU 低压输出信号

由于 DC/DC 变换器集成在 PDU 内部，因此 PDU 的低压直流电直接输出给蓄电池，为蓄电池进行低压充电。此处首先需要检查蓄电池电压是否为 10～14 V，确保蓄电池性能正常，然后通过专用万用表或绝缘表测量 PDU 低压输出电压是否正常，同时，还需要检查低压输出正极端的 MF01 熔丝是否熔断，以排除 PDU 低压输出信号的故障。

3. 检查 DC/DC 变换器使能信号

根据上述描述的 DC/DC 变换器工作条件可知，若需要 DC/DC 变换器正常工作，其低压使能输入电压必须为 9～14 V，该使能信号线是由 VCU 对 DC/DC 变换器进行控制，因此，需要检查它们之间的 DC/DC 变换器使能信号线是否导通，并检查是否有正常电压输入到 PDU 端。

4. 检查 DC/DC 变换器高压熔断器

整个低压充电回路的电压来源于动力蓄电池的高压直流输入，动力蓄电池与 PDU 之间的正、负极高压母线之间，设计了 DC/DC 变换器高压熔断器，以保护整个低压充电回路。因此，若 DC/DC 变换器高压熔断器发生熔断，会切断整个低压充电回路，导致低压蓄电池充电故障。为此，需要对位于 PDU 内部的 DC/DC 变换器高压熔断器进行故障诊断与排除。

二、故障排除

1. 故障诊断流程

低压蓄电池充电系统故障诊断流程如图 2-4-3 所示。

2. 故障检测方法

在上述流程图中，每一个检查步骤的具体检测方法，见表 2-4-1。

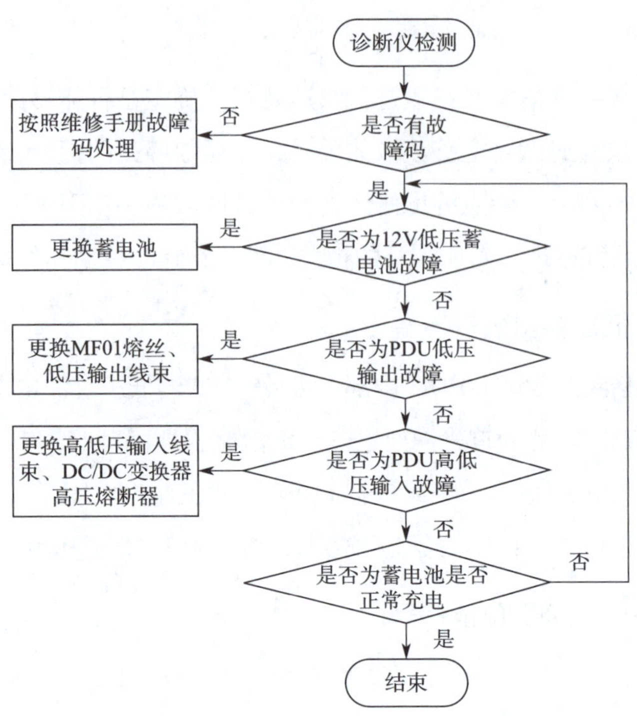

图 2-4-3　低压蓄电池充电系统故障诊断流程

表 2-4-1　　具体检查方法

<table>
<tr><td>1</td><td colspan="2">读取低压蓄电池充电系统故障码</td></tr>
<tr><td colspan="2">

图 2-4-4　打开北汽新能源汽车故障诊断仪操作程序</td><td>打开北汽新能源汽车故障诊断仪操作程序界面（BDS 诊断工具）
（1）在左侧列表图标中选择汽车图标，启动诊断程序，然后单击“北汽新能源”（见图 2-4-4）</td></tr>
<tr><td colspan="2">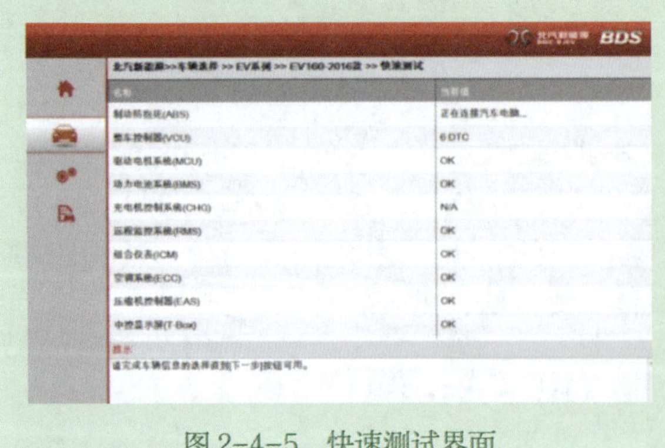

图 2-4-5　快速测试界面</td><td>（2）启动诊断程序后，按照页面提示，分别单击“车辆选择 -EV 系列 -EV160 2016 款 - 快速测试”，对整车进行快速诊断（见图 2-4-5）</td></tr>
</table>

续表

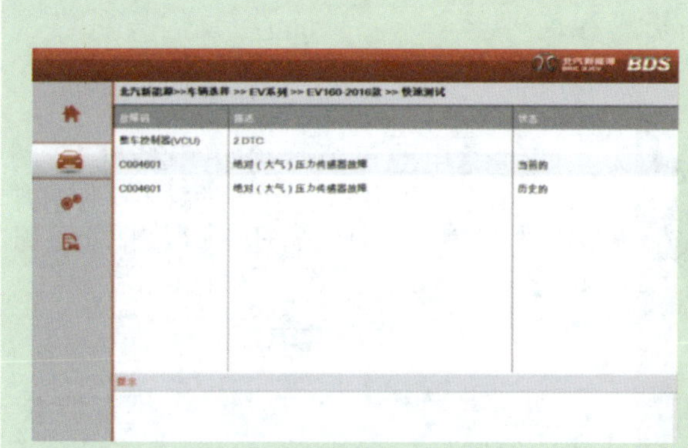

图 2-4-6　诊断仪未显示故障码

（3）等待一段时间，未显示与低压蓄电池有关的故障码（见图 2-4-6），此时不需要做任何处理，正常退出即可。需根据维修电路手册进行故障排除

2　检查 MF01 熔丝

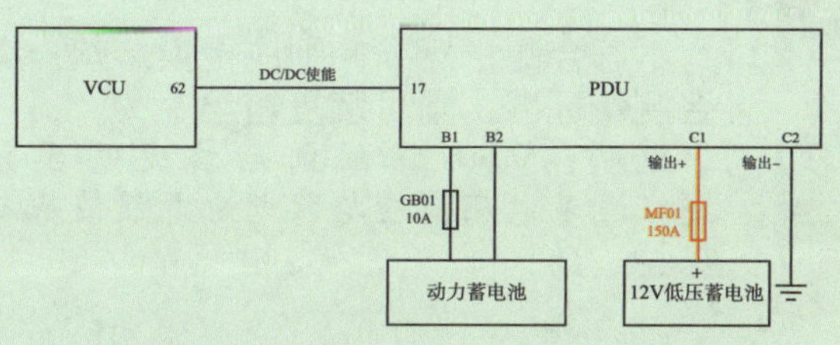

图 2-4-7　MF01 熔丝（150 A）电路原理

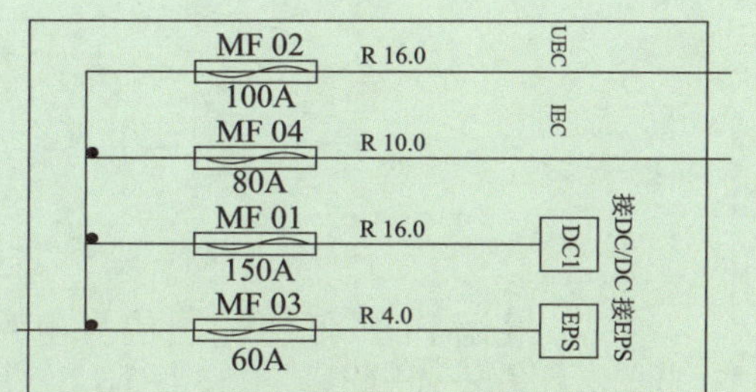

图 2-4-8　蓄电池正极熔丝盒电路

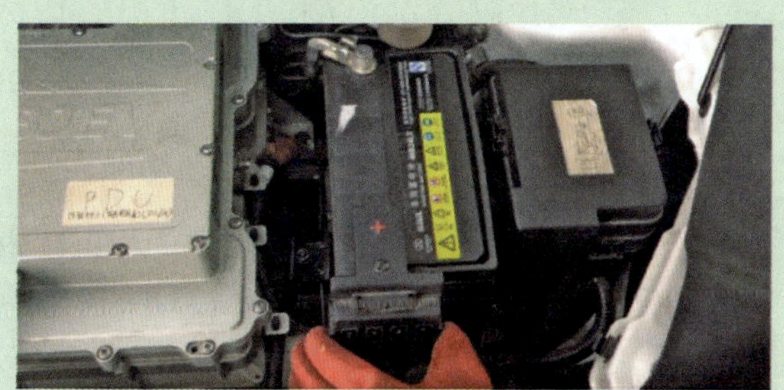

图 2-4-9　拆卸低压蓄电池正极端盖

（1）根据 MF01 熔丝（150 A）电路原理（见图 2-4-7），需要对 MF01 熔丝进行电路检测

蓄电池正极熔丝盒电路（见图 2-4-8）说明如下：

MF01（150 A）—接 DC/DC 变换器

提示：由电路原理及蓄电池正极熔丝盒电路定义可知，车辆动力蓄电池需要通过 PDU 内部的 DC/DC 变换器，将高压直流电转换为低压直流电，进而为低压蓄电池充电，若 DC/DC 变换器到低压蓄电池之间的 MF01 熔丝熔断，则会导致整个低压充电电路阻断，无法进行低压蓄电池的正常充电，故车内仪表会报“蓄电池故障”

MF01 的检测方法：打开前舱盖，根据车辆维修手册及标注识别 MF01 熔丝，该熔丝不方便拆卸，为便于测量，可在实车上通过对熔丝前后两端对车身搭铁的测量，进而判断熔丝的通断状态

拆卸低压蓄电池正极端盖（见图 2-4-9）

续表

图 2-4-10　蓄电池正极熔丝

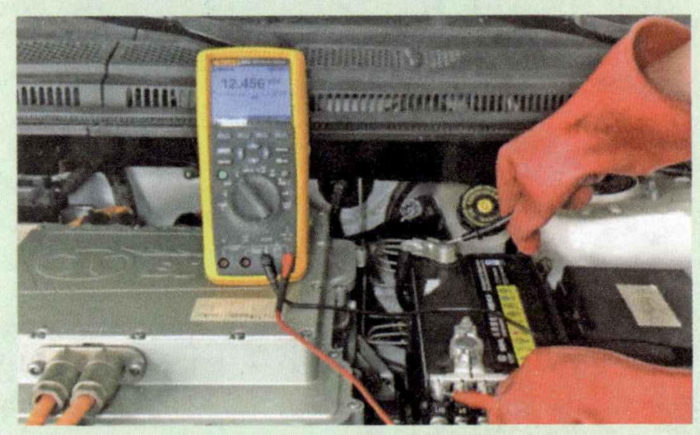

图 2-4-11　测量 MF01 熔丝

（2）蓄电池正极熔丝如图 2-4-10 所示，用专用万用表或绝缘表按照上述方法对 MF01 熔丝电压进行测量（见图 2-4-11），按照以下测量标准进行

标准电压

检测仪连接	条件	规定状态
MF01 熔丝前端 - 车身搭铁	电源开关 OFF	10 ~ 14 V
MF01 熔丝后端 - 车身搭铁	电源开关 OFF	10 ~ 14 V

不符合测量标准，则应更换熔丝；符合测量标准，则可装复熔丝

说明：MF01 熔丝前后端无明显界定，测量电压值应与蓄电池电压值基本保持一致

3　检查 PDU 低压正、负极输出信号线

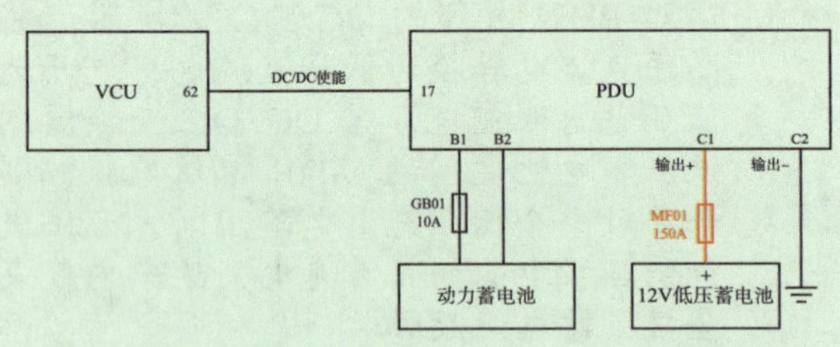

图 2-4-12　PDU 低压正极输出信号电路原理

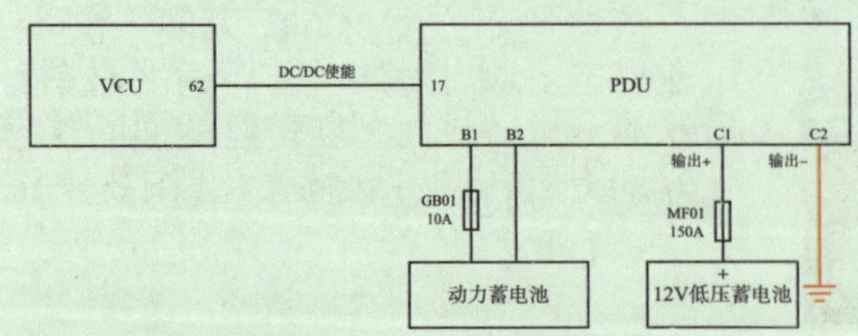

图 2-4-13　PDU 低压负极输出信号电路原理

（1）根据 PDU 低压输出信号电路原理（见图 2-4-12、图 2-4-13），需要对两根低压输出信号线进行电路检测

为了检测 PDU 正、负极输出信号回路正常，可分别检测 PDU 正极、负极输出信号与蓄电池所形成完整回路的电压

若在 PDU 输入蓄电池所形成的完整的低压回路中，能检测到 10 ~ 14 V 蓄电池电压，则说明 PDU 能正常向蓄电池输出低压直流电，PDU 正、负极输出信号正常

续表

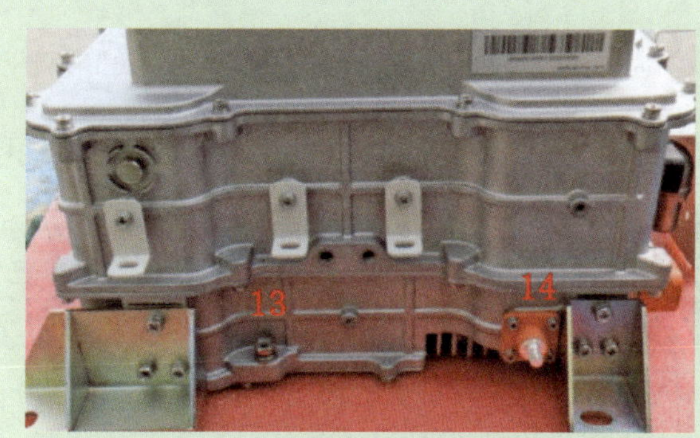

图 2-4-14　PDU 低压正、负极输出端口（靠驾驶员侧）

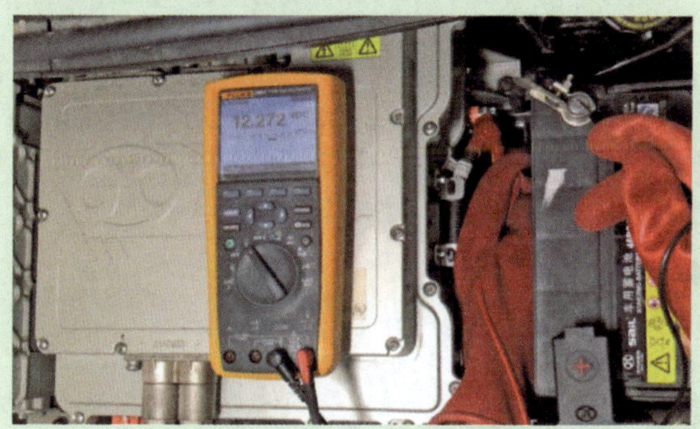

图 2-4-15　测量 PDU 低压正极输出信号

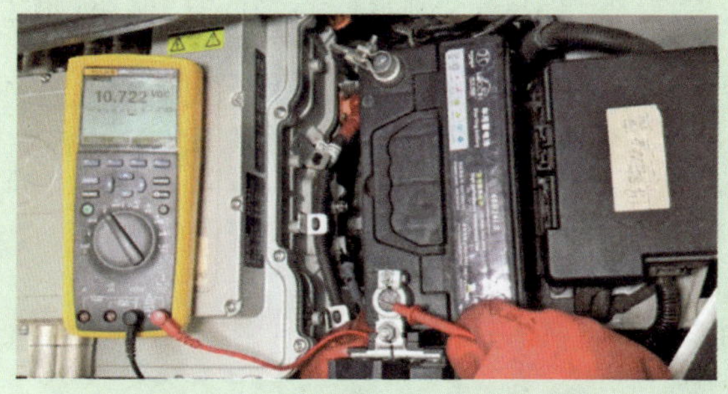

图 2-4-16　测量 PDU 低压负极输出信号

（2）识别 PDU 低压正、负极输出端子并进行电压信号检测

根据车辆维修手册，PDU 低压正、负极输出端口（见图 2-4-14）定义如下：13 为接蓄电池负极（搭铁线）；14 为接蓄电池正极（电源线）

用专用万用表或绝缘表对 PDU 低压正、负极输出信号进行电压测量，分别按照以下测量标准进行

标准电压

检测仪连接	条件	规定状态
PDU 低压正极输出（14 端口）- 蓄电池负极（车身搭铁）	电源开关 OFF	10 ~ 14 V
PDU 低压负极输出（13 端口）- 蓄电池正极（电源）	电源开关 OFF	10 ~ 14 V

1）测量 PDU 低压正极输出端口与蓄电池负极之间（形成完整低压输出回路）的电压（见图 2-4-15），电压值应为 10 ~ 14 V

2）测量 PDU 低压负极输出端口与蓄电池正极之间（形成完整低压输出回路）的电压（见图 2-4-16），电压值应为 10 ~ 14 V

提示：若电压值不达标，则说明 PDU 低压正负极输出信号线可能存在断路，建议更换两根线束；若更换线束后问题仍未解决，则故障可能出现在 PDU 内的 DC/DC 变换器，需做进一步故障排除

4　检查 PDU 到 VCU 的 DC/DC 变换器使能信号线

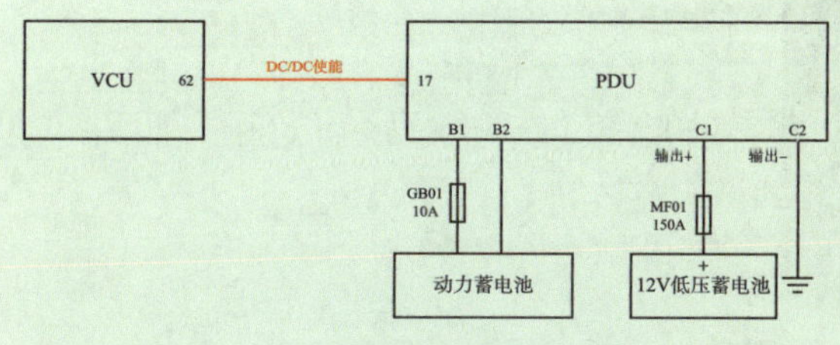

图 2-4-17　DC/DC 变换器使能信号电路原理

（1）由 DC/DC 变换器使能信号电路原理（见图 2-4-17）可知，需要对 PDU 到 VCU 的 DC/DC 变换器使能信号线进行检测

因此，需要拆卸 PDU 低压控制接插件与整车控制器（VCU）接插件

续表

 图 2-4-18　断开低压蓄电池负极	（2）识别 PDU 低压控制器接插件并将其拆卸 1）用绝缘开口扳手，断开蓄电池负极（见图 2-4-18） **注意：负极断开后，在负极处放好防尘盖，若没有防尘盖，可用绝缘胶布包裹负极，防止蓄电池负极接线意外搭上，以免造成汽车意外上电**
 图 2-4-19　PDU 低压控制接插件位置	2）在 PDU 处找到黑色低压控制接插件，并注意将其拔下 **提示 1：PDU 低压接插件为黑色接插件，在实车上较好识别并找到（见图 2-4-19），根据车辆维修手册，该低压控制接插件为 35 芯接插件**
 图 2-4-20　拆卸 PDU 低压控制接插件	**提示 2：在拔下 PDU 低压控制接插件过程中，由于接插件朝向车内，位置受限，为方便拆卸操作，避免拉拔用力过度造成接插件损坏，可借助一字旋具等工具微撬接插件卡扣，同时用手往外拉拔，即可拆出接插件（见图 2-4-20）**
 图 2-4-21　整车控制器（VCU）接插件位置	（3）识别整车控制器（VCU）接插件并将其拆卸 1）整车控制器（VCU）接插件位于前舱盖内，为黑色低压接插件（见图 2-4-21）

续表

图 2-4-22　整车控制器（VCU）线束端 121 芯接插件 A

2）拆卸整车控制器（VCU）线束端 121 芯接插件 A（1～81）（见图 2-4-22）

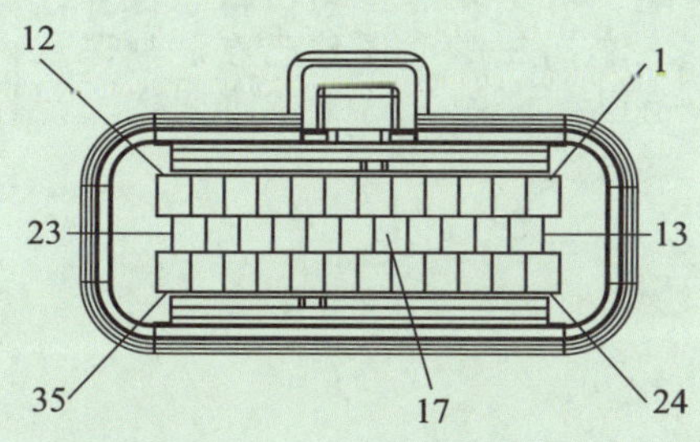

图 2-4-23　PDU 低压控制接插件端口

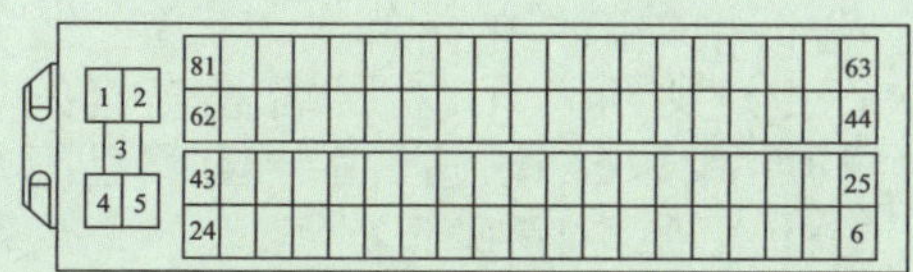

图 2-4-24　整车控制器（VCU）线束端 121 芯接插件 A（1～81）端口

图 2-4-25　测量 PDU-VCU 的 DC/DC 变换器使能信号

（4）拆卸出来的 PDU 低压控制接插件为 35 芯低压接插件，根据车辆维修手册，其关于该信号端口（见图 2-4-23）的定义如下：17 为 DC/DC 变换器使能

整车控制器（VCU）接插件 A 关于该信号端口（见图 2-4-24）的定义如下：62 为 DC/DC 变换器使能

用专用万用表或绝缘表对 DC/DC 变换器使能信号进行测量，按照以下测量标准进行

标准电阻

检测仪连接	条件	规定状态
PDU 的 17 号端子 -VCU 的 62 号端子	电源开关 OFF	小于 1 Ω

1）拆卸完 PDU 低压控制接插件与 VCU 接插件 A 后，观察接插件外观有无破损，若外观有明显破损，则应更换接插件。若无破损，再仔细观察接插件针脚是否存在明显退针或针脚折断等情况。若有，建议更换接插件；若无，可以进行下一步

2）用专用万用表测量 PDU 低压控制接插件 17 号端子与 VCU 接插件 62 号端子之间的电阻（见图 2-4-25），电阻值应小于 1 Ω

测量值若大于标准值，甚至无穷大，则该 DC/DC 变换器使能信号线断路，需更换接插件线束

续表

5	检查 DC/DC 变换器高压熔断器

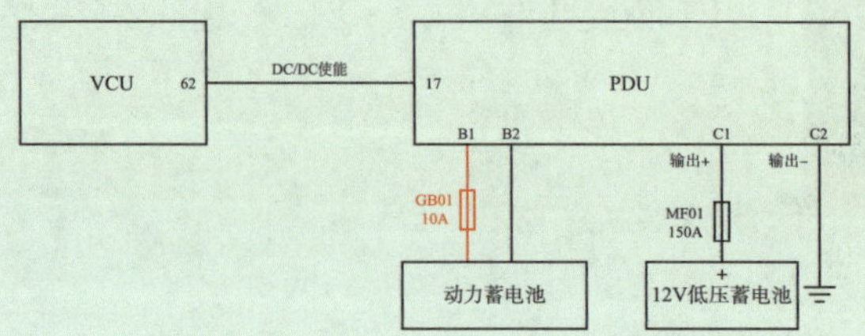

图 2-4-26　DC/DC 变换器高压熔断器电路原理

（1）以上步骤所涉及的检测信号线束均为低压线束，而通过对前期课程的学习内容可知，位于 PDU 内部的 DC/DC 变换器高压熔断器属于车辆高压电部分，需佩戴标准绝缘手套对该高压熔断器进行通断性能检测（见图 2-4-26）

提示：注意区分 PDU 内部存在 4 根高压熔断器（上一任务已做介绍，这里不再阐述）

注意：在进行 DC/DC 变换器高压熔断器测量之前，为防止发生高压触电事故，确保人身安全，需要按照操作规范，对车辆进行高压断电操作，新能源汽车高压断电操作已在前期课程内容中有具体介绍，这里不再阐述

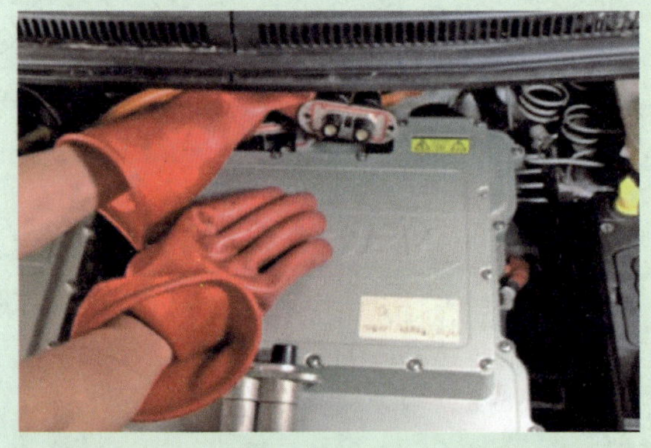

图 2-4-27　拆卸 PDU 上层端盖高压线束

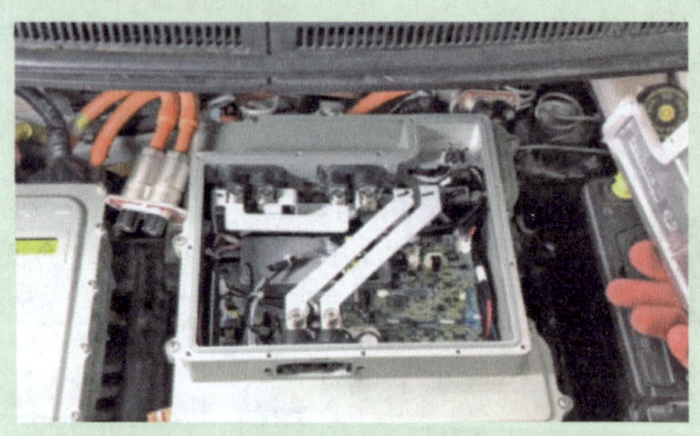

图 2-4-28　拆卸 PDU 上层盖板

（2）识别 PDU 高压部件上层端盖并进行相关部件的拆卸

1）找到 PDU 上层端盖连接的所有高压线束位置（在上一任务已有所介绍，这里不再阐述）

2）拆卸 PDU 上层端盖高压线束（见图 2-4-27）

说明：由 PDU 上层端盖高压线束端口定义可知，此处有动力蓄电池高压输入线束、高压输出到电机控制器线束和直流充电高压线束 3 段线束，需要用专用绝缘工具对 3 段高压线束接插件从 PDU 上层端盖处拆卸并分离出来

3）拆卸 PDU 上层盖板（见图 2-4-28）

说明：PDU 上层盖板周围分布了紧固螺钉，用合适的绝缘螺钉旋具分别进行拆卸，然后轻微将上层盖板取出即可

续表

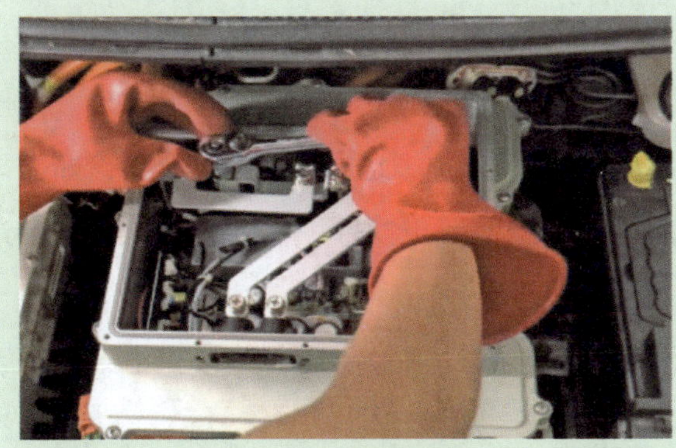
图 2-4-29 拆卸 PDU 内部导电铜片螺栓

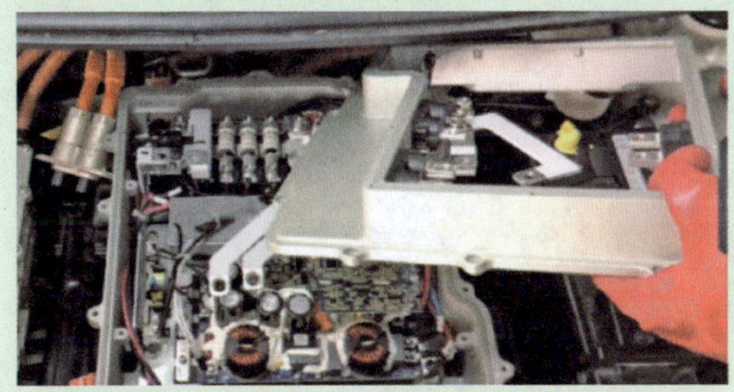
图 2-4-30 取出 PDU 上层外壳

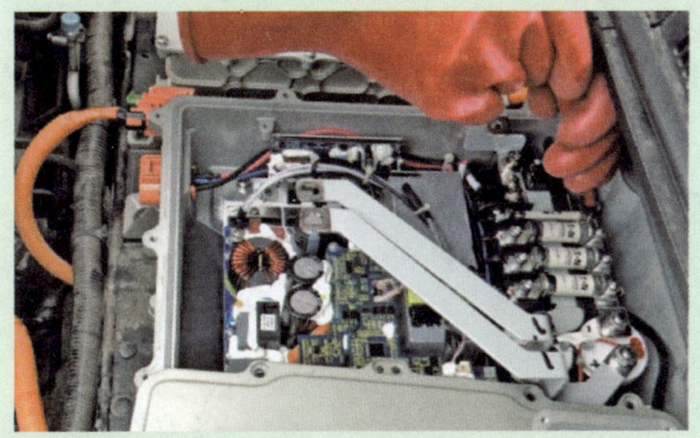
图 2-4-31 拆卸 DC/DC 变换器高压熔断器（GB01）

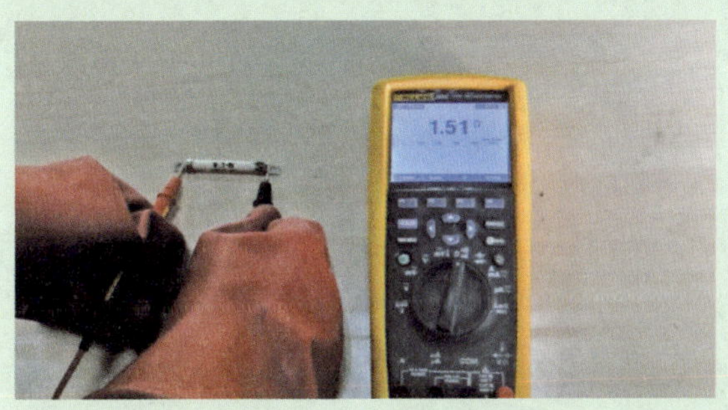

图 2-4-32 测量 DC/DC 变换器高压熔断器（GB01）导通性

4）拆卸 PDU 内部导电铜片螺栓（见图 2-4-29）

5）取出导电铜片螺栓后，将 PDU 外层盖螺钉拧松

6）取出 PDU 上层外壳（见图 2-4-30）

注意：将连接 PDU 上层外壳的导电铜片拨开，轻微摇动 PDU 上层外壳，确认外壳与 PDU 本体完全分离后再取出，避免在拆卸过程中造成导电铜片损坏

7）分离出 PDU 上层外壳体后，注意观察并区分 PDU 内部 4 根高压熔断器（见图 2-4-31）

说明：根据该车型的车辆维修手册可知，充电机高压熔断器（GB01）的位置位于 PDU 内部左侧位置，为 10 A 高压熔断器

提示：维修时以实际车型为准，找准 DC/DC 变换器高压熔断器的位置，北汽 EV160 2016 款汽车的 DC/DC 变换器高压熔断器比另外三根高压熔断器都要细小，外观上较好区别（见图 2-4-32）

8）将 DC/DC 变换器高压熔断器取出，单独进行导通性测量

（3）用专用万用表或绝缘表对 DC/DC 变换器高压熔断器（GB01）的导通性进行测量，按照以下测量标准进行

标准电阻

检测仪连接	条件	规定状态
DC/DC 变换器高压熔断器前端 –DC/DC 变换器高压熔断器后端	—	小于 1 Ω

测量 DC/DC 变换器高压熔断器前端与后端之间的电阻，电阻值应小于 1 Ω，若不符合标准，则应更换高压熔断器

3. 故障排除后的恢复工作

北汽 EV160 2016 款纯电动汽车仪表报低压蓄电池故障主要由 PDU（DC/DC 变换器）低压输出信号、VCU 对 PDU 的 DC/DC 变换器使能信号、动力蓄电池对 PDU 高压直流输入等高低压线束以及熔丝故障等原因所引起，若对以上故障进行了全面诊断与排除，对出现引起低压蓄电池充电故障的部件进行维修或者更换后，需要按照以下步骤进行车辆确认恢复工作。

（1）通过故障诊断仪连接车辆进行快速测试，再次读取故障码，确认充电系统是否还存在低压蓄电池故障码，若没有出现故障码，将历史故障码清除。

（2）将车辆钥匙打到开关 ON 挡，此时车辆“Ready”指示灯会点亮，同时，观察仪表盘上是否还存在“蓄电池故障”中文字样提示语，充电警告指示灯是否还亮起，若提示语与指示灯均在车辆自检后熄灭，说明低压蓄电池故障得以排除，车辆能够正常为低压蓄电池充电。

【课后实训】

一、实训情境

广州市一位陈先生驾驶一辆北汽 EU5 纯电动汽车去上班，陈先生在启动车辆时，发现仪表盘上有“蓄电池故障”中文字样，并亮起充电警告指示灯，但车辆能够启动和行驶。陈先生担心车辆在行驶过程中出现问题，于是联系了当地 4S 店工作人员，并将车辆开至附近的 4S 店进行检查与维修。

经过维修技师初步判断，该车存在低压蓄电池充电系统故障，需要进行故障诊断与排除。

二、实训内容

1. 故障现象描述

根据上述任务情境和北汽 EU5 车辆仪表盘上的故障提示，具体描述一下故障现象。

____

____

____

____

____

2. 简化低压蓄电池充电系统电路图

根据北汽 EU5 车型的 PEU 高压电路原理（见图 2-4-33），简化 EU5 低压蓄电池充电系统电路原理图，结合车辆维修手册，标注出各部件连接的端子定义及连接线束名称。

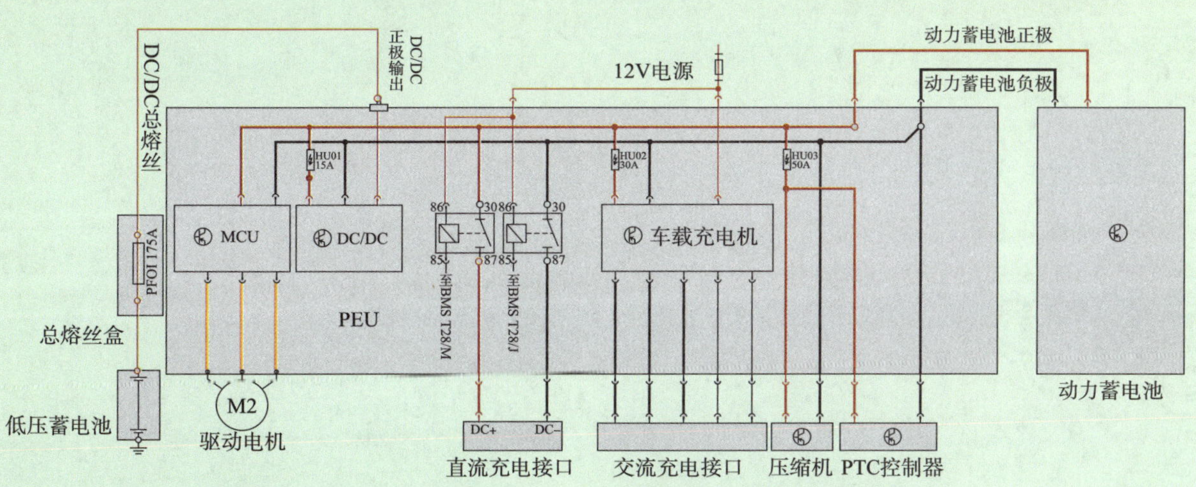

图 2-4-33 北汽 EU5 车型的 PEU 高压电路原理

3. 故障诊断方案

根据图 2-4-28，并结合车辆维修手册，制定 EU5 低压蓄电池故障的诊断流程图，并拟定检修方案。

4. 故障诊断与排除

根据故障诊断与排除方案，通过小组合作，对北汽 EU5 纯电动汽车进行低压蓄电池充电故障诊断与排除实操，在维修工单上准确记录测量数据，给出合理的判断结果，并进行简单的故障分析，见表 2-4-2。

表 2-4-2　北汽 EU5 汽车低压蓄电池故障维修工单（参考）

车型		维修人员		维修日期	
故障码		故障描述			
故障诊断与排除					
序号	诊断部件名称	检测仪连接	规定值	实测值	判断与简单分析

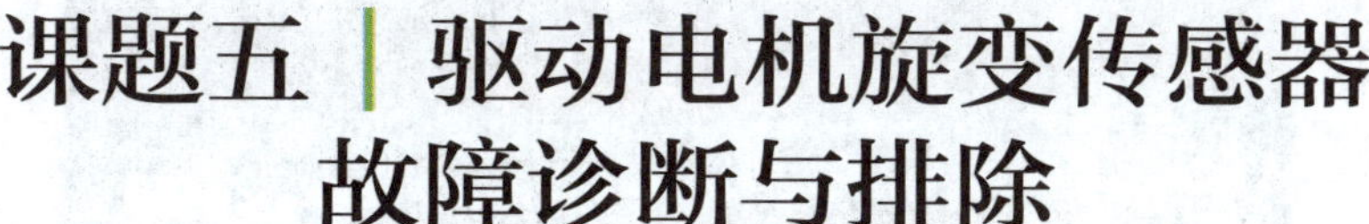

课题五 驱动电机旋变传感器故障诊断与排除

学习目标

1. 能根据故障现象，在车辆维修手册中查询解决车辆驱动电机旋变传感器故障的相关信息。

2. 能根据车辆维修手册中的驱动电机旋变系统电路图，合理制定驱动电机旋变传感器故障排除方案。

3. 能根据故障排除方案，排除驱动电机旋变传感器故障。

4. 在故障排除过程中，能准确记录检测数据，工作过程符合新能源汽车安全操作要求。

任务描述

北京市北汽新能源汽车有限公司某4S店接到黄女士打来的车辆故障救援电话。黄女士反馈自己驾驶一辆北汽EV160 2016款纯电动汽车在下班途中，突然感到车辆在行驶过程中有强烈的顿挫感，严重影响驾驶舒适性，并且在踩踏加速踏板时，车辆加速无力，仪表盘上亮起动力警告指示灯、驱动电机过热指示灯（见图2-5-1、图2-5-2），并出现“驱动电机系统故障”及“电机冷却液温度过高”中文提示语。黄女士担心如果继续驾驶车辆会存在故障甚至安全隐患，于是将车辆停在路旁，等待4S店专业人员救援。

该公司4S店员工赶到车辆故障现场后，经过初步路试和判断，车辆驱动电机系统可能存在故障，为了安全起见，不建议黄女士继续驾驶车辆，于是联系了专业拖车公司，将该车辆送回4S店进行检修。经车间维修技师判断，车辆的驱动电机没有故障，故障可能存在于旋变传感器，现需要对驱动电机旋变传感器进行故障排除。

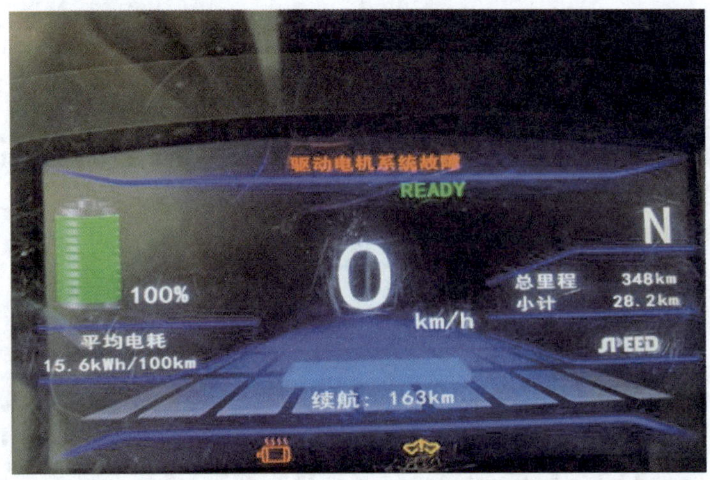

图 2-5-1　驱动电机系统故障现象

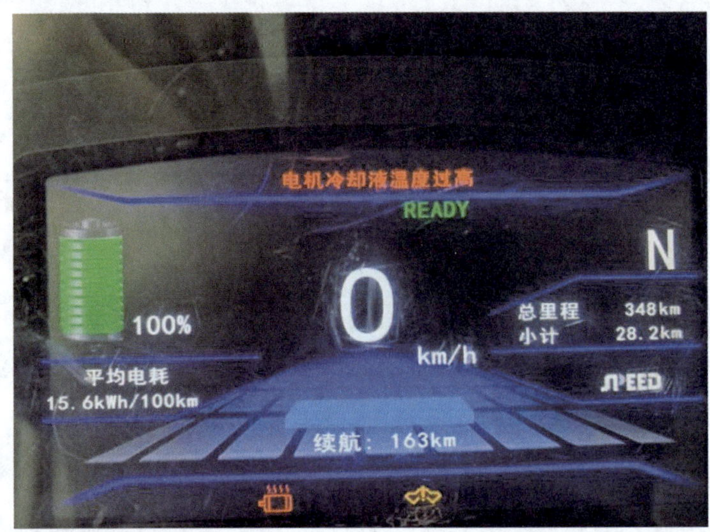

图 2-5-2　电机冷却液温度过高故障现象

●任务分析

北汽 EV160 2016 款纯电动汽车的旋变传感器是自控式同步电机中采集驱动电机转子位置信号并反馈给电机控制器（MCU）的零部件，由整车控制器（VCU）控制变频装置通过控制驱动电机的输出电流及频率来控制输出转速、转矩，从而达到车辆速度控制的目的。

北汽 EV160 2016 款纯电动汽车的旋变传感器集成在驱动电机端盖上，其信号线与驱动电机的温度传感器信号线共用低压控制接插件，统称为电机旋变低压控制接插件。由电机旋变的作用可知，如果车辆电机旋变出现故障，仪表盘上的动力警告指示灯和驱动电机过热指示灯亮起，并出现“驱动电机系统故障”及“电机冷却液温度过高”中文提示语，同时散热风扇以最高挡运行，风扇声音较大、较明显，且驾驶的车辆多表现为动力不足、无动力、车辆行驶顿挫等，直接影响驾驶员的驾驶舒适性，故障严重时甚至导致驱动电机无法输出动力、车辆熄火等。

若车辆存在电机旋变，首先应获取相应故障码，根据车辆维修手册及电路手册，用专用万用表或绝缘表对电机的旋变传感器和温度传感器进行测量。如果测量值达不到规定值（以实际车型为准），则需要更换电机旋变部件或线束，甚至由驱动电机售后工程师进行维修，以达到排除电机旋变故障的目的。

相关理论

一、驱动电机旋变电路分析

北汽 EV160 2016 款的驱动电机旋变电路中含有旋变传感器、开盖信号和两个电机温度传感器信号电路（见图 2-5-3）。由驱动电机旋变电路原理图分析可知，若电机旋变与电机控制器（MCU）之间的信号出现通信故障，甚至是电机旋变本身出现故障，则电机控制器（MCU）无法准确获取驱动电机参数信号，从而无法判断车辆行驶工况，造成整车控制器（VCU）无法获取数据反馈。

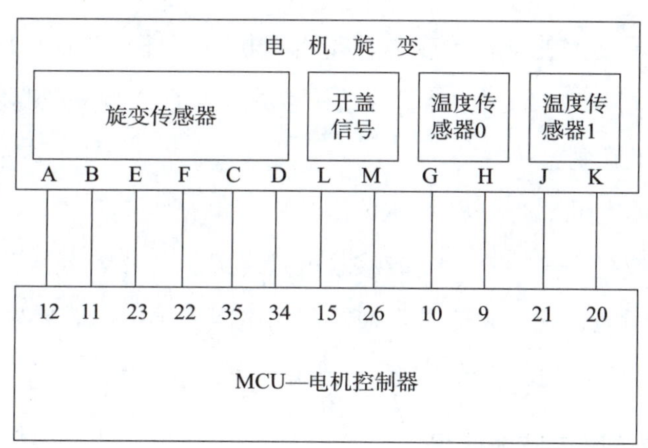

图 2-5-3　北汽 EV160 2016 款驱动电机旋变电路原理

二、电机旋变构造与参数

北汽 EV160 2016 款纯电动汽车的磁阻式旋变传感器安装在电机尾端盖中，由定子和转子两部分构成，其中旋变的励磁绕组 R（1 个）与输出绕组 S（2 个）均在定子槽内，转子随电机轴旋转，电机控制器（MCU）通过输出绕组 S 的信号即可判定电机转速、转向等，从而控制驱动电机的转矩输出。

旋变传感器的参数主要有变压比、电气误差、电气零位、交流阻抗、直流电阻、耐电压、绝缘电阻。其中在装配及维修现场易于测量的参数主要是直流电阻、耐电压和绝缘电阻，并且这三项检测也是判定旋变是否正常工作的最直观的检测指标。

故障排除

一、电机旋变故障的检查方法

由于本车型的电机旋变包含了旋变信号传感器、开盖信号以及温度传感器，因此对电机旋变故障可按照以下方法进行。

1. 读取故障码

用北汽新能源故障诊断仪对车辆进行快速测试，确认是否能够读取到驱动电机电系统关于电机旋变故障的故障码。若能够读取故障码，按照故障码的提示，确定故障位置，根据车辆维修手册进行对应故障点的维修。若无法获取故障码，则需要结合电路手册及电机旋变电路原理进行分析，对所涉及的相关部件进行逐步诊断与排除。

2. 检查旋变

（1）检查外观

首先观察电机尾端盖的电机旋变外观是否有机械损坏，包括机械变形、拉伤损伤、定子转子安装位置间隙、内部结构外露等结构性外观检查，若发现明显的外观机械损坏，则需要考虑更换电机旋变。

（2）旋变传感器电阻

用专用万用表或绝缘表检查旋变传感器正弦绕组、余弦绕组和励磁绕组共 3 个绕组各自端子之间的电阻值，观察阻值是否在给定的电阻范围内。若差别较大或某一相电阻为无穷大，则说明旋变接触不良或断线，若无法使用，需要考虑更换电机旋变。

3. 检查开盖及温度传感器信号

由于电机旋变包含了开盖信号与温度传感器，因此需要对两者与电机控制器之间信号线的电阻进行检测。通过维修电路手册确定开盖信号与温度传感器信号端子，分别进行电阻测量。若测量值达不到规定值，则考虑更换电机旋变。

另外，需要说明的是电机温度传感器正常阻值会随着外部大气温度的变化而改变，测量阻值时，应考虑外部气温对测量值的影响。表 2-5-1 为某品牌电机温度传感器参数表，其正常阻值会随着温度的升高而逐渐变大，检测电机温度传感器时，应充分考虑温

度因素对测量结果的影响，查阅正确的测量阻值范围，维修过程中以实际车型为准。

表 2-5-1 某品牌电机温度传感器参数表

温度 /℃	阻值 /Ω	温度 /℃	阻值 /Ω	温度 /℃	阻值 /Ω
-40	842	15	1 058	50	1 193
-30	882	20	1 077	55	1 213
-20	921	25	1 097	60	1 232
-10	960	30	1 116	65	1 252
0	1 000	35	1 136	70	1 271
5	1 019	40	1 155	75	1 290
10	1 039	45	1 174	80	1 309

二、故障排除

1. 故障诊断流程

按照上述电机旋变的故障诊断与排除方法，北汽 EV160 2016 款纯电动汽车驱动电机旋变故障诊断流程如图 2-5-4 所示。

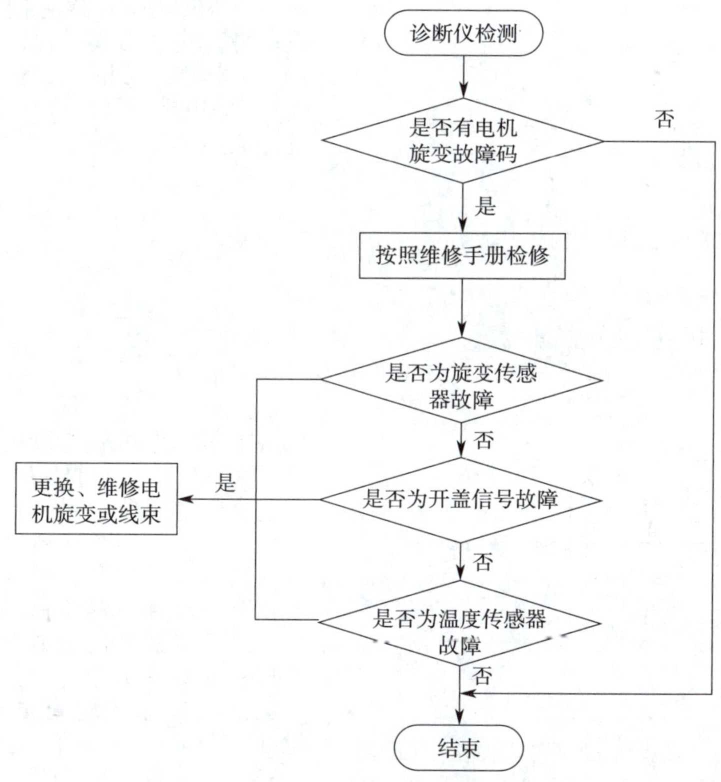

图 2-5-4 电机旋变故障诊断流程

2. 故障检测方法

在上述流程图中，每一个检查步骤的具体检测方法见表 2-5-2。

表 2-5-2　　　　具体检测方法

1	读取驱动电机旋变故障码
 图 2-5-5　打开北汽新能源汽车故障诊断仪操作程序 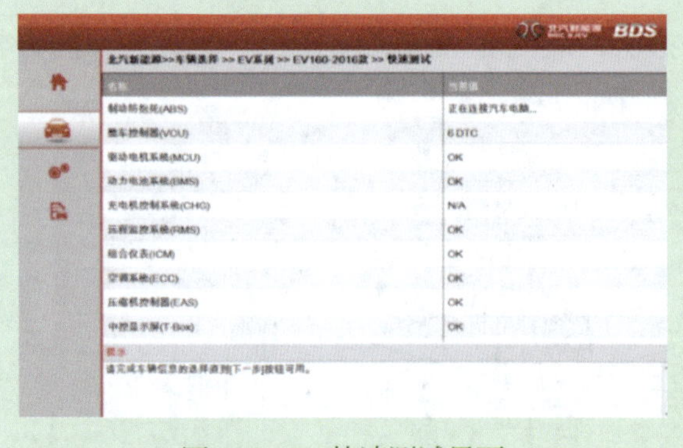 图 2-5-6　快速测试界面	打开北汽新能源汽车故障诊断仪操作程序界面（BDS 诊断工具） （1）在左侧列表图标中选择汽车图标，启动诊断程序，然后单击“北汽新能源”（见图 2-5-5） （2）启动诊断程序后，按照页面提示，分别单击“车辆选择 -EV 系列 -EV160 2016 款 - 快速测试”，对整车进行快速诊断（见图 2-5-6） （3）等待一段时间，获取驱动电机与旋变相关的故障码，根据维修电路手册进行故障排除
2	检查电机旋变励磁信号线
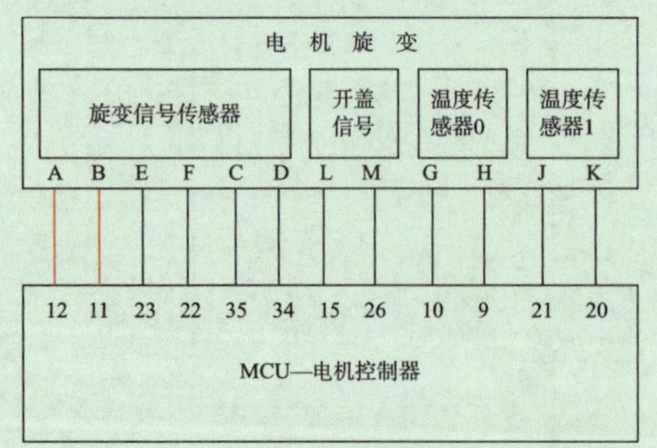 图 2-5-7　电机旋变励磁信号电路原理	（1）根据电机旋变励磁信号电路原理（见图 2-5-7），需要对电机控制器与旋变之间的励磁信号进行电路检测 提示：由电路原理图可知，旋变信号传感器、开盖信号、温度传感器共用一个信号接插件，属于低压信号端子，因此，此处不必做高压断电操作，但需要做好相关防护工作 注意：接插件端口定义以实际车型为准

续表

 图 2-5-8　断开低压蓄电池负极	用绝缘开口扳手断开蓄电池负极（见图 2-5-8） 注意：负极断开后，在负极处放好防尘盖，若没有防尘盖，可用绝缘胶布包裹负极，防止蓄电池负极接线意外搭上，以免造成汽车意外上电
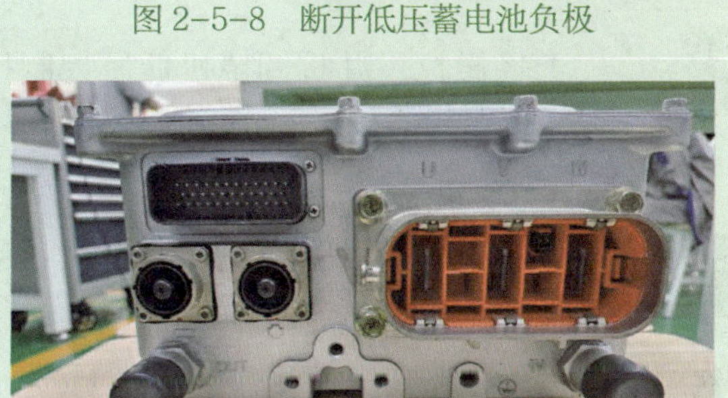 图 2-5-9　电机控制器（MCU）低压接插件位置	（2）识别并拆卸电机控制器（MCU）低压控制接插件与电机低压控制接插件 1）电机控制器（MCU）只有一个低压接插件，为 35 芯黑色接插件（见图 2-5-9），在外观上较好识别，实车上容易辨识
 图 2-5-10　拆卸 MCU 低压控制接插件	2）拆卸 MCU 低压控制接插件（见图 2-5-10） 注意：MCU 低压控制接插件虽然不属于高电压部件，但与电机控制器其他高压线束相邻，容易触碰到高压线束，为防止出现高压触电事故，请佩戴好绝缘手套进行拆卸操作，注意人身安全 3）举升车辆
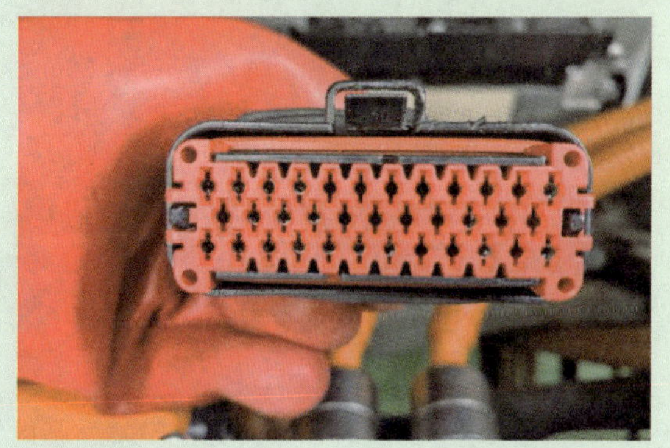 图 2-5-11　MCU 低压控制接插件	4）在靠近驱动电机三相交流线束旁侧，找到圆形黑色接插件，即为 MCU 电机低压控制接插件（见图 2-5-11），该接插件为 19 芯接插件，集成了旋变、开盖和温度传感器信号线束

续表

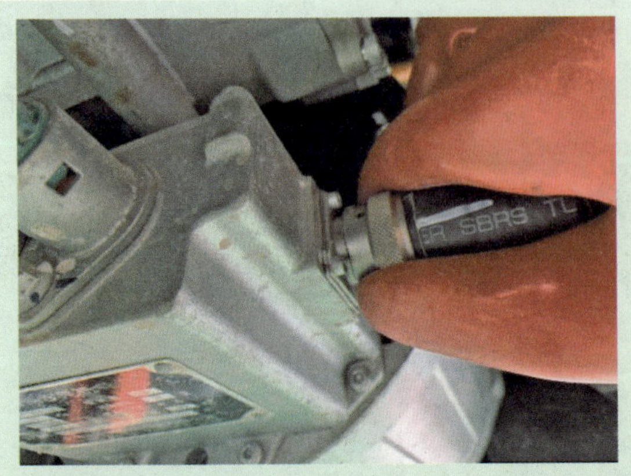

图 2-5-12　拆卸电机旋变控制接插件

图 2-5-13　电机低压控制接插件

5）轻微拉拔并拆卸电机低压控制接插件（见图 2-5-12、图 2-5-13），避免造成接插件损坏

注意：电机低压控制接插件靠近三相交流高压线束，为避免操作过程中误碰到高压电线束，应佩戴好绝缘手套，做好相关防护工作

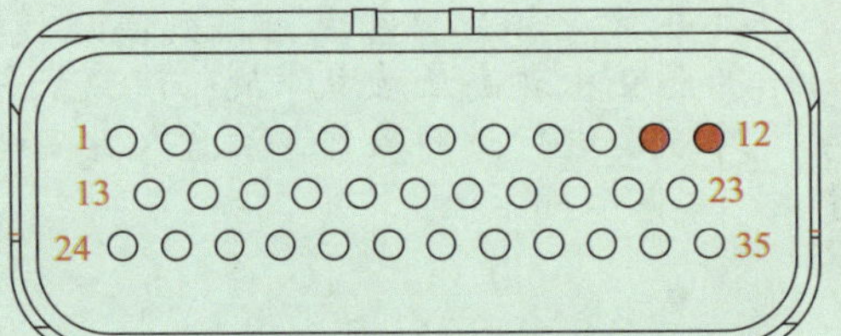

图 2-5-14　电机控制器（MCU）低压控制接插件端口

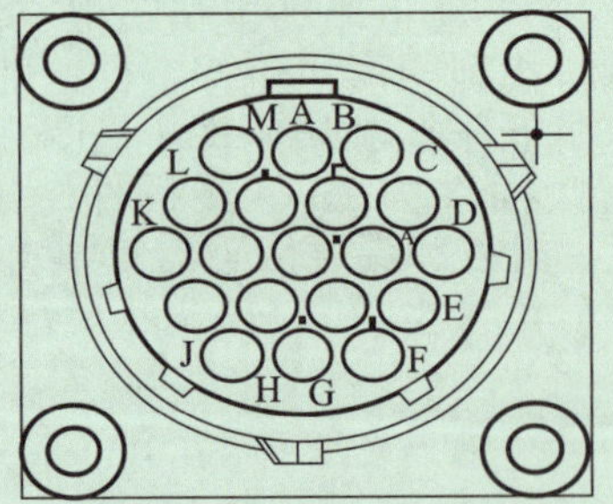

图 2-5-15　驱动电机低压控制接插件端口

（3）根据维修电路手册，电机控制器（MCU）低压控制接插件关于电机励磁信号的相关端子（见图 2-5-14）定义如下：11 为激励绕组 R2，12 为激励绕组 R1

电机低压控制接插件关于电机励磁信号的相关端子（见图 2-5-15）定义如下：A 为激励绕组 R1，B 为激励绕组 R2

续表

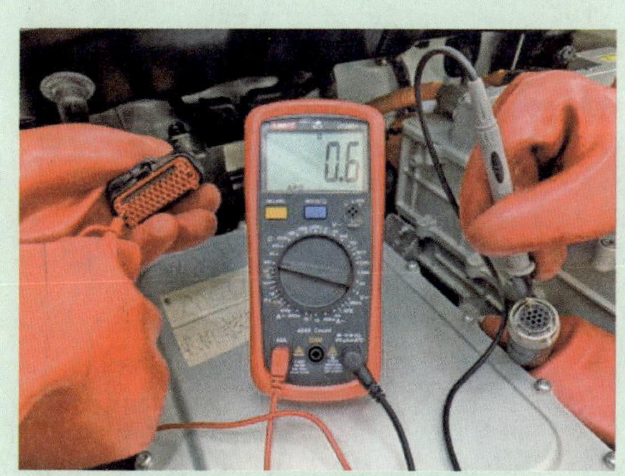

图 2-5-16 测量电机励磁信号线（电机旋变 A 端子）

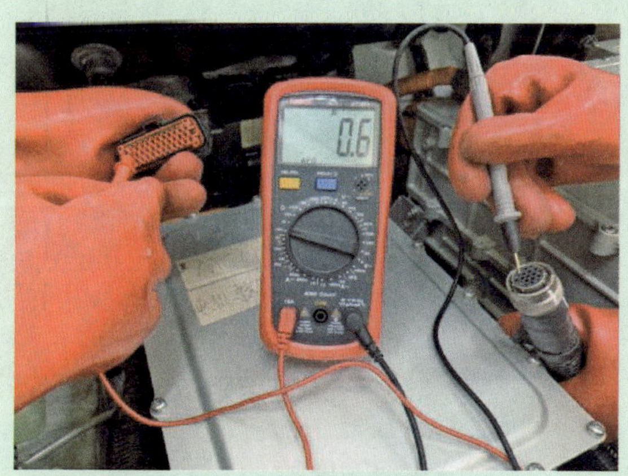

图 2-5-17 测量电机励磁信号线（电机旋变 B 端子）

用专用万用表或绝缘表对电机旋变励磁信号进行测量（见图 2-5-16），分别按照以下测量标准进行

标准电阻

检测仪连接	条件	规定状态
MCU 低压接插件 11 号端子 – 电机低压接插件 B 端子	电源开关 OFF	小于 1 Ω
MCU 低压接插件 12 号端子 – 电机低压接插件 A 端子	电源开关 OFF	小于 1 Ω

1）拆卸完 MCU 低压控制接插件与电机低压接插件后，观察接插件外观有无破损，若有明显外观破损，则更换接插件。若无破损，再仔细观察接插件针脚是否存在明显退针或针脚折断等情况，若有则建议更换接插件，若无则可以进行下一步

2）测量 MCU 低压控制接插件 11 号端子与电机低压接插件 B 端子之间的电阻（见图 2-5-17），电阻应小于 1 Ω

3）测量 MCU 低压控制接插件 12 号端子与电机低压接插件 A 端子之间的电阻，电阻应小于 1 Ω

测量值若大于标准值，甚至无穷大，则电机励磁信号线断路，需考虑更换接插件线束

3 检查电机旋变输出绕组信号线

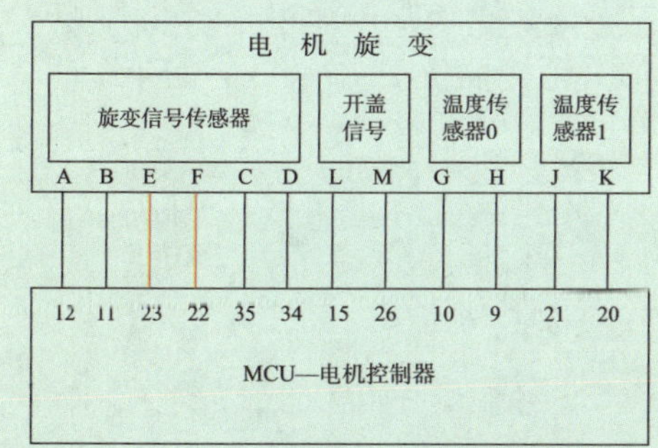

图 2-5-18 电机旋变正弦信号电路原理

（1）电机旋变共有 2 组输出绕组，分别为正弦绕组和余弦绕组，由电机旋变输出信号电路原理（见图 2-5-18、图 2-5-19）可知，需要对电机控制器（MCU）与电机之间的两组输出绕组信号线进行电路检测

续表

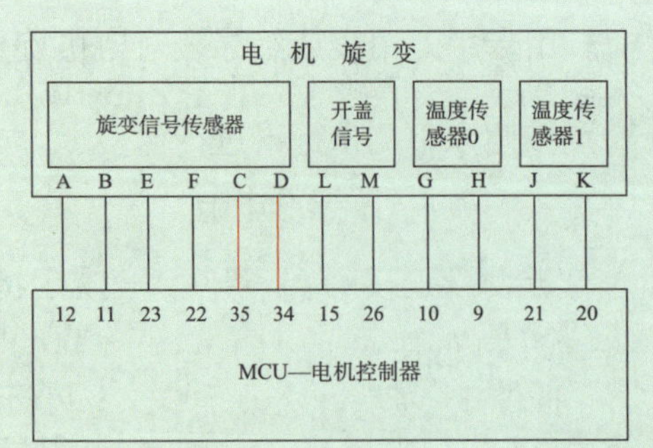

图 2-5-19　电机余弦绕组信号电路原理

上一步骤已对电机控制器（MCU）低压控制接插件和电机低压接插件分别进行了拆卸，在此直接进行信号检测即可

注意：接插件端口定义以实际车型为准

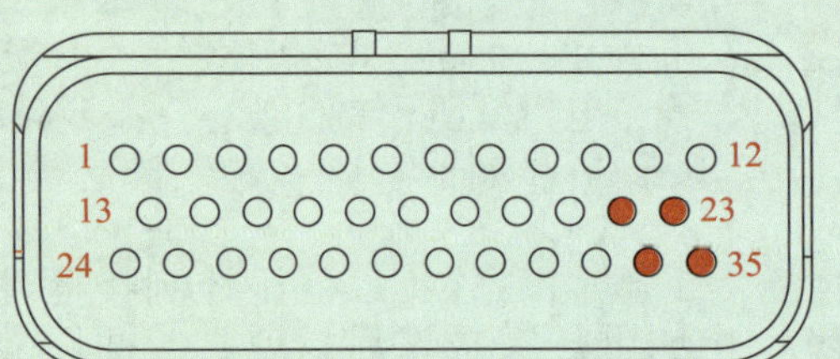

图 2-5-20　电机控制器（MCU）低压接插件端口

图 2-5-21　驱动电机低压控制接插件端口

（2）根据维修电路手册，电机控制器（MCU）低压控制接插件关于电机输出绕组信号的相关端子（见图 2-5-20）定义如下：22 为正弦绕组 S4，23 为正弦绕组 S2，34 为余弦绕组 S3，35 为余弦绕组 S1

电机低压控制接插件关于电机输出绕组信号的相关端子（见图 2-5-21）定义如下：C 为余弦绕组 S1，D 为余弦绕组 S3，E 为正弦绕组 S2，F 为正弦绕组 S4

用专用万用表或绝缘表对电机正、余弦绕组信号进行测量，分别按照以下测量标准进行

标准电阻

检测仪连接	条件	规定状态
MCU 低压接插件 22 号端子 - 电机低压接插件 F 端子	电源开关 OFF	小于 1 Ω
MCU 低压接插件 23 号端子 - 电机低压接插件 E 端子	电源开关 OFF	小于 1 Ω
MCU 低压接插件 34 号端子 - 电机低压接插件 D 端子	电源开关 OFF	小于 1 Ω
MCU 低压接插件 35 号端子 - 电机低压接插件 C 端子	电源开关 OFF	小于 1 Ω

续表

<table>
<tr>
<td>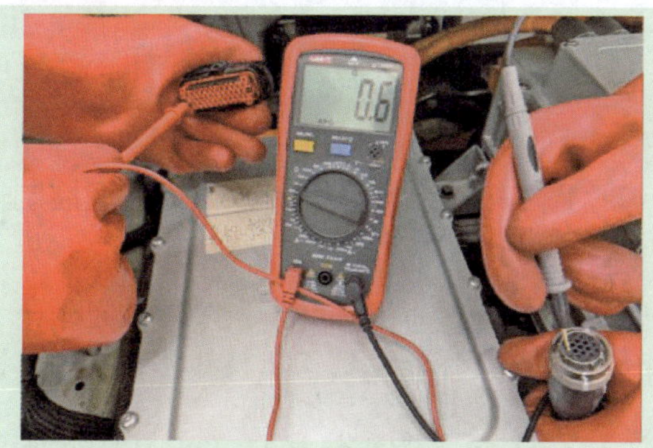

图 2-5-22 测量电机正弦绕组信号
（电机旋变 E 端子）</td>
<td>1）测量 MCU 低压控制接插件 23 号端子与电机低压接插件 E 端子之间的电阻（见图 2-5-22），电阻应小于 1 Ω</td>
</tr>
<tr>
<td>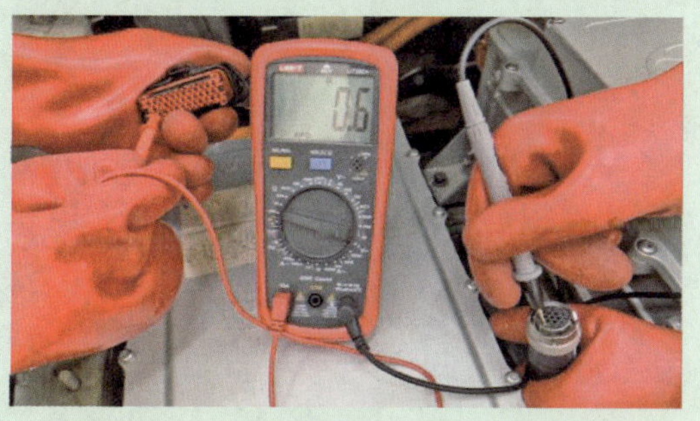

图 2-5-23 测量电机正弦绕组信号
（电机旋变 F 端子）</td>
<td>2）测量 MCU 低压控制接插件 22 号端子与电机低压接插件 F 端子之间的电阻，电阻应小于 1 Ω（见图 2-5-23）</td>
</tr>
<tr>
<td>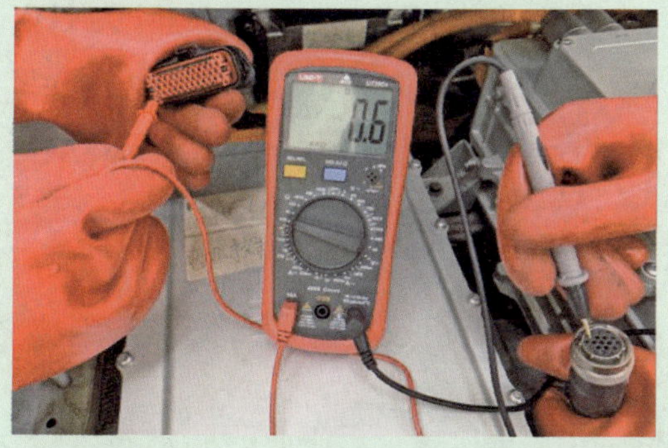

图 2-5-24 测量电机余弦绕组信号
（电机旋变 C 端子）</td>
<td>3）测量 MCU 低压控制接插件 35 号端子与电机低压接插件 C 端子之间的电阻（见图 2-5-24），电阻应小于 1 Ω</td>
</tr>
<tr>
<td>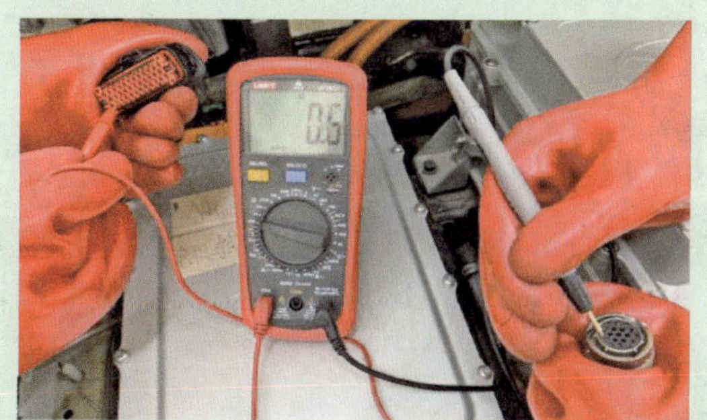

图 2-5-25 测量电机余弦绕组信号
（电机旋变 D 端子）</td>
<td>4）测量 MCU 低压控制接插件 34 号端子与电机低压接插件 D 端子之间的电阻（见图 2-5-25），电阻应小于 1 Ω
测量值若大于标准值，甚至无穷大，则电机励磁信号线断路，需考虑更换接插件线束</td>
</tr>
</table>

续表

4　检查电机开盖信号线

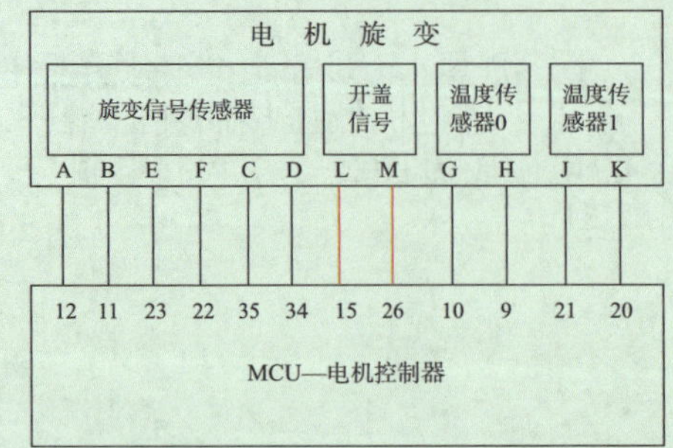

图 2-5-26　电机开盖信号电路原理

（1）由电机开盖信号电路原理（见图 2-5-26）可知，需要对电机控制器（MCU）到电机之间的开盖信号线进行检测

说明：电机控制器（MCU）低压控制接插件和电机低压接插件已拆卸，直接进行开盖信号检测

注意：接插件端口定义以实际车型为准

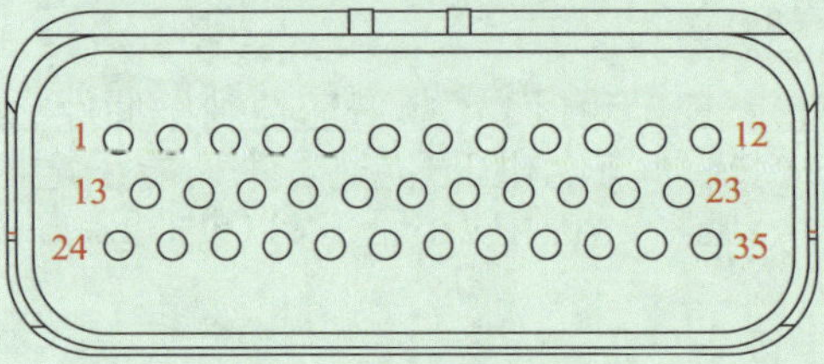

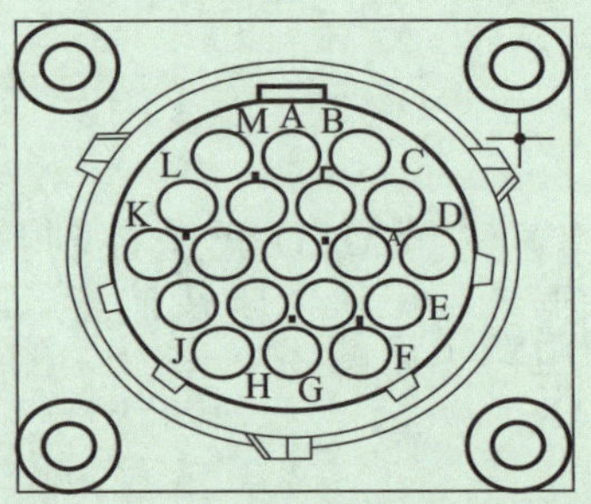

图 2-5-27　电机控制器（MCU）低压接插件端口

（2）根据维修电路手册，电机控制器（MCU）低压控制接插件关于电机励磁信号的相关端子（见图 2-5-27）定义如下：15 为 HVIL1（+L1），26 为 HVIL1（+L2）

说明：15、26 端子为高低压互锁接口

电机低压控制接插件关于电机励磁信号的相关端子（见图 2-5-28）定义如下：L 为 HVIL1（+L1），M 为 HVIL1（+L2）

用专用万用表或绝缘表对电机开盖信号进行测量，分别按照以下测量标准进行

图 2-5-28　驱动电机低压控制接插件端口

图 2-5-29　测量电机开盖信号（电机旋变 L 端子）

标准电阻

检测仪连接	条件	规定状态
MCU 低压接插件 15 号端子 - 电机低压接插件 L 端子	电源开关 OFF	小于 1 Ω
MCU 低压接插件 26 号端子 - 电机低压接插件 M 端子	电源开关 OFF	小于 1 Ω

1）测量 MCU 低压控制接插件 15 号端子与电机低压接插件 L 端子之间的电阻（见图 2-5-29），电阻应小于 1 Ω

续表

 图 2-5-30 测量电机开盖信号（电机旋变 M 端子）	2）测量 MCU 低压控制接插件 26 号端子与电机低压接插件 M 端子之间的电阻（见图 2-5-30），电阻应小于 1 Ω 测量值若大于标准值，甚至无穷大，则电机励磁信号线断路，需考虑更换接插件线束
5	检查电机温度传感器及其信号线
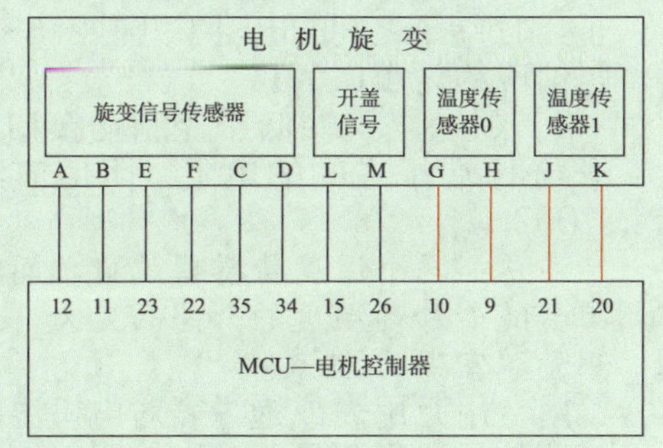 图 2-5-31 电机温度传感器电路原理	（1）电机温度传感器一共有两个，与旋变传感器、开盖信号共用 19 芯低压接插件，由电机温度传感器电路原理（见图 2-5-31）可知，需要对电机控制器（MCU）与电机之间的两组温度传感器信号线进行电路检测 **说明：电机控制器（MCU）低压控制接插件和电机低压接插件已拆卸，直接进行温度传感器信号检测即可** **注意：接插件端口定义以实际车型为准**
 图 2-5-32 电机控制器（MCU）低压接插件端口 图 2-5-33 驱动电机低压控制接插件端口	（2）根据维修电路手册，电机控制器（MCU）低压控制接插件关于电机温度传感器信号的相关端子（见图 2-5-32）定义如下：9 为 TH0，10 为 TL0，20 为 TH1，21 为 TL1 **说明：9、10、20、21 端子均为电机温度传感器接口** 电机低压控制接插件关于电机温度传感器信号的相关端子（见图 2-5-33）定义如下：G 为 TL0，H 为 TH0，J 为 TL1，K 为 TH1 用专用万用表或绝缘表对电机端的温度传感器信号端口进行测量，分别按照以下测量标准进行

续表

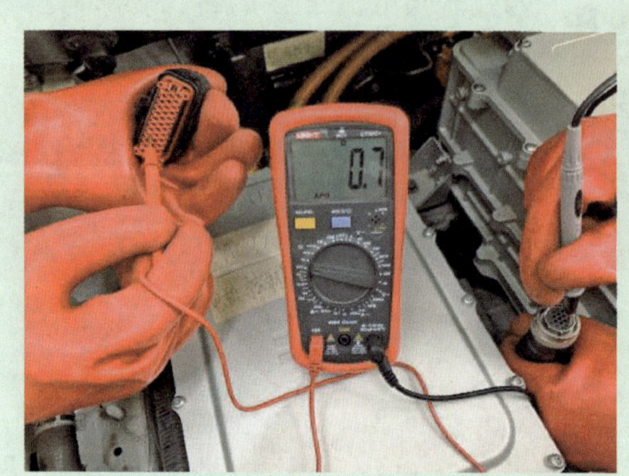

图 2-5-34 测量电机温度传感器 0 信号线（电机旋变 H 端子）

标准电阻

检测仪连接	条件	规定状态
电机低压端口 G- 端口 H	电源开关 OFF，室温 25 ℃	约 1 097 Ω
电机低压端口 J- 端口 K	电源开关 OFF，室温 25 ℃	约 1 097 Ω

注意：此处不是电机到 MCU 的低压线束接插件，而是驱动电机端的插接端口

1）测量电机端低压控制插接口 G 端子与 H 端子之间的电阻（见图 2-5-34），阻值应约为 1 097 Ω

2）测量电机端低压控制插接口 J 端子与 K 端子之间的电阻，阻值应约为 1 097 Ω

注意：两个温度传感器端口之间的电阻会随着外部温度的升高而变大，此处测量取室温为 25 ℃

用专用万用表或绝缘表对电机温度传感器信号进行测量，分别按照以下测量标准进行

标准电阻

检测仪连接	条件	规定状态
MCU 低压接插件 9 号端子 - 电机低压接插件 H 端子	电源开关 OFF	小于 1 Ω
MCU 低压接插件 10 号端子 - 电机低压接插件 G 端子	电源开关 OFF	小于 1 Ω
MCU 低压接插件 20 号端子 - 电机低压接插件 K 端子	电源开关 OFF	小于 1 Ω
MCU 低压接插件 21 号端子 - 电机低压接插件 J 端子	电源开关 OFF	小于 1 Ω

续表

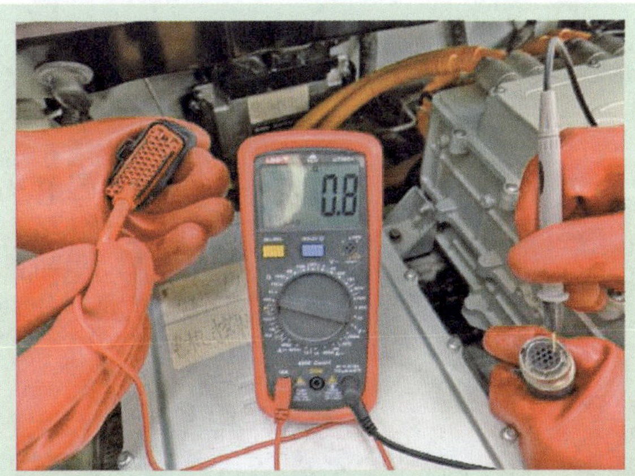 图 2-5-35　测量电机温度传感器 1 信号线（电机旋变 K 端子）  图 2-5-36　测量电机温度传感器 1 信号线（电机旋变 J 端子）		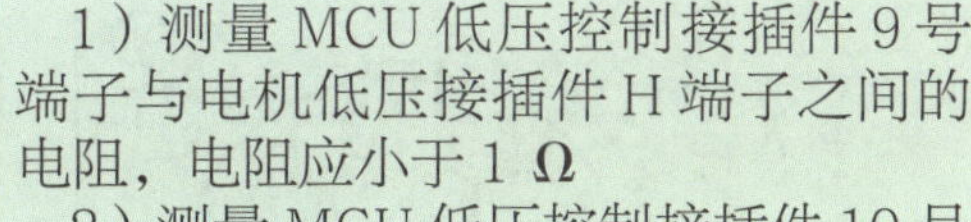 1）测量 MCU 低压控制接插件 9 号端子与电机低压接插件 H 端子之间的电阻，电阻应小于 1 Ω 2）测量 MCU 低压控制接插件 10 号端子与电机低压接插件 G 端子之间的电阻，电阻应小于 1 Ω 3）测量 MCU 低压控制接插件 20 号端子与电机低压接插件 K 端子之间的电阻（见图 2-5-35），电阻应小于 1 Ω 4）测量 MCU 低压控制接插件 21 号端子与电机低压接插件 J 端子之间的电阻（见图 2-5-36），电阻应小于 1 Ω 测量值若大于标准值，甚至无穷大，则电机励磁信号线断路，需考虑更换接插件线束
6	检查旋变内部绕组	
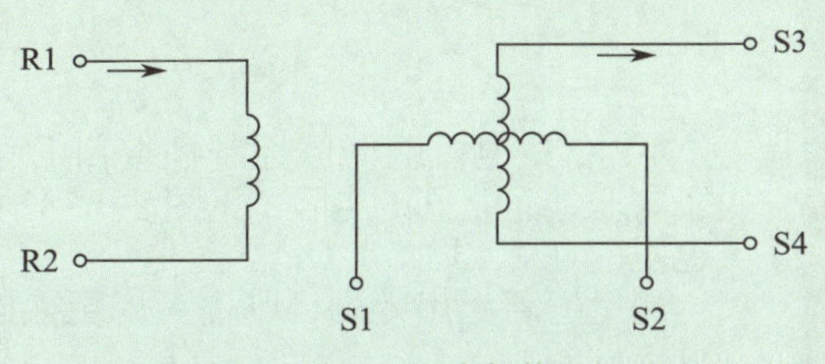 图 2-5-37　电机旋变内部绕组工作原理		（1）通过上述相关理论知识可以知道，电机旋变内部具有 3 组绕组，分别是 1 个励磁绕组和 2 个输出绕组（正、余弦绕组），励磁绕组为 R1、R2，输出绕组分别是 S1、S3 和 S2、S4（见图 2-5-37），均安装在旋变定子槽内 因此，需要对 3 组绕组内部状态进行测量 说明：电机控制器（MCU）通过输出绕组 S 的信号判定电机的转速、转向等，从而控制电机的转矩输出，若旋变绕组出现故障，则 MCU 无法获取电机的实时运行工况 注意：绕组 S 编码以实际车型为准

续表

图 2-5-38　驱动电机低压控制接插件端口

（2）根据维修电路手册，电机低压控制接插件关于电机输出绕组信号的相关端子（见图 2-5-38）定义如下：A 为激励绕组 R1，B 为激励绕组 R2，C 为余弦绕组 S1，D 为余弦绕组 S3，E 为正弦绕组 S2，F 为正弦绕组 S4

用专用万用表或绝缘表对驱动电机端低压接插件进行 3 组绕组测量，分别按照以下测量标准进行

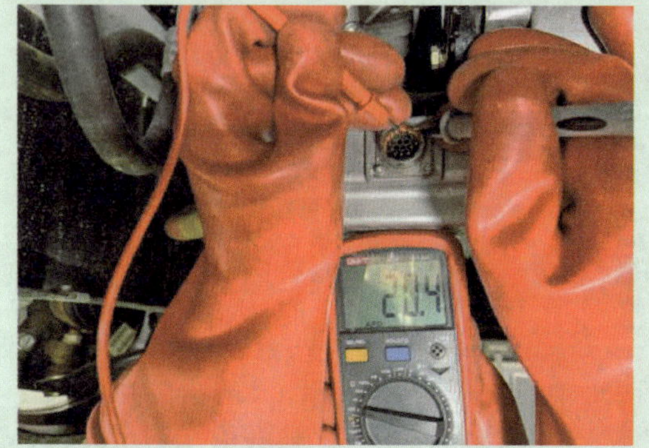

图 2-5-39　测量电机旋变内部励磁绕组

标准电阻

检测仪连接	条件	规定状态
电机低压端口 A- 端口 B	电源开关 OFF	（19 ± 2）Ω
电机低压端口 C- 端口 D	电源开关 OFF	（43 ± 5）Ω
电机低压端口 E- 端口 F	电源开关 OFF	（43 ± 5）Ω

注意：此处不是电机到 MCU 的低压线束接插件，而是驱动电机端的插接端口

1）测量电机端低压控制插接口 A 端子与 B 端子之间的电阻（见图 2-5-39），电阻应在（19 ± 2）Ω

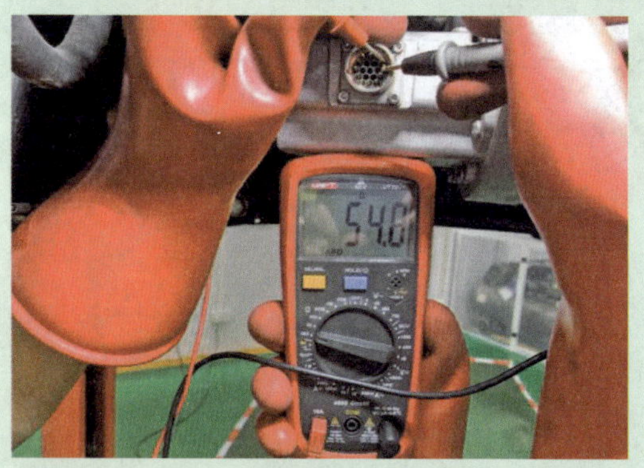

图 2-5-40　测量电机旋变内部余弦绕组

2）测量电机端低压控制插接口 C 端子与 D 端子之间的电阻（见图 2-5-40），电阻应在（43 ± 5）Ω

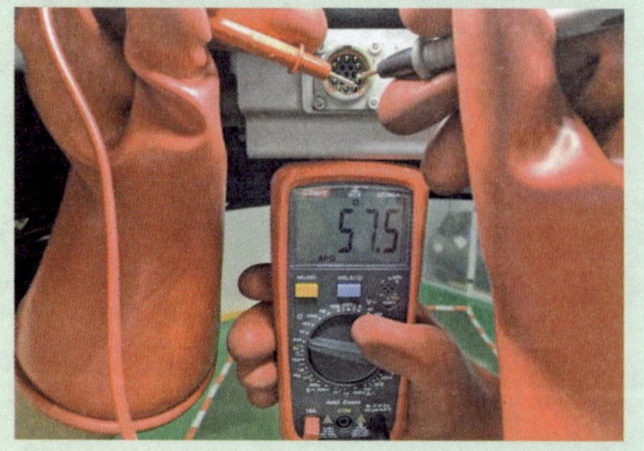

图 2-5-41　测量电机旋变内部正弦绕组

3）测量电机端低压控制插接口 E 端子与 F 端子之间的电阻（见图 2-5-41），电阻应在（43 ± 5）Ω

测量值若超出范围，则需考虑更换旋变传感器

3. 故障排除后的恢复工作

北汽 EV160-2016 款纯电动汽车驱动电机旋变故障主要由电机旋变本身及电机旋变里面的旋变传感器、开盖信号、温度传感器与电机控制器（MCU）之间的信号线通信故障等原因引起，若对以上故障进行了全面诊断与排除，对出现引起电机旋变故障的部件、线束进行维修或者更换后，需要按照以下步骤进行车辆确认恢复工作。

（1）通过故障诊断仪连接车辆进行快速测试，再次读取故障码，确认驱动电机系统是否还存在电机旋变相关的故障码，若没有出现故障码，将原有的历史故障码进行清除。

（2）将车辆钥匙打至点火开关“ON”挡，观察仪表盘是否亮起“动力警告灯”，指示灯应该在车辆进行自检后熄灭，同时车辆“Ready”指示灯亮起，说明车辆高压上电准备就绪，可以启动车辆。

（3）启动车辆，对车辆进行道路测试，车辆在路试过程中不应出现因驱动电机系统电机旋变故障而致使车辆动力不足、无动力、拖刹（车辆行驶顿挫）等情况，说明电机控制器（MCU）能够准确获取电机参数信息，保证驱动电机能够正常输出转矩，使车辆能够正常行驶。

【课后实训】

一、实训情境

某 4S 店维修接待区接收到一辆北汽 EU5 纯电动汽车进行故障检修，该车主反映车辆已行驶了 350 000 km，车辆在上次行驶过程中突然产生了较强的驾驶顿挫感，影响驾驶舒适性，并在踩踏加速踏板过程中，时不时会出现“加不上电，想掉电”的情况。

维修技师根据车主的故障描述检查车辆仪表盘，发现动力警告指示灯亮起，经故障诊断仪诊断，排除了动力蓄电池、PEU 部件的故障，诊断仪提示驱动电机存在故障，并出现电机旋变故障码。现需要根据故障码和车辆维修手册，对北汽 EU5 纯电动汽车进行电机旋变的故障诊断与排除。

二、实训内容

1. 故障码与故障现象

用北汽新能源故障诊断仪，根据教师设定的北汽 EU5 纯电动汽车电机旋变某故障，对车辆进行故障检测及故障现象描述，将信息填入表 2-5-3 中。

表 2-5-3　　故障码与故障现象描述

车型		维修人员		维修日期	
故障代码		代码信息			
故障现象描述					

2. 北汽 EU5 电机旋变原理

根据北汽 EU5 纯电动汽车车辆维修手册或电路手册，参照教材描述方法，简化出电机旋变到电机控制器（MCU）的电路原理图，注意该车型电机控制器集成于 PEU 中，请注意仔细观察并核对电机控制器输出端子定义。

3. 电机旋变故障诊断与排除

通过小组合作，根据车辆维修手册，排除北汽 EU5 电机旋变故障，描述故障现象，记录检测数值，并进行判断分析与故障处理。

（1）描述故障现象

____

____

____

____

____

（2）记录检测数值并进行判断与分析（见表 2-5-4）

表 2-5-4　电机旋变故障诊断工单

步骤	检测仪连接	规定值	实测值	结果判断	故障处理
1				□断路 □短路 □其他_____	□维修 □更换 □其他_____
2				□断路 □短路 □其他_____	□维修 □更换 □其他_____
3				□断路 □短路 □其他_____	□维修 □更换 □其他_____
4				□断路 □短路 □其他_____	□维修 □更换 □其他_____
5				□断路 □短路 □其他_____	□维修 □更换 □其他_____
6				□断路 □短路 □其他_____	□维修 □更换 □其他_____
7				□断路 □短路 □其他_____	□维修 □更换 □其他_____
8				□断路 □短路 □其他________	□维修 □更换 □其他_____
9				□断路 □短路 □其他_____	□维修 □更换 □其他_____
10				□断路 □短路 □其他_____	□维修 □更换 □其他_____

说明：此表仅供参考，可自行续表。

模块三
混合动力电动汽车故障诊断与排除

课题一 | 高压系统绝缘故障诊断与排除

学习目标

1. 能根据故障现象，在车辆维修手册中查询解决高压系统绝缘电阻减小故障的相关信息。

2. 能根据车辆维修手册中的高压系统电路图，描述高压系统绝缘故障码的检测区域、触发条件和触发逻辑。

3. 能合理制定高压系统绝缘电阻减小故障（故障码 P0AA649 和 P1C7D49）排除方案。

4. 能排除高压系统绝缘电阻减小（故障码 P0AA649 和 P1C7D49）故障。

5. 在故障排除过程中，能准确记录检测数据，工作过程符合新能源汽车安全操作要求。

任务描述

一辆丰田雷凌双擎混合动力电动汽车（混动汽车）出现故障，故障现象为车辆电源开关不能置于 ON（Ready）位置，主警告灯点亮，多信息显示屏上显示“混合动力系统故障”（见图 3-1-1）。

维修技师连接丰田 OTC 诊断仪，对车辆做了检查，读取到故障码为 P0AA649 和 P1C7D49。

图 3-1-1　故障车辆的仪表显示

任务分析

故障码 P0AA649 代表动力蓄电池电压系统绝缘电阻减小；而 P1C7D49 代表动力蓄电池、蓄电池电压传感器或动力蓄电池继电器总成（SMR）的绝缘电阻减小。

与纯电动汽车一样，高压系统、动力蓄电池等零部件是混合动力电动汽车区别于传统燃油车的主要零部件。高压系统绝缘电阻减小，也是混合动力电动汽车特有的故障现象和种类。维修人员需要按照故障码提示判断故障范围，在确认安全的条件下，根据高压系统电路图，使用兆欧表逐个检测高压部件的高压绝缘性能，缩小范围，确定故障点，通过更换故障零部件排除故障，并最终按特定的操作步骤，确认故障排除。

相关理论

一、高压绝缘故障类的故障码

故障码 P0AA649 是丰田雷凌双擎混动汽车多个绝缘故障码的其中之一，代表动力蓄电池电压系统绝缘电阻减小。

混合动力车辆控制 ECU 通过监视蓄电池电压传感器中的绝缘检测电路，来检测雷凌双擎的高压电路和车身之间的绝缘电阻，以判定是否存在绝缘故障。如果绝缘电阻减小，混合动力车辆控制 ECU 将存储故障码 P0AA649，且不考虑故障区域，首先点亮主警告灯。

其余绝缘的故障码包括 P1C7C49、P1C7D49、P1C7E49 和 P1C7F49，见表 3-1-1。

表 3-1-1　各绝缘故障码及相关信息

故障码	检测区域	触发条件	MIL 灯	警告指示灯
P0AA649	高压电路区域（不分区域）	高压电路和车身之间的绝缘电阻减小	不亮	点亮
P1C7C49	空调系统	带电动机的压缩机总成或空调逆变器的绝缘电阻减小	不亮	点亮
P1C7D49	动力蓄电池系统	动力蓄电池、蓄电池电压传感器或动力蓄电池继电器总成（SMR）的绝缘电阻减小	不亮	点亮
P1C7E49	混动传动桥总成	混合动力车辆传动桥总成或发电机（MG1）和电动机（MG2）逆变器的绝缘电阻减小	不亮	点亮
P1C7F49	高压直流区域	发电机（MG1）和电动机（MG2）逆变器、空调逆变器、动力蓄电池继电器总成（SMR）或发动机室 2 号线束的绝缘电阻减小	不亮	点亮

雷凌双擎的高压系统由空调系统、动力蓄电池系统、混动传动桥总成、高压直流区域等组成。各绝缘故障码检测区域及车辆的高压系统电路图，如图 3-1-2 和图 3-1-3 所示。

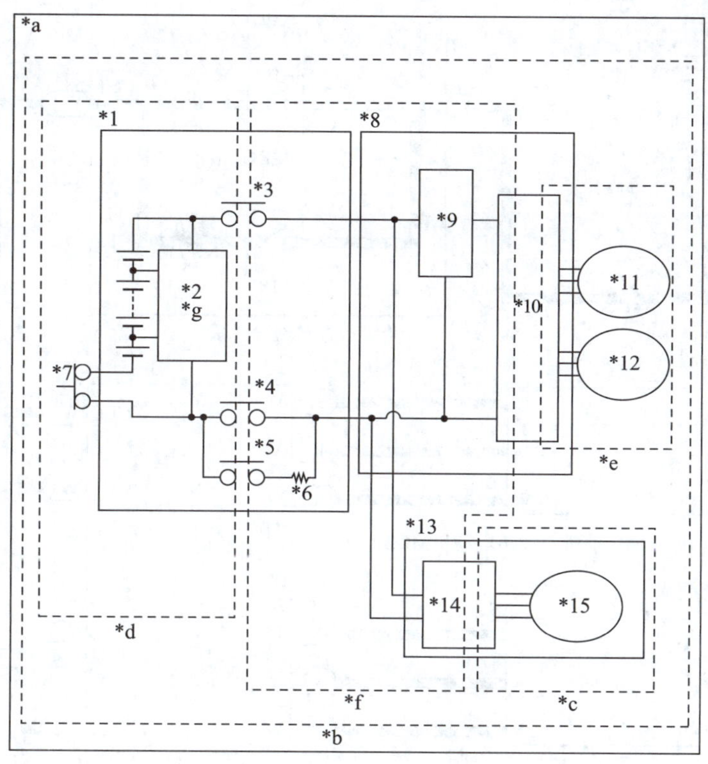

*1	动力蓄电池	*2	蓄电池电压传感器
*3	SMRB	*4	SMRG
*5	SMRP	*6	系统主电阻器
*7	高压维修开关	*8	带转换器的逆变器总成
*9	增压转换器	*10	逆变器
*11	发电机（MG1）	*12	电动机（MG2）
*13	带电动机的压缩机总成	*14	空调逆变器
*15	空调电动机	*a	高压连接器
*b	故障码 P0AA649 车辆绝缘电阻减小区域	*c	故障码 P1C7C49 空调系统区域
*d	故障码 P1C7D49 动力蓄电池区域	*e	故障码 P1C7E49 混合动力车辆传动桥总成区域
*f	故障码 P1C7F49 高压直流区域	*g	绝缘监视电路（配备绝缘故障检测电路）

图 3-1-2　各绝缘故障码检测区域

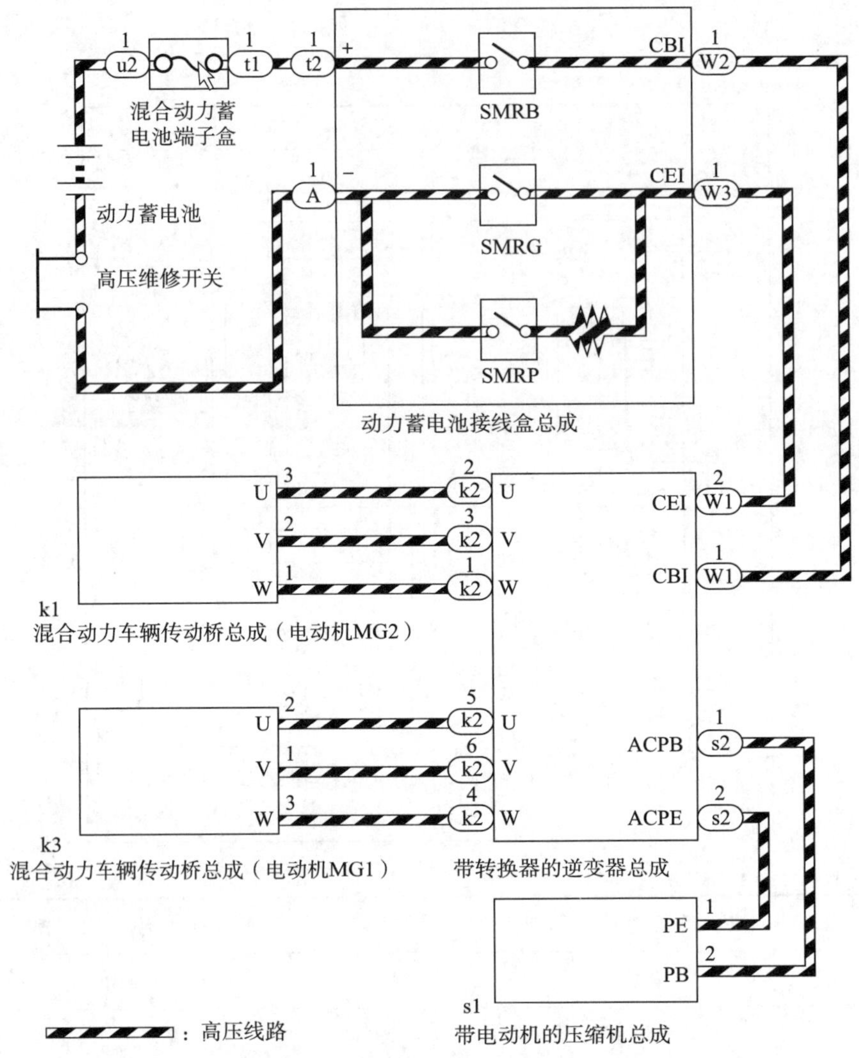

图 3-1-3　雷凌双擎高压系统电路图

二、故障码触发逻辑

即使高压故障是偶发故障，无法再现，车辆一旦储存绝缘故障码，除非执行清除操作，否则不会清除绝缘故障码。在提取故障码时，一般会有如下两种情况。

1. 输出故障码 P1C7C49、P1C7D49、P1C7E49 或 P1C7F49

例如，当动力蓄电池区域的绝缘电阻减小且电源开关置于 ON（IG）位置时，混合动力控制 ECU 在 2 min 内储存故障码 P1C7D49。

2. 输出故障码 P0AA649

混合动力控制 ECU 检测到绝缘电阻下降，但仅输出故障码 P0AA649，而故障码 P1C7C49、P1C7D49、P1C7E49 或 P1C7F49 并未同时储存时，可以执行以下步骤，尝试让混合动力控制 ECU 判定具体故障区域。

牢固施加驻车制动，将电源开关置于 ON（Ready）位置、换挡杆置于 D 挡，在空调系统打开的情况下等待 1 min，然后将电源开关置于 OFF 挡并等待 1 min。执行上述步骤后，车辆可能出现下列两种情况。

（1）若同时储存故障码 P0AA649、P1C7C49、P1C7D49、P1C7E49 或 P1C7F49，可执行对应故障码的检测程序。例如，如果输出故障码 P0AA649 和 P1D7C49，则需要检查动力蓄电池系统。

（2）若仅输出故障码 P0AA649，因该故障码是不对应具体高压电路区域的，则需要检测车辆所有高压电路。

故障排除

一、高压系统绝缘电阻的检查方法

如果高压系统存在绝缘故障，则通常可以用以下两种方法判定故障点。

1. 可以在逐个拔下该高压系统零部件的情况下，测量整个系统的绝缘电阻。若在拔下某一个零部件后，该高压系统的绝缘电阻恢复正常，则可以判定为该零部件的绝缘电阻异常。

2. 在取下高压系统的某个零部件后，单独对该零部件进行绝缘电阻测量。

雷凌双擎的高压系统绝缘电阻检查主要采用第 1 种进行。

二、故障排除

1. 故障诊断流程

“高压系统绝缘电阻减小”的故障诊断流程如图 3-1-4 所示。

2. 故障检测方法

在上述流程图中，每一个检查步骤的具体检测方法见表 3-1-2。

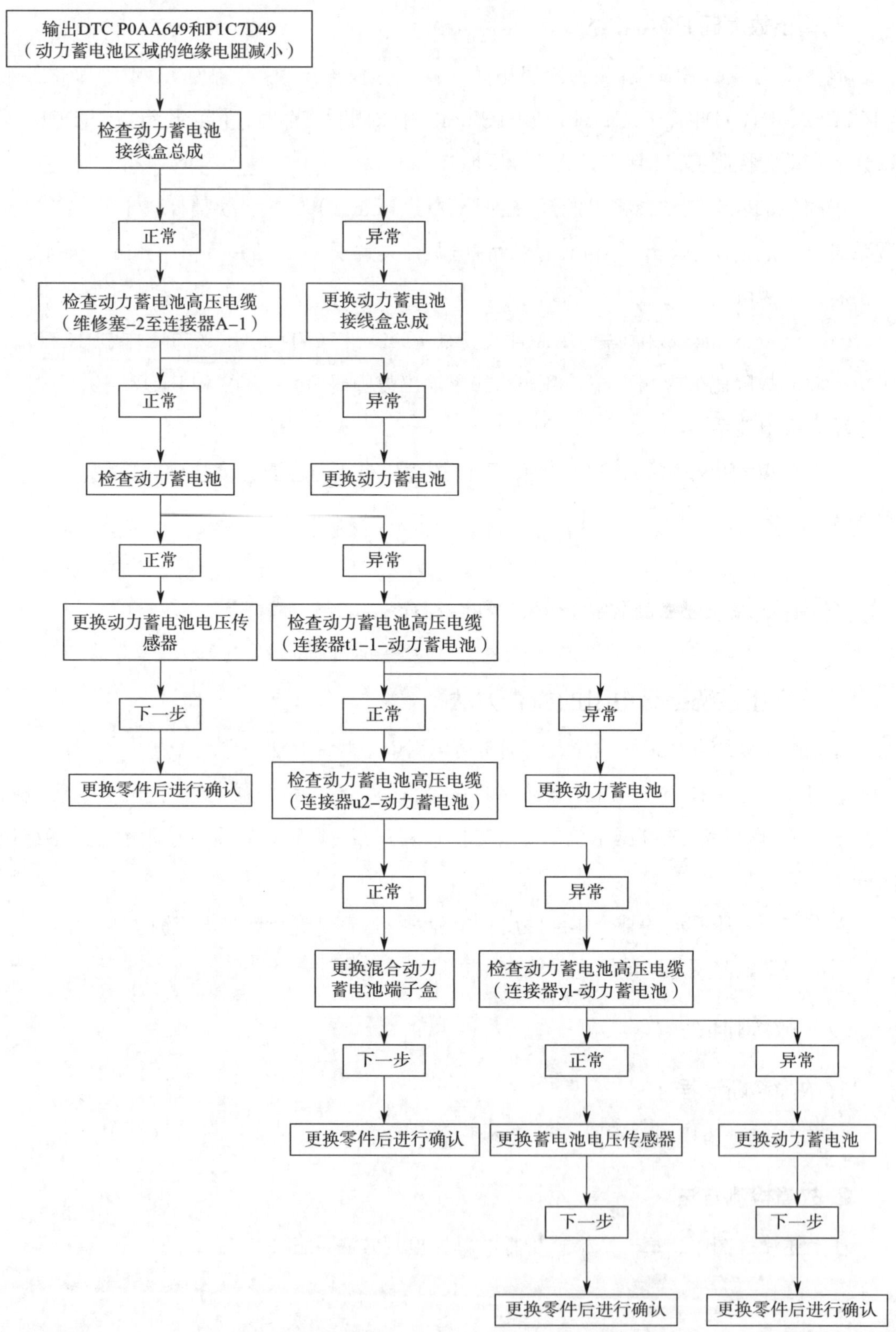

图 3-1-4 “高压系统绝缘电阻减小”的故障诊断流程

表 3-1-2 具体检测方法

<table>
<tr><td colspan="2">1 检查动力蓄电池接线盒总成</td></tr>
<tr><td>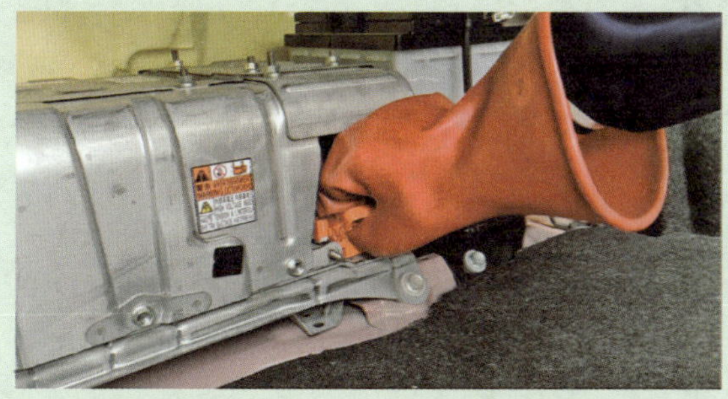
图 3-1-5 拆下高压维修开关</td><td>（1）拆下高压维修开关（见图 3-1-5）
注意：拆下高压维修开关后，除非车辆维修手册规定，否则不要将电源开关置于 ON（Ready）位置，因为这样可能会导致故障</td></tr>
<tr><td>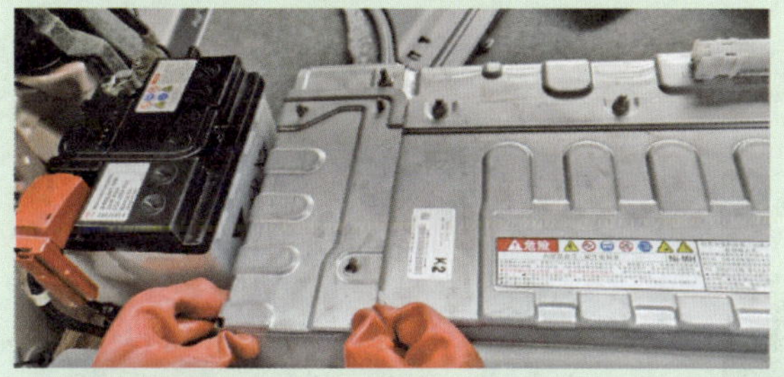
图 3-1-6 拆下动力蓄电池右侧盖分总成</td><td>（2）拆下动力蓄电池右侧盖分总成（见图 3-1-6）</td></tr>
<tr><td>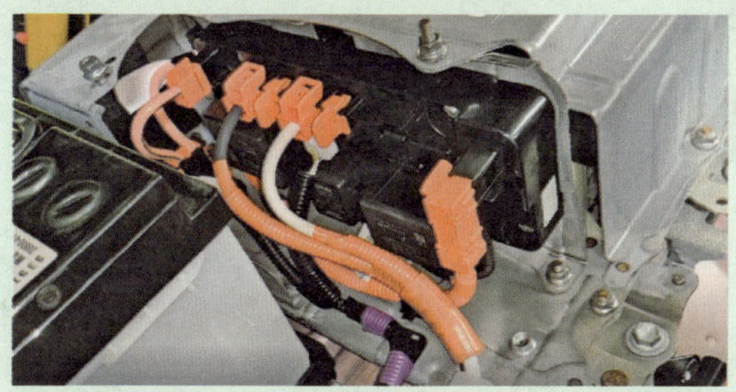
图 3-1-7 动力蓄电池接线盒总成

图 3-1-8 高压电缆连接器 t2 和 A</td><td>（3）从动力蓄电池接线盒总成（见图 3-1-7）上断开动力蓄电池的高压电缆连接器 t2 和 A（见图 3-1-8、图 3-1-9）
提示：确保无异物或水进入动力蓄电池</td></tr>
</table>

续表

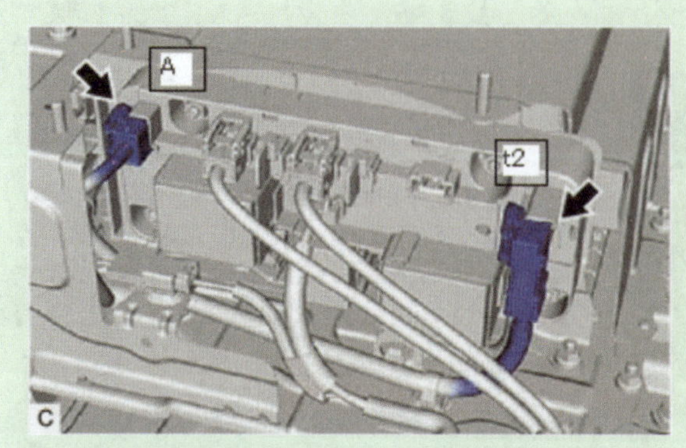

图 3-1-9　高压电缆连接器 t2 和 A（具体位置）

图 3-1-10　分别测量连接器 t2 和 A 对车身搭铁的绝缘电阻

（4）使用设定为 500 V 的兆欧表，根据下表中的值测量电阻（见图 3-1-10）

标准电阻

检测仪连接	条件	规定状态
t2-1（+）-车身搭铁	电源开关 OFF	10 MΩ 或更大
A-1（-）-车身搭铁	电源开关 OFF	10 MΩ 或更大

注意：进行此测试时，确保将兆欧表设定为 500 V。使用设定高于 500 V 的兆欧表检测会导致正在检测的零部件损坏

2　检查动力蓄电池高压电缆（维修开关 -2 至连接器 A-1）

图 3-1-11　拆下高压维修开关

（1）拆下高压维修开关（见图 3-1-11）

注意：拆下高压维修开关后，除非车辆维修手册规定，否则不要将电源开关置于 ON（Ready）位置，因为这样可能会导致故障

续表

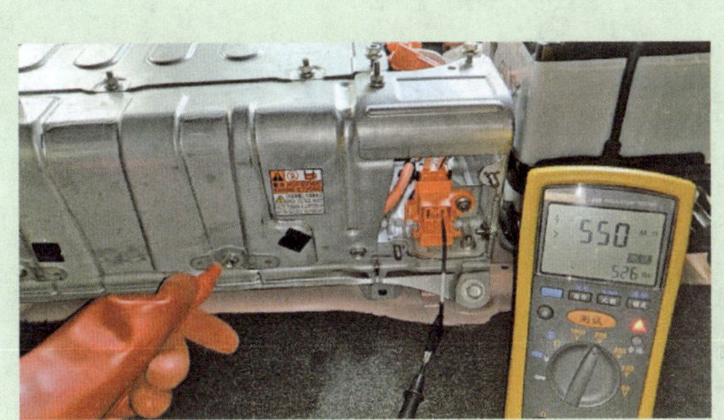

图 3-1-12 测量高压维修开关 2 号端子与车身搭铁之间的绝缘电阻

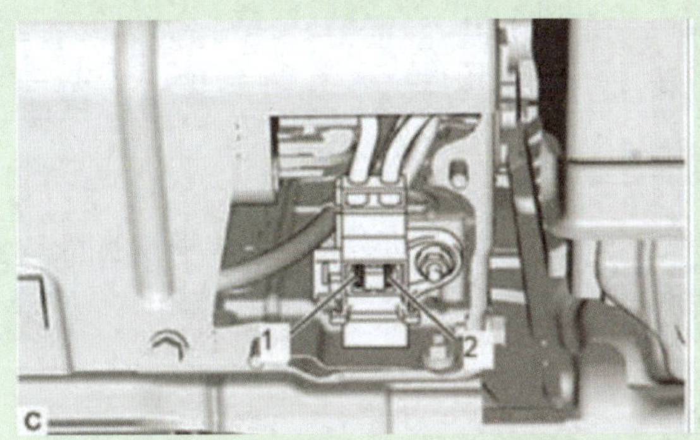

图 3-1-13 高压维修开关 1、2 号端子具体位置

（2）使用设定为 500 V 的兆欧表，根据下表中的值测量电阻（见图 3-1-12、图 3-1-13）

标准电阻

检测仪连接	条件	规定状态
高压维修开关 -2- 车身搭铁	电源开关 OFF	10 MΩ 或更大

注意：进行此测试时，确保将兆欧表设定为 500 V。使用设定高于 500 V 的兆欧表检测会导致正在检测的零部件损坏

3 检查动力蓄电池

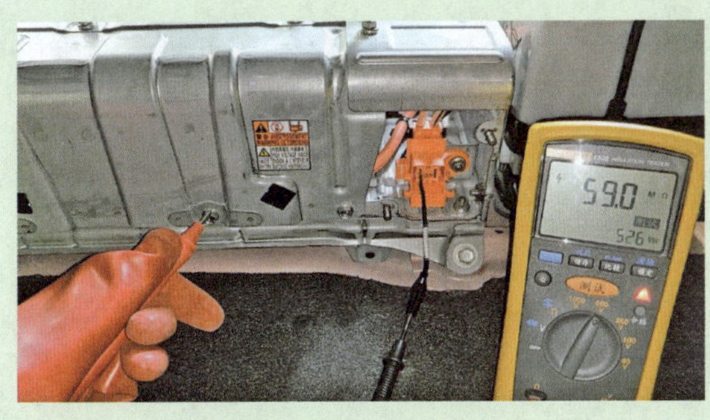

图 3-1-14 测量高压维修开关 2 号端子与车身搭铁之间的绝缘电阻

（1）拆下高压维修开关

（2）使用设定为 500 V 的兆欧表，根据下表中的值测量电阻（见图 3-1-14）

标准电阻

检测仪连接	条件	规定状态
高压维修开关 -1- 车身搭铁	电源开关 OFF	10 MΩ 或更大

注意：进行测试时，确保将兆欧表设定为 500 V。使用设定高于 500 V 的兆欧表检测会导致正在检测的零部件损坏

续表

<table>
<tr><td>4</td><td>检查动力蓄电池高压电缆（连接器 t1-1 至动力蓄电池）</td></tr>
<tr><td>
图 3-1-15　拆下 3 号动力蓄电池屏蔽板</td><td>（1）拆下高压维修开关
（2）拆下 3 号动力蓄电池屏蔽板（见图 3-1-15）</td></tr>
<tr><td>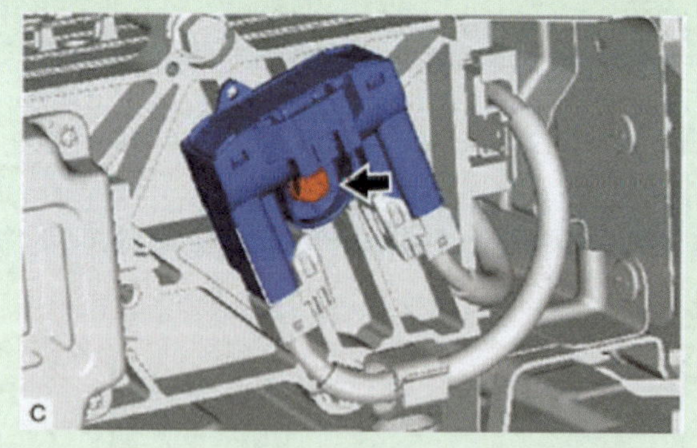
图 3-1-16　拆下动力蓄电池端子盒的固定螺栓</td><td>（3）拆下动力蓄电池端子盒的固定螺栓（见图 3-1-16）</td></tr>
<tr><td>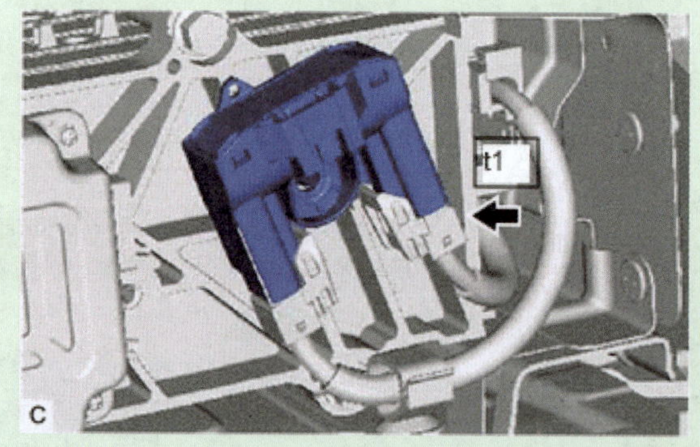

图 3-1-17　断开高压连接器 t1
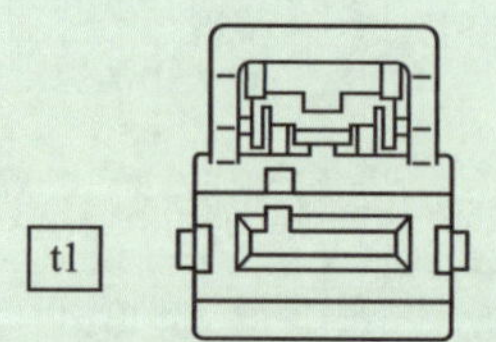

图 3-1-18　高压连接器 t1</td><td>（4）断开高压连接器 t1（见图 3-1-17、图 3-1-18）</td></tr>
</table>

续表

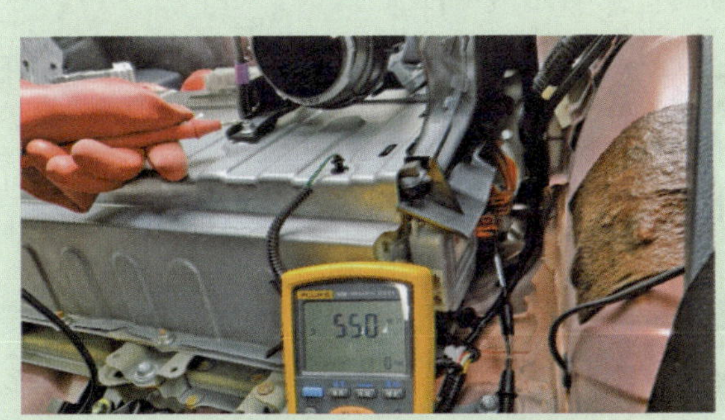

图 3-1-19　测量连接器 t1 的 1 号端子与车身搭铁之间的绝缘电阻

（5）使用设定为 500 V 的兆欧表，根据下表中的值测量电阻（见图 3-1-19）

标准电阻

检测仪连接	条件	规定状态
t1-1- 车身搭铁	电源开关 OFF	10 MΩ 或更大

注意：进行测试时，确保将兆欧表设定为 500 V。使用设定高于 500 V 的兆欧表检测会导致正在检测的零部件损坏

5　检查动力蓄电池高压电缆（连接器 u2 至动力蓄电池）

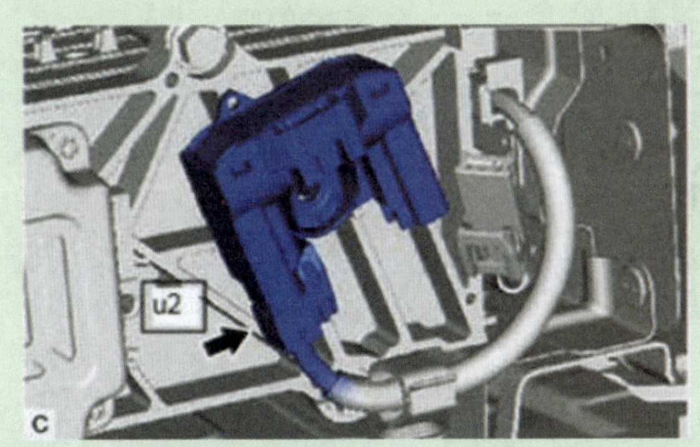

图 3-1-20　断开高压连接器 u2

（1）拆下高压维修开关

（2）断开高压连接器 u2（见图 3-1-20）

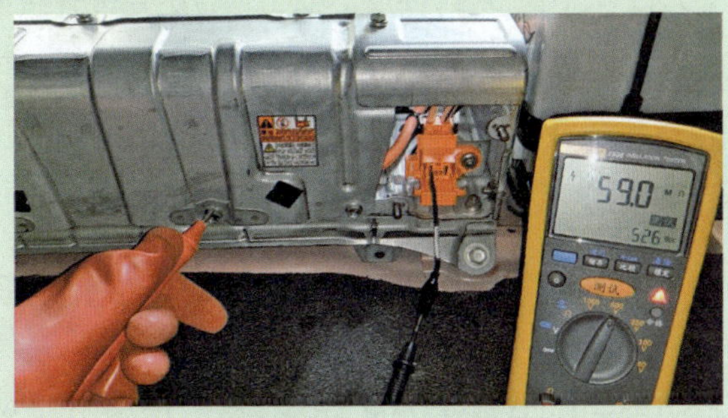

图 3-1-21　测量高压维修开关 1 号端子与车身搭铁之间的绝缘电阻

（3）使用设定为 500 V 的兆欧表，根据下表中的值测量电阻（见图 3-1-21）

标准电阻

检测仪连接	条件	规定状态
高压维修开关 -1- 车身搭铁	电源开关 OFF	10 MΩ 或更大

注意：进行此测试时，确保将兆欧表设定为 500 V。使用设定高于 500 V 的兆欧表检测会导致正在检测的零部件损坏

续表

6	检查动力蓄电池高压电缆（连接器 y1 至动力蓄电池）

图 3-1-22　断开动力蓄电池电压传感器连接器 y1

（1）拆下高压维修开关

（2）断开动力蓄电池电压传感器连接器 y1（见图 3-1-22）

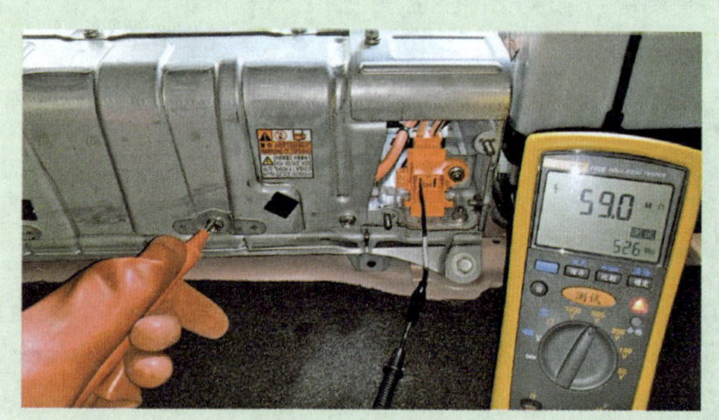

图 3-1-23　测量高压维修开关 1 号端子与车身搭铁之间的绝缘电阻

（3）使用设定为 500 V 的兆欧表，根据下表中的值测量电阻（见图 3-1-23）

标准电阻

检测仪连接	条件	规定状态
高压维修开关 -1- 车身搭铁	电源开关 OFF	10 MΩ 或更大

注意：进行测试时，确保将兆欧表设定为 500 V。使用设定高于 500 V 的兆欧表检测会导致正在检测的零部件损坏

3. 故障排除后的检验工作

在更换零部件、维修完成后，需要通过执行以下的检查程序，激活使用车辆所有高压系统，以便多次检查并确认车辆的绝缘情况恢复正常。注意在进行检查时，不要将电源开关置于 OFF（Ready）位置。

（1）车辆准备

施加驻车制动并用楔块固定车轮。

（2）第一次激活使用高压系统

1）车辆静止时，选择驻车挡（P）时将电源开关置于 ON（Ready）位置并等待 60 s 或更长时间。

2）打开空调系统（MAX COLD、鼓风机置于 HI 位置）。

3）未踩下加速踏板的情况下踩下制动踏板时，将换挡杆移至 D 并等待 5 min。

4）检查是否输出绝缘故障码。如果输出绝缘故障码，则执行相关的检查程序。若无故障码输出，则进行下一步。

（3）第二次激活使用高压系统

1）参考以下定格数据项目，以 10 km/h（6 mph）或更高的速度，驾车约 5 min："Vehicle Speed""Shift Position""Accelerator Position Sensor No.1 Voltage %""Engine Speed""Coolant Temperature""Master Cylinder Control Torque""Motor Temperature"和"Generator Temperature"。

2）检查是否输出绝缘故障码。如果输出绝缘故障码，则执行相关的检查程序。若无故障码输出，则进行下一步。

（4）第三次激活使用高压系统

1）车辆停止、电源开关置于 ON（Ready）位置、选择驻车挡（P）且空调系统打开（Lo/COOL MAX、鼓风机置于 HI 位置）时等待 1 min 或更长时间，然后将电源开关置于 OFF 位置并等待 1 min 或更长时间。

2）检查是否输出绝缘故障码。如果输出绝缘故障码，则执行相关的检查程序。如果未输出故障码，则检查数据表项目（Short Wave Highest Val）降低时的驾驶条件。

【课后实训】

一、实训情境

一辆丰田雷凌双擎混动汽车，车辆电源开关不能置于 ON（Ready）位置，主警告灯点亮，多信息显示屏上显示“混合动力系统故障”并输出故障码 P0AA649 和 P1C7E49。

二、实训内容

1. 查询车辆维修手册，在图 3-1-24 所示的雷凌双擎高压系统电路中圈出故障码 P0AA649 和 P1C7E49 所涉及的高压系统范围。

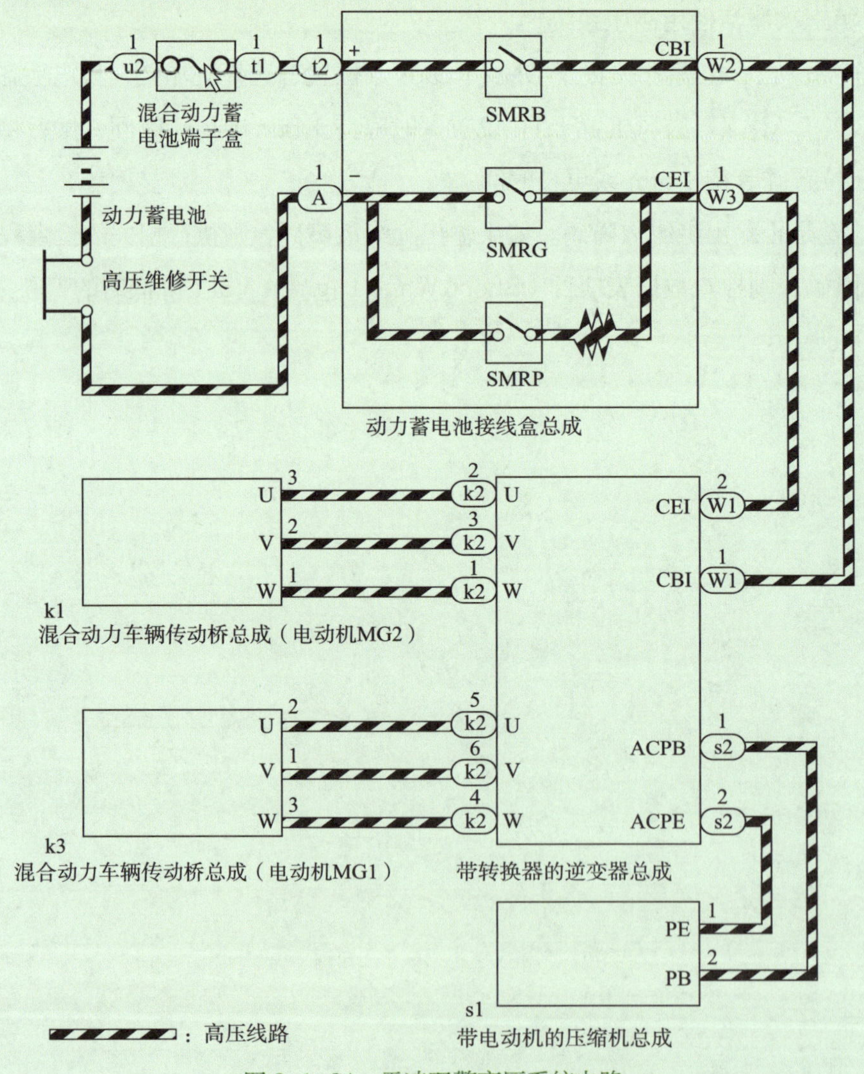

图 3-1-24　雷凌双擎高压系统电路

2. 根据车辆维修手册和电路图，制定故障码 P0AA649 和 P1C7E49 的故障排除流程，以流程图表示。

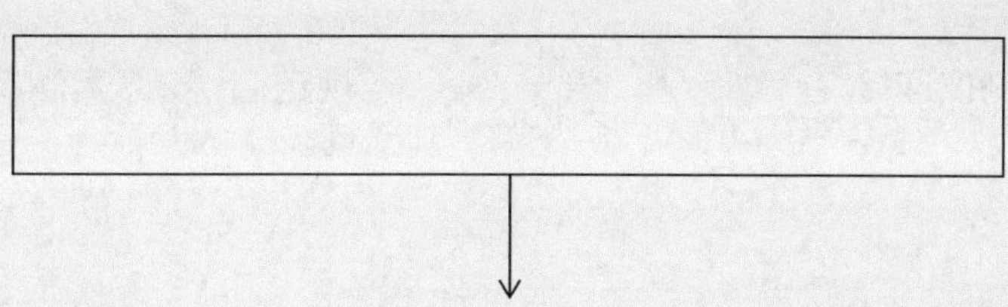

3. 小组合作，根据车辆维修手册，排除雷凌双擎高压系统绝缘故障（故障码 P0AA649 和 P1C7E49）。描述故障现象，记录检测数值，并进行判断与分析。

（1）描述故障现象

（2）记录检测数值并进行判断与分析（见表 3-1-3）

表 3-1-3　记录检测数值并进行判断与分析

序号	检测仪连接	条件（开关状态）	规定值	实测值	判断与简单分析
1					
2					
3					
4					
5					
6					
7					
8					
9					
10					
11					
12					

课题二 | 高压互锁系统故障诊断与排除

学习目标

1. 能根据故障现象，在车辆维修手册中查询解决高压互锁故障的相关信息。

2. 能根据车辆维修手册中的高压互锁电路图，描述高压互锁的检测原理与电路原理。

3. 能合理制定高压互锁故障（故障码为 P0A0A92）排除方案。

4. 能排除高压互锁故障（故障码为 P0A0A92）。

5. 在故障排除过程中，能准确记录检测数据，工作过程符合新能源汽车安全操作要求。

任务描述

一台 2016 款雷凌双擎，行驶里程为 50 000 km。车辆的故障现象为踩下加速踏板，按下点火开关按钮，车辆无法进入 Ready-ON 状态，仪表 Ready 灯不点亮。仪表的主警告灯点亮，中央显示屏显示“混合动力系统故障”提示信息，车辆不能启动。其仪表显示的故障信息如图 3-1-1 所示。

维修技师连接丰田 OTC 诊断仪，对车辆做了健康检查后，读取到故障码为 P0A0A92。

任务分析

故障码 P0A0A92 代表“高压系统互锁性能或错误操作”。高压互锁系统是一套针对新能源汽车高压系统的安全装置，纯电动汽车（如北汽 EV 系列）和混合动力电动汽车（如丰田的混动双擎汽车）都设计了一套高压互锁系统，用于确保全车高压电缆及高压部件良好连接。一般情况下，设计为当车辆出现高压系统连接不良时，车辆将不被允许接通动力高压电。

维修人员需要按照故障码提示判断故障范围，在确认安全的条件下，根据高压互锁电路图，检测互锁电路，确定故障点，通过更换故障零部件排除故障，并最终按特定的操作步骤，确认故障排除。

相关理论

一、高压互锁系统的故障码

P0A0A92 和 P0A0A13 是丰田雷凌双擎混动汽车均为高压互锁系统故障的故障码。P0A0A92 代表高压互锁性能或错误操作，P0A0A13 代表高压互锁系统断路。

如图 3-2-1 所示，雷凌双擎的混合动力车辆控制 ECU 检测到安全装置（互锁）工

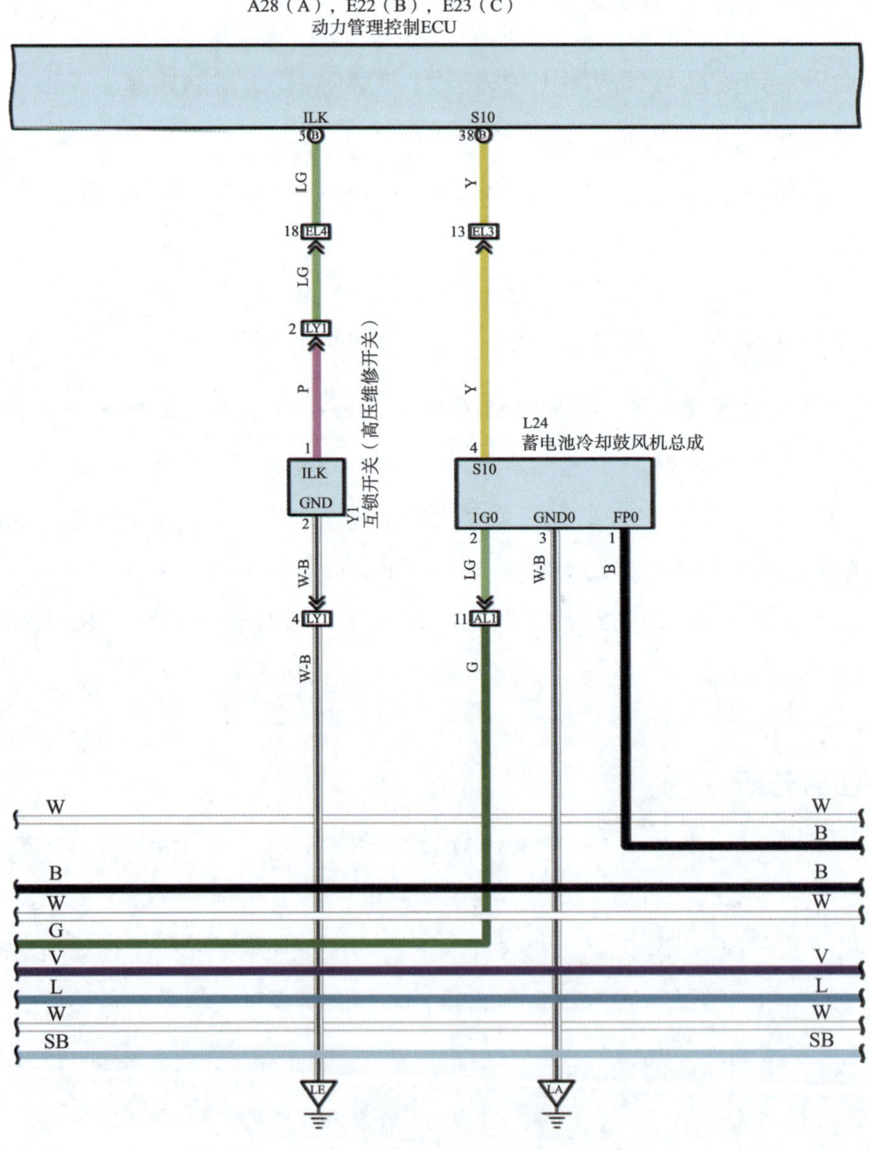

图 3-2-1　雷凌双擎高压互锁电路接线

作时，例如拆下高压维修开关或逆变器盖时，便禁止混合动力系统运行或切断系统主继电器。一个安全装置位于高压维修开关内，另一个位于带转换器的逆变器总成电动机电缆和发电机电缆端子的逆变器盖上。如果拆下高压维修开关、逆变器盖，则互锁信号线路将断路。如果车辆正在行驶，则该情况将被判定为断路且系统主继电器将不切断。重新正确安装安全装置时，将电源开关置于 ON（IG）位置后，系统将恢复正常。检测到断路后，将从下一行程切断系统主继电器，直至状态恢复正常。

由图 3-2-2 可以看出，混合动力车辆控制 ECU 根据其 E22 插接器上的 5 号端子（ILK）的信号状态来判定互锁系统的工作状况。若高压系统连接良好，混合动力车辆控制 ECU 的 ILK 端子便会检测到搭铁信号。

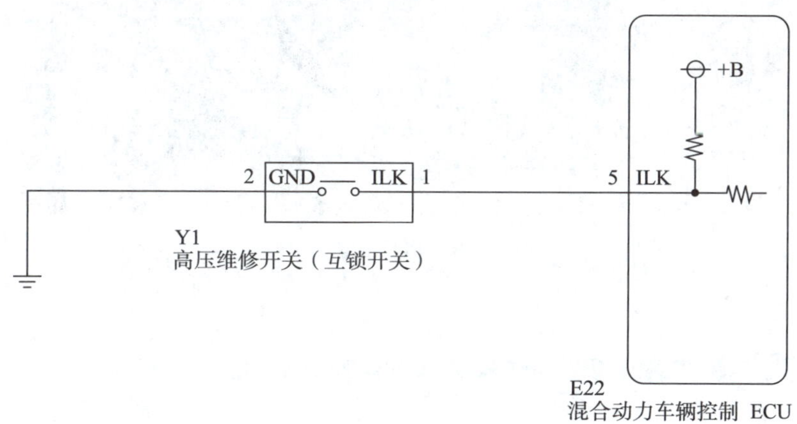

图 3-2-2 雷凌双擎高压互锁电路原理

二、故障码触发与故障点

各故障码及相关信息见表 3-2-1。

表 3-2-1 各故障码及相关信息

故障码	检测项目	触发条件	MIL 灯	警告指示灯
P0A0A92	高压系统互锁性能或错误操作	满足下列任一条件 在车辆停止的情况下，带安全装置的高压维修开关已拆下 在车辆停止的情况下，互锁信号线路断路	不亮	点亮
P0A0A13	高压系统互锁电路断路	车辆正在行驶时（以 5 km/h 或更高的车速），互锁信号线路断路	不亮	点亮

根据电路图，故障点可能是相关线束与连接器、混合动力车辆控制 ECU（见图 3-2-3）或高压维修开关。

图 3-2-3　混合动力车辆控制 ECU（带安装支架）

故障排除

一、故障诊断流程

高压互锁故障诊断流程如图 3-2-4 所示。

二、故障检测方法

在上述流程图中，每一个检查步骤的具体检测方法见表 3-2-2。

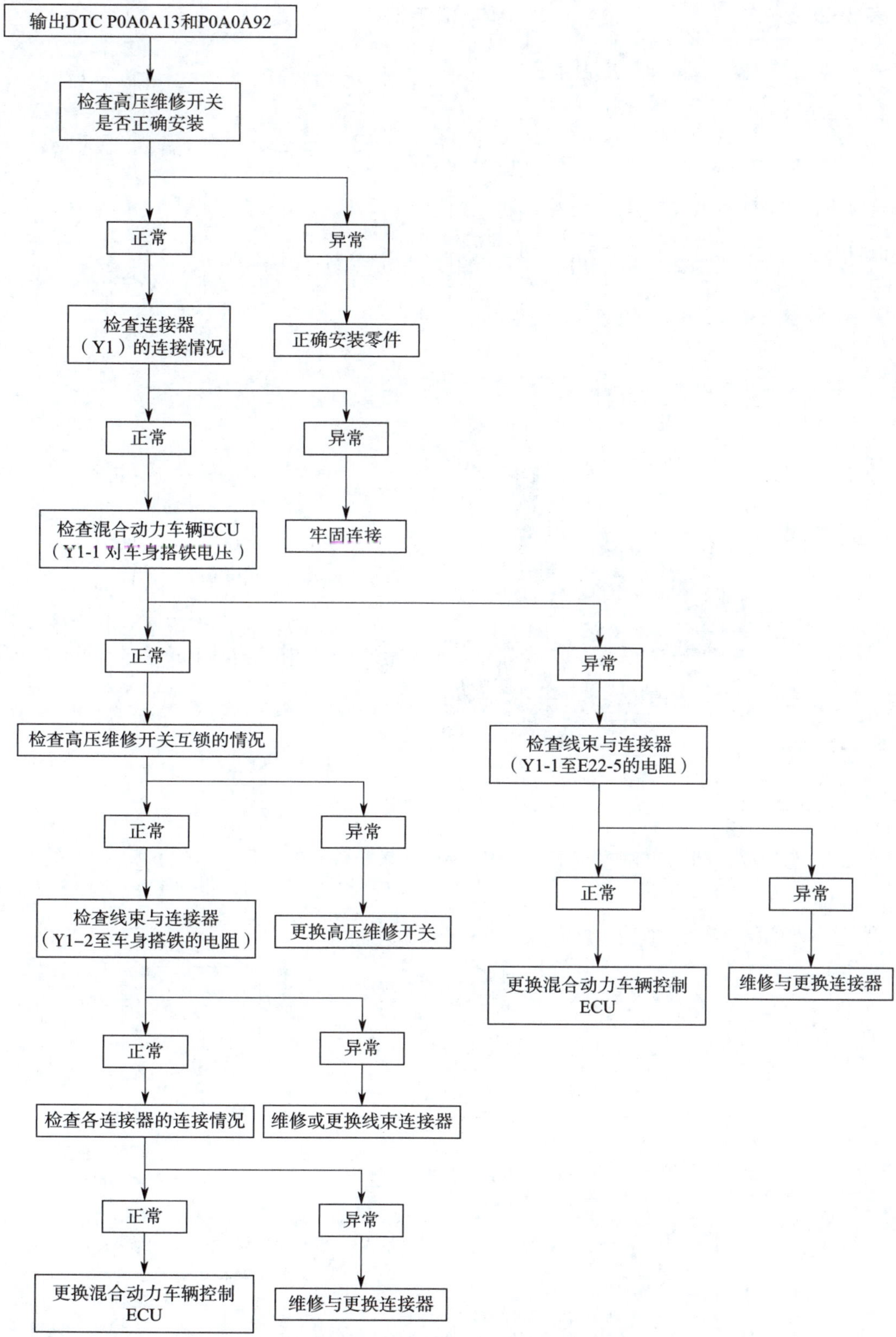

- 输出DTC P0A0A13和P0A0A92
  - 检查高压维修开关是否正确安装
    - 异常 → 正确安装零件
    - 正常 → 检查连接器（Y1）的连接情况
      - 异常 → 牢固连接
      - 正常 → 检查混合动力车辆ECU（Y1-1 对车身搭铁电压）
        - 异常 → 检查线束与连接器（Y1-1至E22-5的电阻）
          - 正常 → 更换混合动力车辆控制ECU
          - 异常 → 维修与更换连接器
        - 正常 → 检查高压维修开关互锁的情况
          - 异常 → 更换高压维修开关
          - 正常 → 检查线束与连接器（Y1-2至车身搭铁的电阻）
            - 异常 → 维修或更换线束连接器
            - 正常 → 检查各连接器的连接情况
              - 正常 → 更换混合动力车辆控制ECU
              - 异常 → 维修与更换连接器

图 3-2-4 高压互锁故障诊断流程

表 3-2-2　　具体检测方法

<table>
<tr><td>1</td><td colspan="2">检查高压维修开关是否正确安装</td></tr>
<tr><td colspan="2">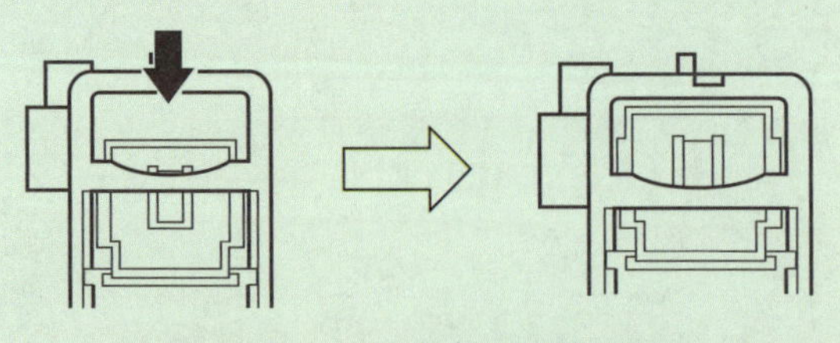
图 3-2-5　检查高压维修开关</td><td>检查高压维修开关是否正确安装（见图 3-2-5），插入高压维修开关直至听到“咔嗒”声</td></tr>
<tr><td>2</td><td colspan="2">检查连接器 Y1 的连接情况</td></tr>
<tr><td colspan="2">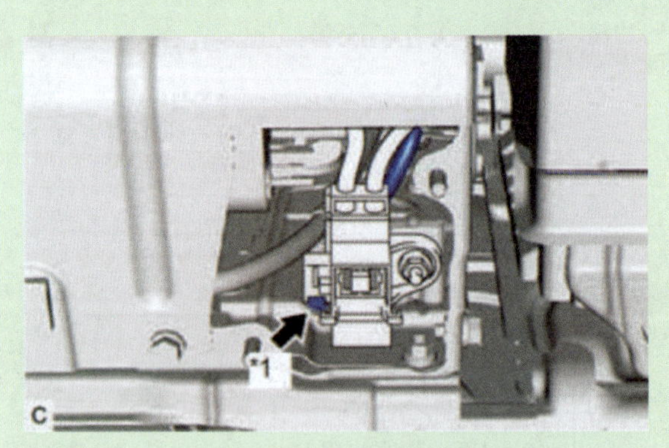
图 3-2-6　互锁位置</td><td>（1）拆下高压维修开关
（2）检查并确认高压维修开关安装座上的互锁连接器连接正确（见图 3-2-6）</td></tr>
<tr><td>3</td><td colspan="2">检查混合动力车辆控制 ECU（Y1-1 对车身搭铁的电压）</td></tr>
<tr><td colspan="3">Y1-1 对车身搭铁的电压原理如图 3-2-7 所示。
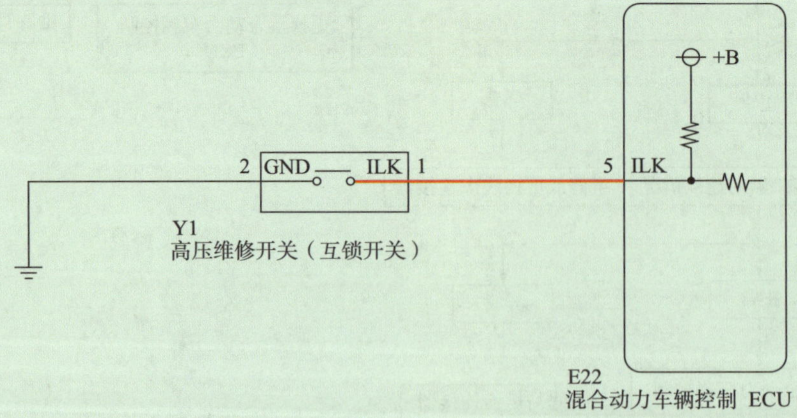
图 3-2-7　Y1-1 对车身搭铁的电压原理</td></tr>
</table>

续表

图 3-2-8 断开高压维修互锁开关

（1）拆下高压维修开关

（2）拆下螺母并断开高压维修开关

（3）断开高压维修开关（互锁开关）连接器 Y1（见图 3-2-8）

（4）连接辅助蓄电池负极（-）端子电缆

（5）将电源开关置于 ON（IG）位置

注意：在高压维修开关拆下的情况下将电源开关置于 ON（IG）位置，会导致存储其他 DTC（故障码），进行该检查后应清除 DTC

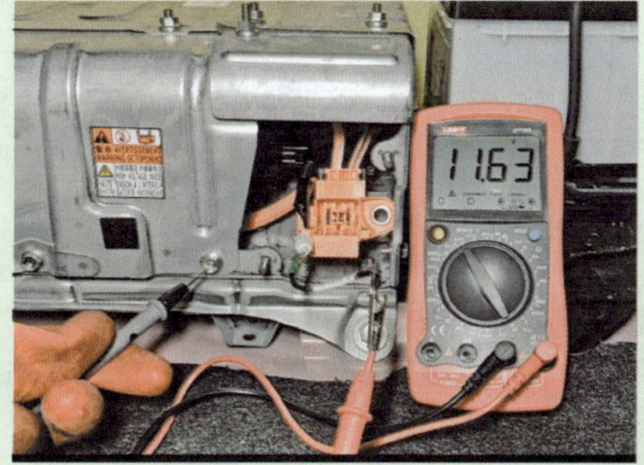

图 3-2-9 测量 Y1-1（ILK）- 车身搭铁电压

（6）根据下表中的值测量电压（见图 3-2-9）

标准电压

检测仪连接	条件	规定状态
Y1-1（ILK）-车身搭铁	电源开关 ON（IG）	11 ~ 14 V

（7）将电源开关置于 OFF 位置；断开辅助蓄电池负极（-）端子电缆；重新连接高压维修开关（互锁开关）连接器 Y1，用螺母连接高压维修开关

4	检查高压维修开关互锁的情况

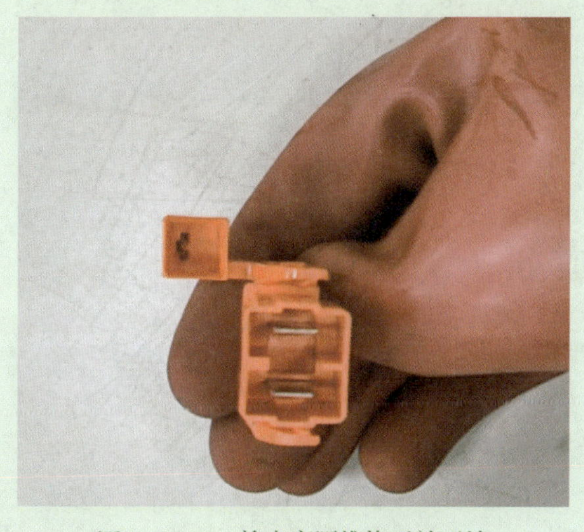

图 3-2-10 检查高压维修开关互锁

检查高压维修开关互锁的情况（见图 3-2-10）

正常：污垢或异物未进入连接器，且无污染迹象

续表

5	检查线束与连接器（Y1-2 至车身搭铁的电阻）

Y1-2 至车身搭铁电阻原理如图 3-2-11 所示。

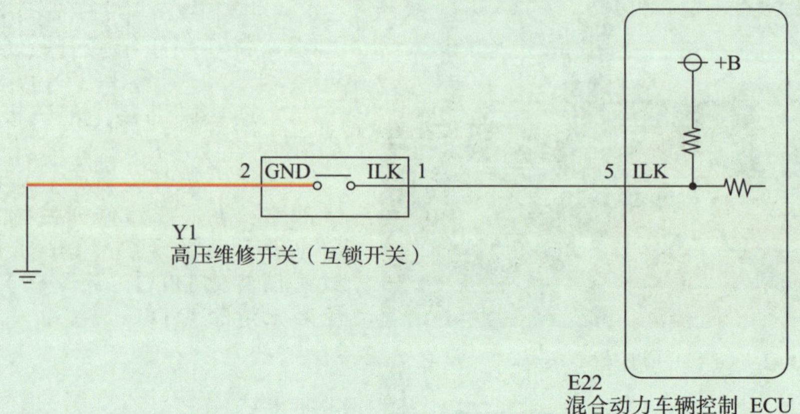

图 3-2-11　Y1-2 至车身搭铁电阻原理

图 3-2-12　断开高压维修开关（互锁开关）连接器 Y1

（1）拆下高压维修开关

（2）拆下螺母并断开高压维修开关，断开高压维修开关（互锁开关）连接器 Y1（见图 3-2-12）

（3）根据下表中的值测量电阻

标准电阻

检测仪连接	条件	规定状态
Y1-2（GND）-车身搭铁	电源开关 OFF	小于 1 Ω

（4）重新连接高压维修开关（互锁开关）连接器 Y1

6	检查线束与连接器（Y1-1 至 E22-5 的电阻）

Y1-1 至 E22-5 电阻原理如图 3-2-13 所示。

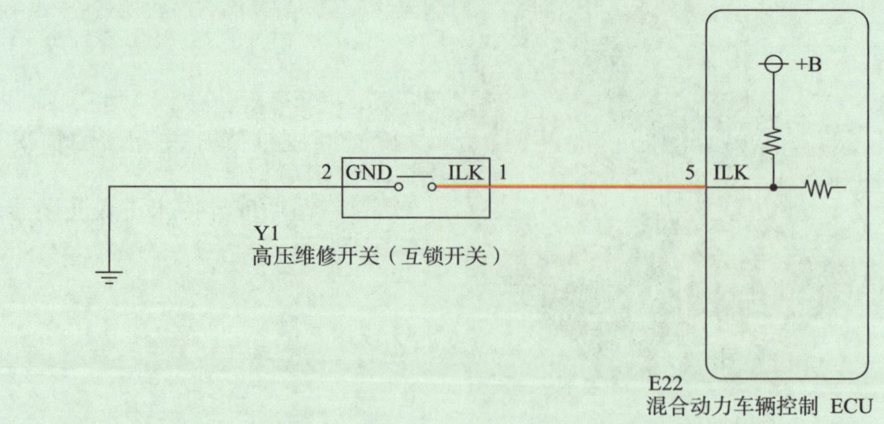

图 3-2-13　Y1-1 至 E22-5 电阻原理

续表

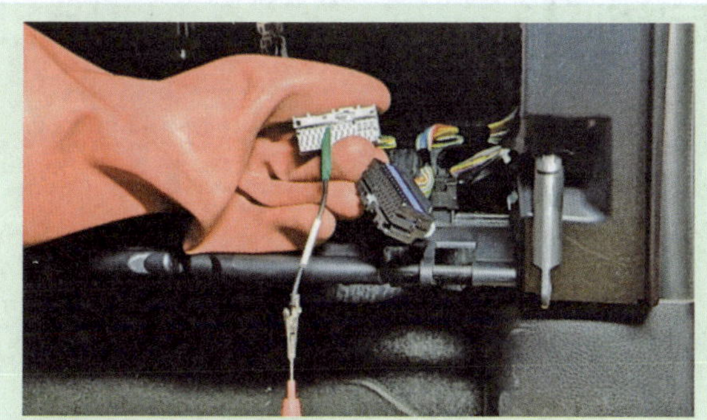

图 3-2-14 测量 E22-5（ILK）-Y1-1（ILK）电阻值 -E22 端

图 3-2-15 测量 E22-5（ILK）-Y1-1（ILK）电阻值 -Y1 端

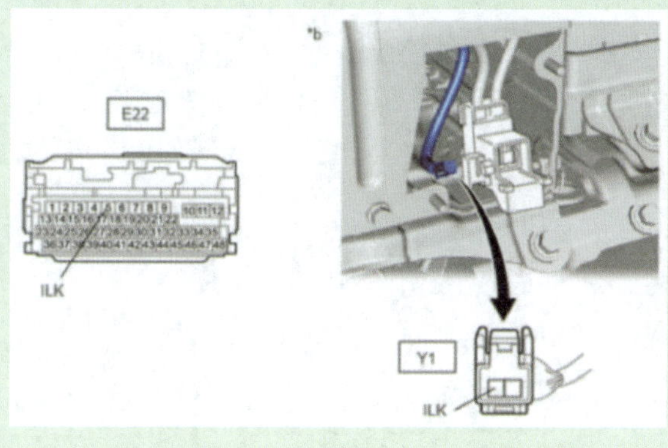

图 3-2-16 E22 和 Y1 位置

（1）拆下高压维修开关

（2）断开混合动力车辆控制 ECU 连接器 E22；拆下螺母并断开高压维修开关，断开高压维修开关（互锁开关）连接器 Y1

（3）根据下表中的值测量电阻（见图 3-2-14、图 3-2-15）

标准电阻

检测仪连接	条件	规定状态
E22-5（ILK）-Y1-1（ILK）	电源开关 OFF	小于 1 Ω

（4）重新连接高压维修开关（互锁开关）连接器 Y1；用螺母连接高压维修开关；重新连接混合动力车辆控制 ECU 连接器 E22（见图 3-2-16）

【课后实训】

一、实训情境

一辆丰田雷凌双擎混动的故障车送修，车辆电源开关不能置于 ON（Ready）位置，主警告灯点亮，多信息显示屏上显示“混合动力系统故障”。并输出故障码 P0A0A13。

P0A0A13 表示____________________。

二、实训内容

1. 查询车辆维修手册，画出高压系统互锁电路图。

2. 根据车辆维修手册和电路图，制定故障码 P0A0A13 的故障排除流程，以流程图表示。

3. 通过小组合作，根据车辆维修手册，排除雷凌双擎混合动力系统故障（故障码为 P0A0A13）。描述故障现象，记录检测数值，并进行结果判断与分析。

（1）描述故障现象

____

____

____

____

____

（2）记录检测数值并进行判断与分析（见表 3-2-3）

表 3-2-3　　记录检测数值并进行判断与分析

序号	检测仪连接	条件 （开关状态）	规定值	实测值	判断与简单分析
1					
2					
3					
4					
5					
6					
7					
8					
9					
10					
11					
12					

课题三 | 混合动力系统 ECU 电源电路故障诊断与排除

学习目标

1. 能根据故障现象，在车辆维修手册中查询解决混合动力车辆控制 ECU 电源电路故障的相关信息。

2. 能根据车辆维修手册中的混合动力车辆控制 ECU 电源电路电路图，描述混合动力车辆控制 ECU 电源电路的原理。

3. 能合理制定混合动力车辆控制 ECU 电源电路故障排除方案。

4. 能排除混合动力车辆控制 ECU 电源电路故障。

5. 在故障排除过程中，能准确记录检测数据，工作过程符合新能源汽车安全操作要求。

任务描述

一辆丰田 2016 款雷凌双擎混动汽车行驶里程为 50 000 km，其仪表的主警告灯点亮，中央显示屏显示“混合动力车辆控制系统故障”提示信息（见图 3-1-1）。

维修技师连接丰田 OTC 诊断仪，对车辆做了检查后，确定是混合动力车辆电源电路系统故障。假如你是车间机修一组成员，请你对该车辆进行混合动力车辆电源电路系统故障诊断与排除。

任务分析

维修人员需要按照故障码提示判断故障范围，在确认安全的条件下，根据 ECU 电源电路图，检测电源电路，确定故障点，通过更换故障零部件排除故障，并最终按特定的操作步骤确认故障排除。

相关理论

如图 3-3-1 所示，混合动力车辆控制 ECU 安装在手套箱后，主要用于收集混合动力系统信息与控制混合动力系统零部件总成（如逆变器等）信息。

图 3-3-1　混合动力控制 ECU 位置

一、混合动力车辆控制 ECU 电源系统电路原理

混合动力车辆控制 ECU 的电源系统由工作电源和备用电源两个电源系统组成，系统电路图如图 3-3-2、图 3-3-3 所示。

1. 工作电源

当电源开关置于 ON（IG）位置时，辅助蓄电池的电流会经过熔丝 ECU-IG2 NO.1 7.5 A 进入混合动力车辆控制 ECUE22 插接器的 35 脚。然后混合动力车辆控制 ECU 将 11-14 V 直流电电压施加到 MREL 端子以接通 IGCT 继电器，向端子 +B1 和 +B2 供电，如图 3-3-4 所示。

2. 备用电源

对混合动力车辆控制 ECU 的端子 BATT 提供辅助蓄电池电源，以存储 DTC 和定格数据。即使将电源开关置于 OFF 位置后，备用电源仍然供电，如图 3-3-5 所示。

二、故障点分析

根据电路图，故障点可能是相关线束与连接器、混合动力车辆控制 ECU、IGCT 继电器、IGCT-MAIN 熔丝、PM-IGCT 熔丝等。

混合动力车辆控制 ECU（见图 3-3-6）安装在手套箱后。IGCT 继电器、IGCT-MAIN 熔丝、PM-IGCT 熔丝安装在发动机室 1 号继电器盒上（见图 3-3-7）。

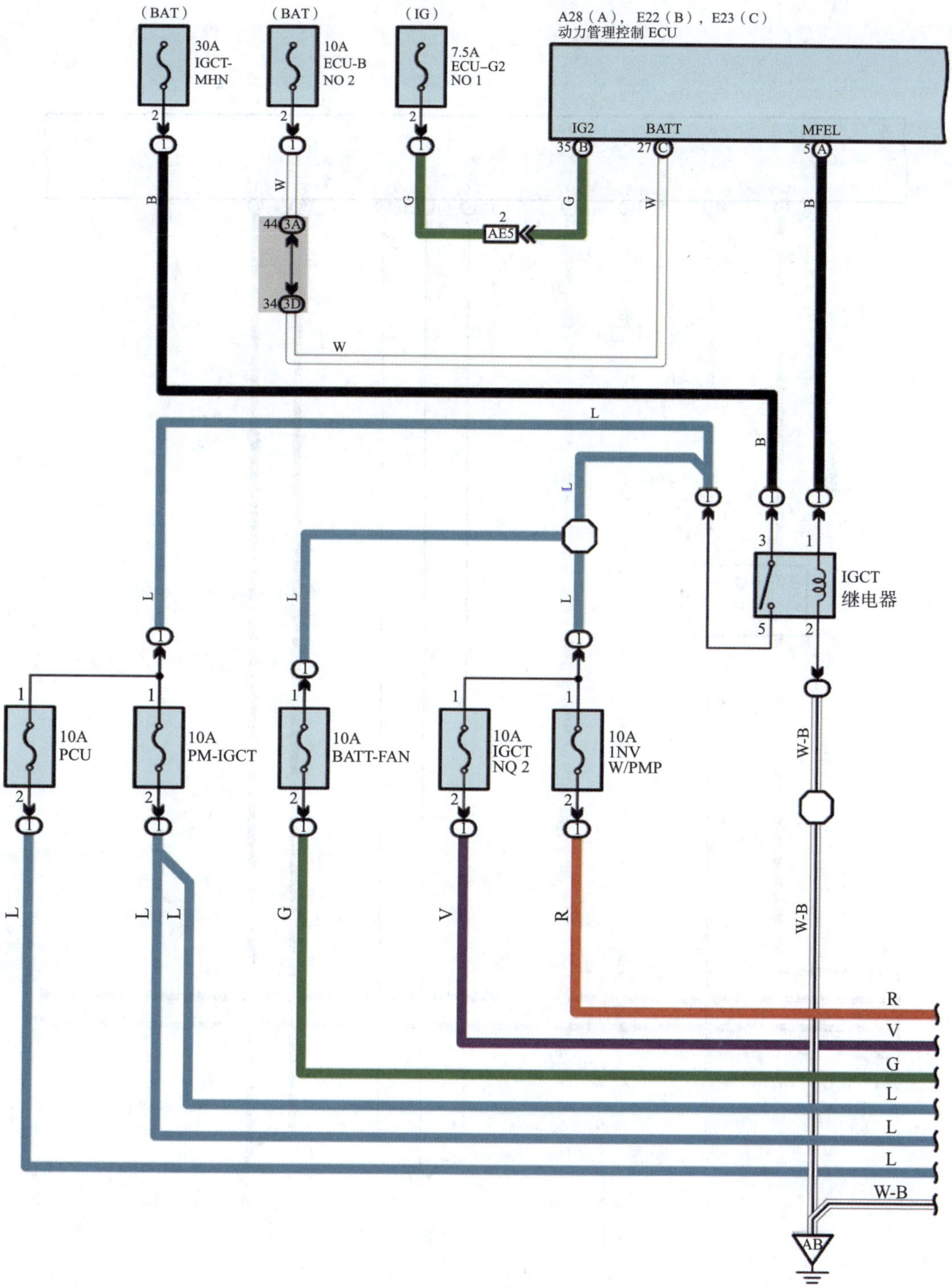

图 3-3-2　ECU 电源电路（一）

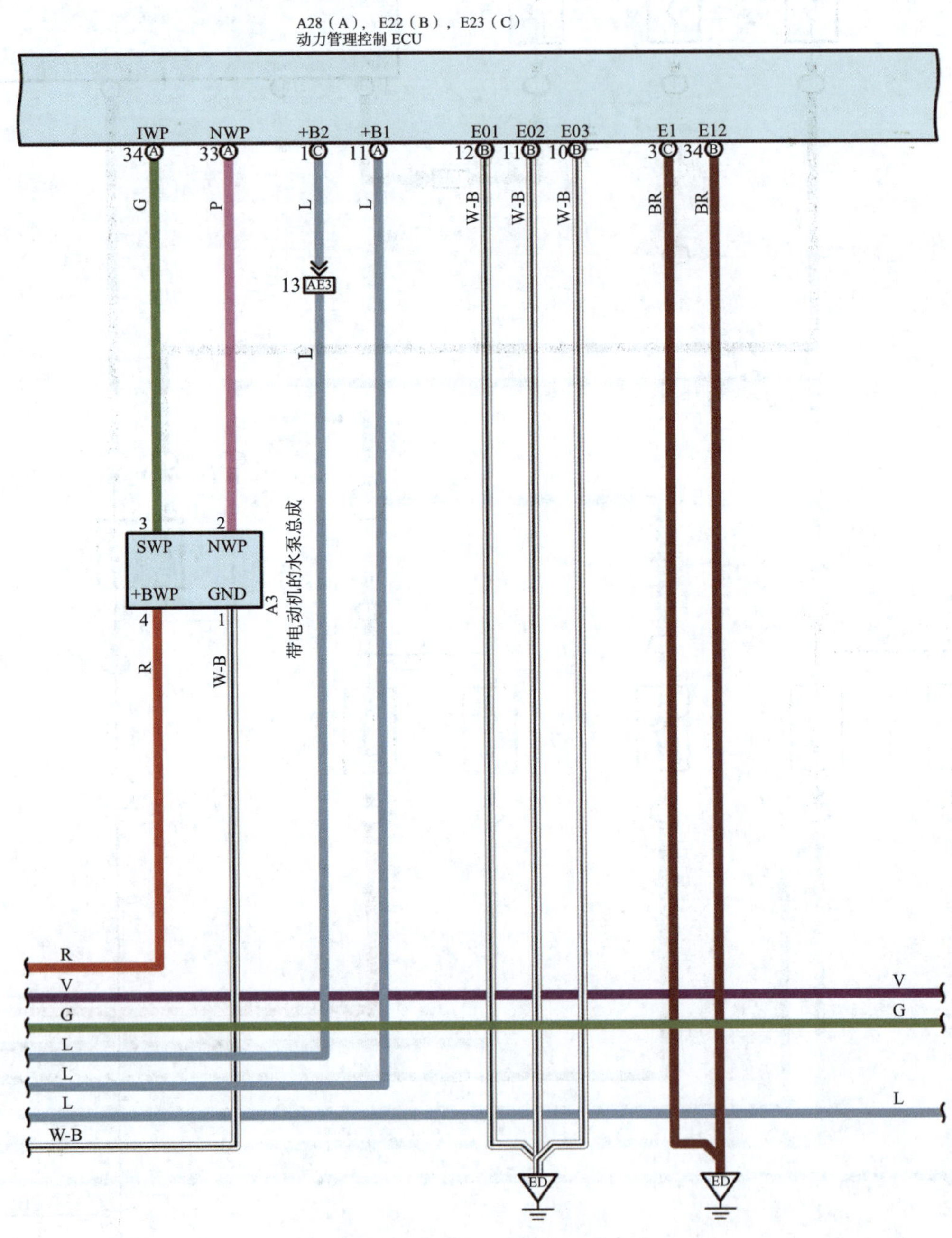

图 3-3-3　ECU 电源电路（二）

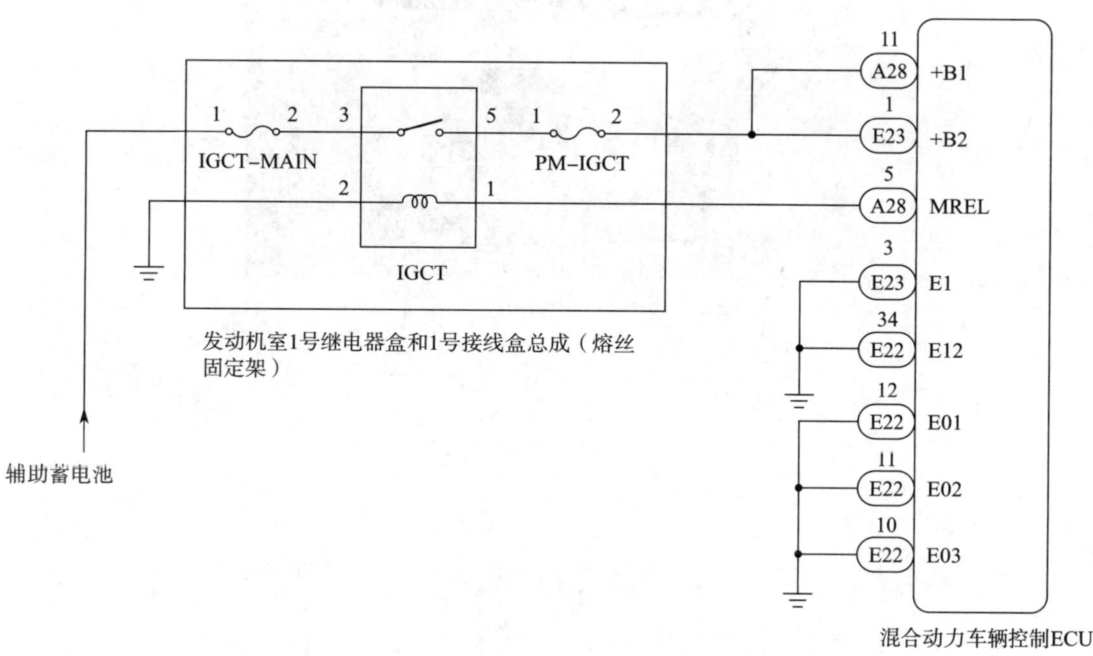

图 3-3-4 工作电源电路原理

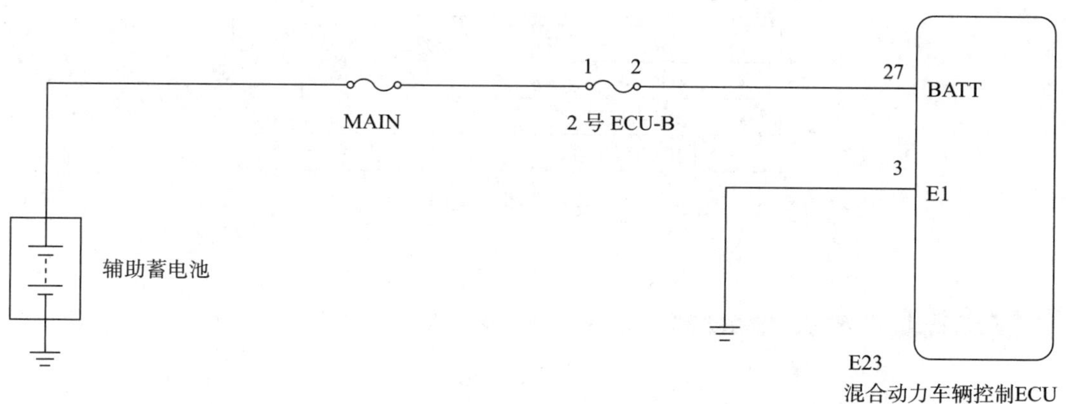

图 3-3-5 备用电源电路原理

图 3-3-6　混合动力车辆控制 ECU

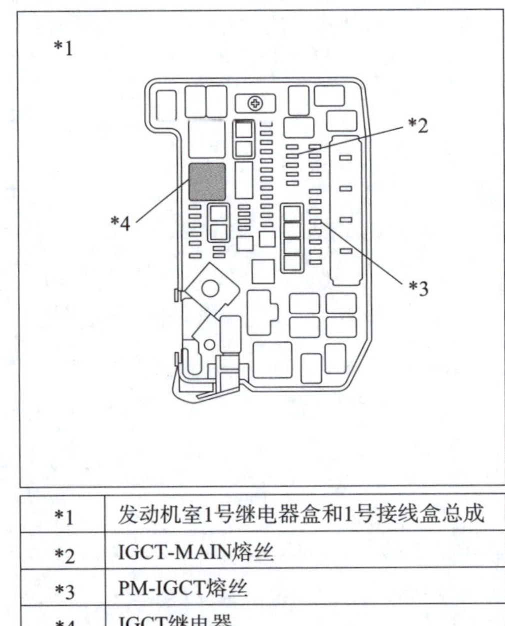

*1	发动机室1号继电器盒和1号接线盒总成
*2	IGCT-MAIN熔丝
*3	PM-IGCT熔丝
*4	IGCT继电器

图 3-3-7　发动机室 1 号继电器盒

故障排除

一、故障诊断流程

混合动力车辆控制 ECU 工作电源的故障诊断流程如图 3-3-8 所示。

二、故障检测方法

在上述流程图中，每一个检查步骤的具体检测方法见表 3-3-1。

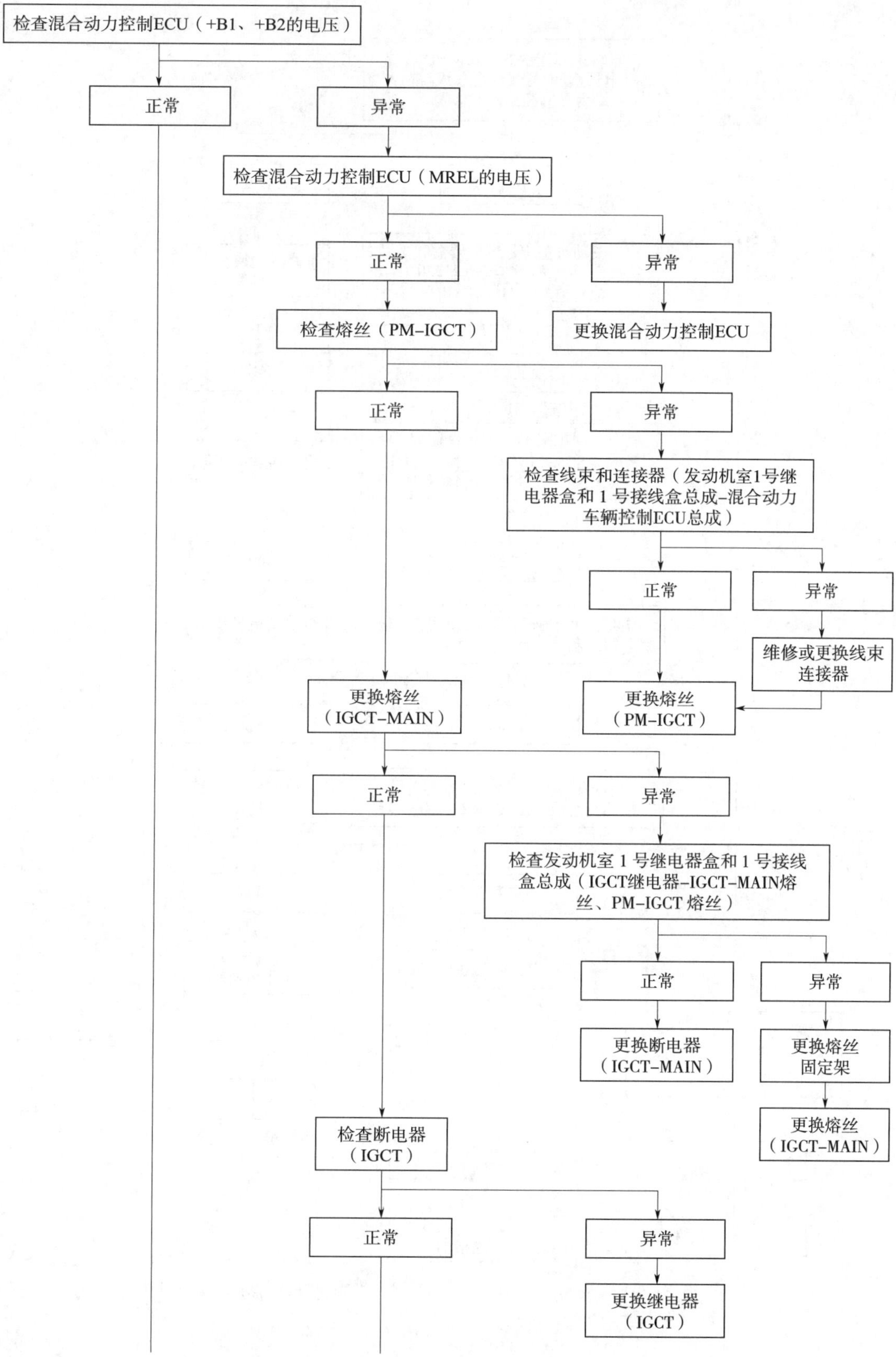

- 检查混合动力控制ECU（+B1、+B2的电压）
  - 正常
  - 异常
    - 检查混合动力控制ECU（MREL的电压）
      - 正常
        - 检查熔丝（PM–IGCT）
          - 正常
            - 更换熔丝（IGCT–MAIN）
              - 正常
                - 检查断电器（IGCT）
                  - 正常
                  - 异常
                    - 更换继电器（IGCT）
              - 异常
                - 检查发动机室1号继电器盒和1号接线盒总成（IGCT继电器–IGCT–MAIN熔丝、PM–IGCT熔丝）
                  - 正常
                    - 更换断电器（IGCT–MAIN）
                  - 异常
                    - 更换熔丝固定架
                      - 更换熔丝（IGCT–MAIN）
          - 异常
            - 检查线束和连接器（发动机室1号继电器盒和1号接线盒总成–混合动力车辆控制ECU总成）
              - 正常
                - 更换熔丝（PM–IGCT）
              - 异常
                - 维修或更换线束连接器
                  - 更换熔丝（PM–IGCT）
      - 异常
        - 更换混合动力控制ECU

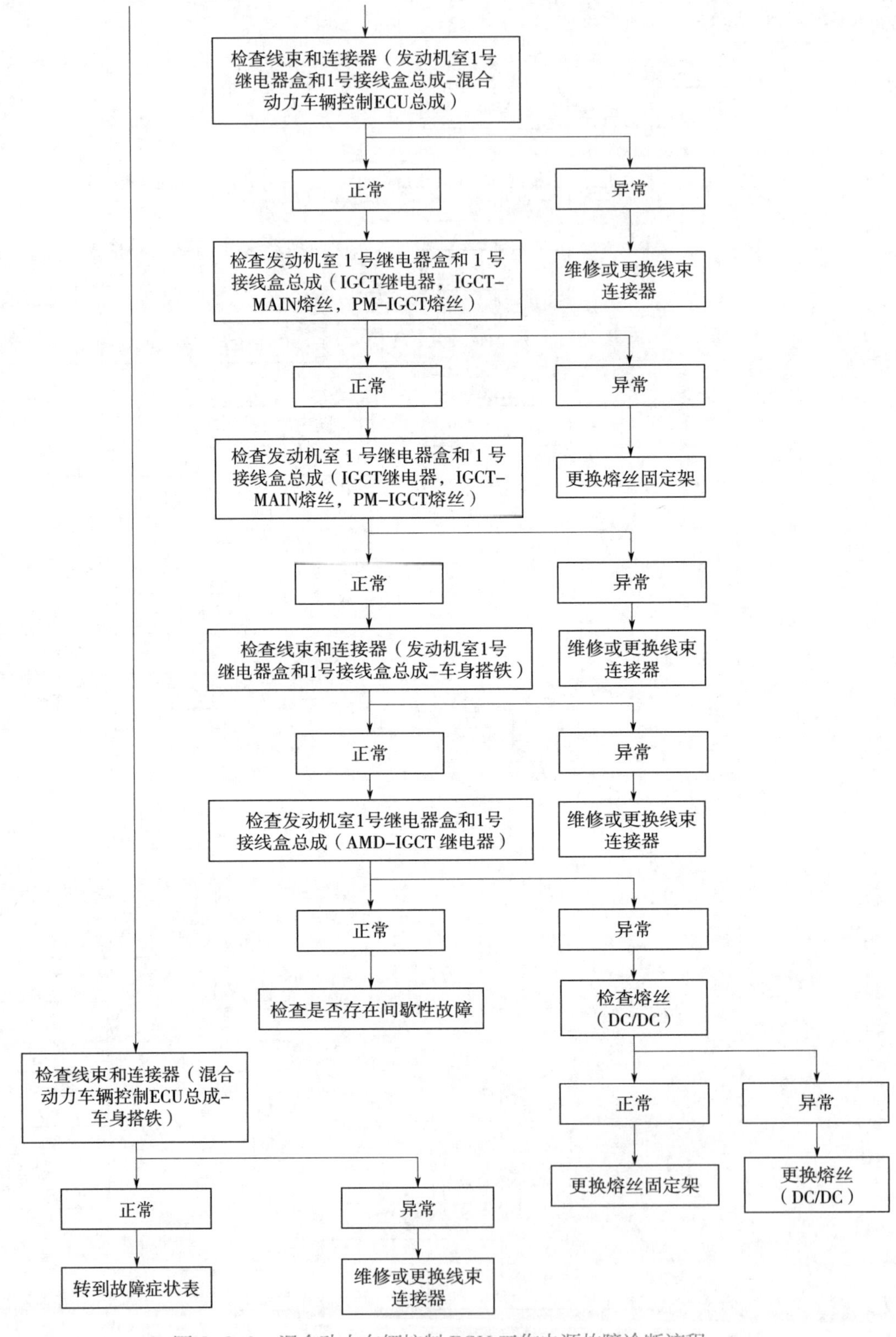

图 3-3-8　混合动力车辆控制 ECU 工作电源故障诊断流程

表 3-3-1　　具体检测方法

1	检查混合动力车辆控制 ECU（+B1、+B2 电压）

混合动力车辆控制 ECU（+B1、+B2 电压）电路原理如图 3-3-9 所示。

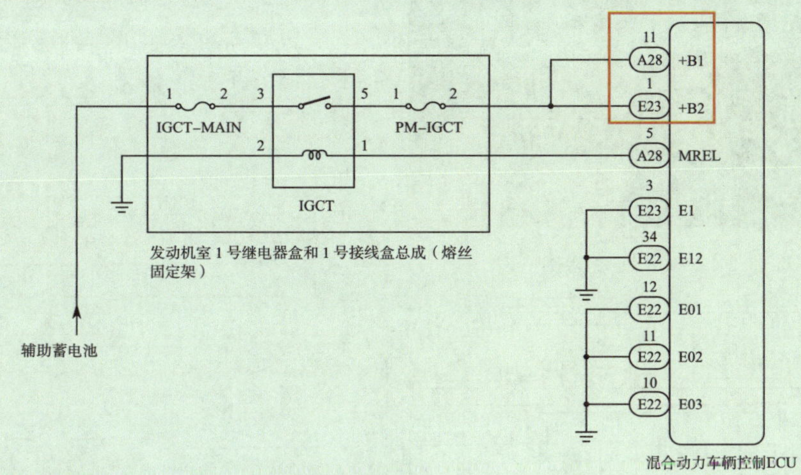

图 3-3-9　混合动力车辆控制 ECU（+B1、+B2 电压）电路原理

图 3-3-10　动力管理控制 ECU-A28 连接器位置

图 3-3-11　拆卸动力管理控制 ECU-A28 连接器

（1）将电源开关置于 ON（IG）位置

（2）根据下表中的值测量电压

标准电压

检测仪连接	条件	规定状态
A28-11（+B1）- 车身搭铁	电源开关 ON（IG）	11 ~ 14 V
E23-1（+B2）- 车身搭铁	电源开关 ON（IG）	11 ~ 14 V

1）拆卸动力管理控制 ECU-A28 连接器（见图 3-3-10、图 3-3-11）

续表

 图 3-3-12　A28 连接器接插件 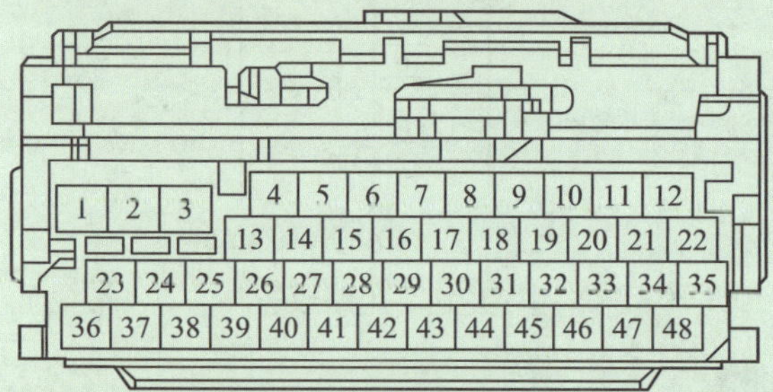 图 3-3-13　A28 连接器接插件端口定义	2）查阅车辆维修手册，找到 A28 连接器接插件端口定义（见图 3-3-12、图 3-3-13）
 图 3-3-14　测量 A28（11）与车身搭铁之间电压	3）用万用表测量 A28（11）与车身搭铁之间的电压，需要在 11～14 V(见图 3-3-14）
 图 3-3-15　动力管理控制 ECU-E23 连接器位置	4）拆卸动力管理控制 ECU-E23 连接器（见图 3-3-15、图 3-3-16）

续表

图 3-3-16 拆卸动力管理控制 ECU-E23 连接器

图 3-3-17 E23 连接器接插件

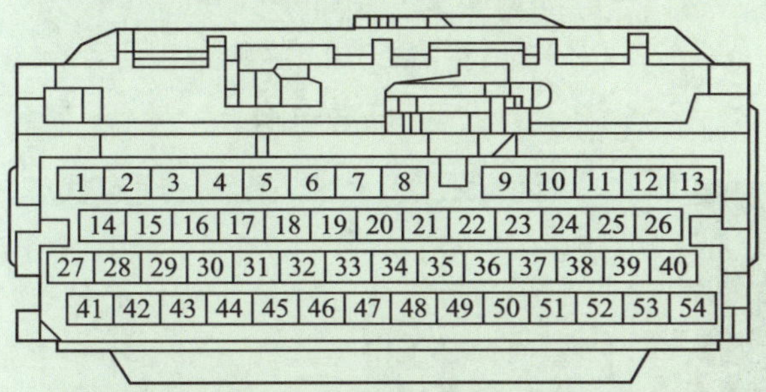

图 3-3-18 E23 连接器接插件端口定义

5）查阅车辆维修手册，找到 E23 连接器接插件端口定义（见图 3-3-17、图 3-3-18）

图 3-3-19 测量 E23（1）与车身搭铁之间的电压

6）测量 E23（1）与车身搭铁之间的电压（见图 3-3-19），应在 11 ~ 14 V

续表

2	检查线束和连接器（混合动力车辆控制 ECU 总成 - 车身搭铁）

混合动力车辆控制 ECU 总成 - 车身搭铁电路原理如图 3-3-20 所示。

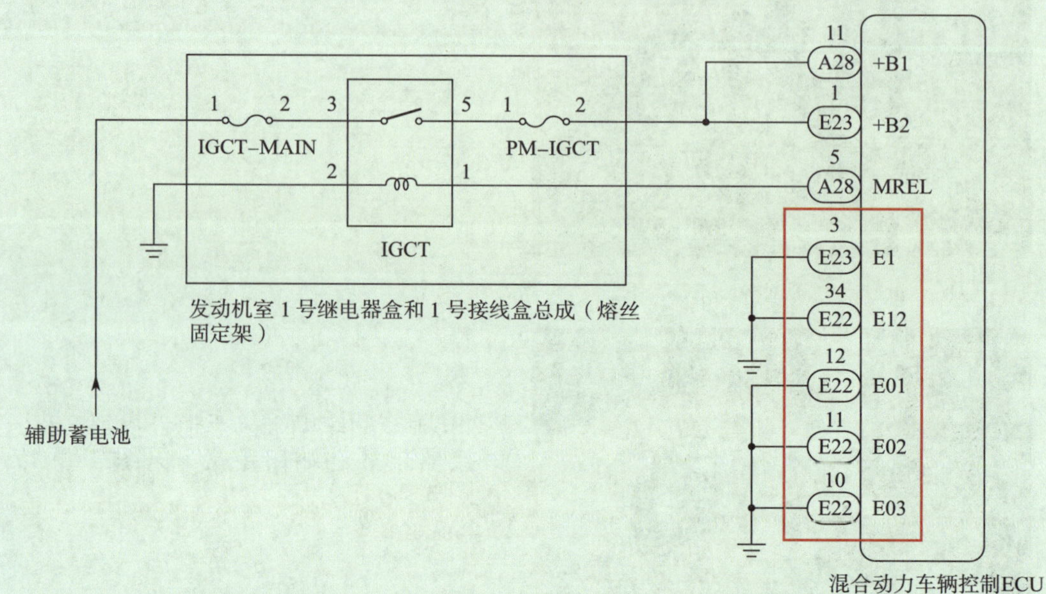

图 3-3-20 混合动力车辆控制 ECU 总成 - 车身搭铁电路原理

（1）断开混合动力车辆控制至 ECU 总成连接器 E22 和 E23

（2）根据下表中的值测量电阻

标准电阻

检测仪连接	条件	规定状态
E23-3（E1）-车身搭铁	始终	小于 1 Ω
E22-34（E12）-车身搭铁	始终	小于 1 Ω
E22-12（E01）-车身搭铁	始终	小于 1 Ω
E22-11（E02）-车身搭铁	始终	小于 1 Ω
E22-10（E03）-车身搭铁	始终	小于 1 Ω

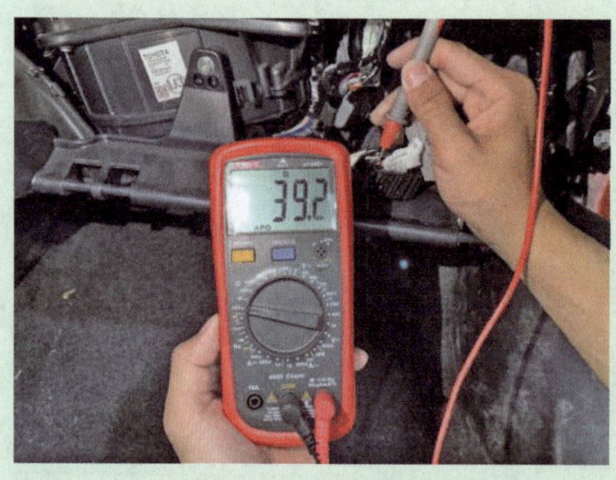

图 3-3-21 测量 E23（3）- 车身搭铁电阻值

（3）重新连接混合动力车辆控制 ECU 总成连接器 E22 和 E23

（4）测量 E23（3）与车身搭铁之间的电阻值（见图 3-3-21），阻值应小于 1 Ω

续表

图 3-3-22 动力管理控制 ECU-E22 连接器位置

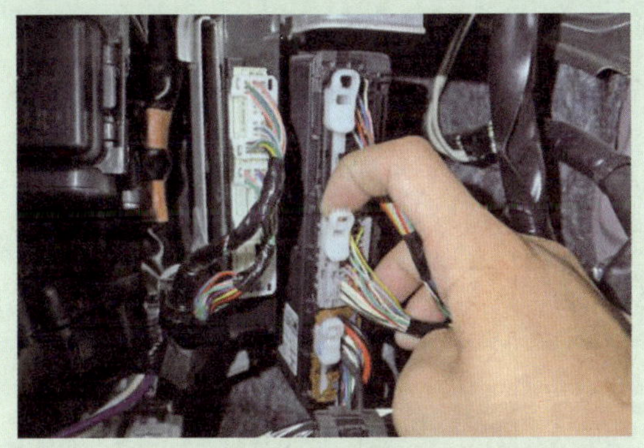

图 3-3-23 拆卸动力管理控制 ECU-E22 连接器

（5）拆卸动力管理控制 ECU-E22 连接器，（见图 3-3-22、图 3-3-23）

图 3-3-24 E22 连接器接插件

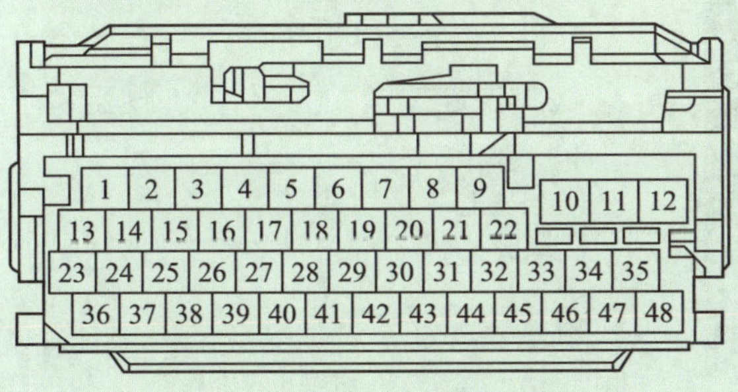

图 3-3-25 E22 连接器端子定义

（6）查阅车辆维修手册，找到 E22 连接器接插件端口定义（见图 3-3-24、图 3-3-25）

续表

图 3-3-26　测量 E22（34）与车身搭铁电阻

（7）测量 E22（34）与车身搭铁之间的电阻，阻值应小于 1 Ω（见图 3-3-26），以此类推，分别测量 E22 的 12、11、11 针脚与车身搭铁之间的电阻，阻值均应小于 1 Ω

3	检查混合动力车辆控制 ECU（MREL 电压）

混合动力车辆控制 ECU（MREL 电压）电路原理如图 3-3-27 所示。

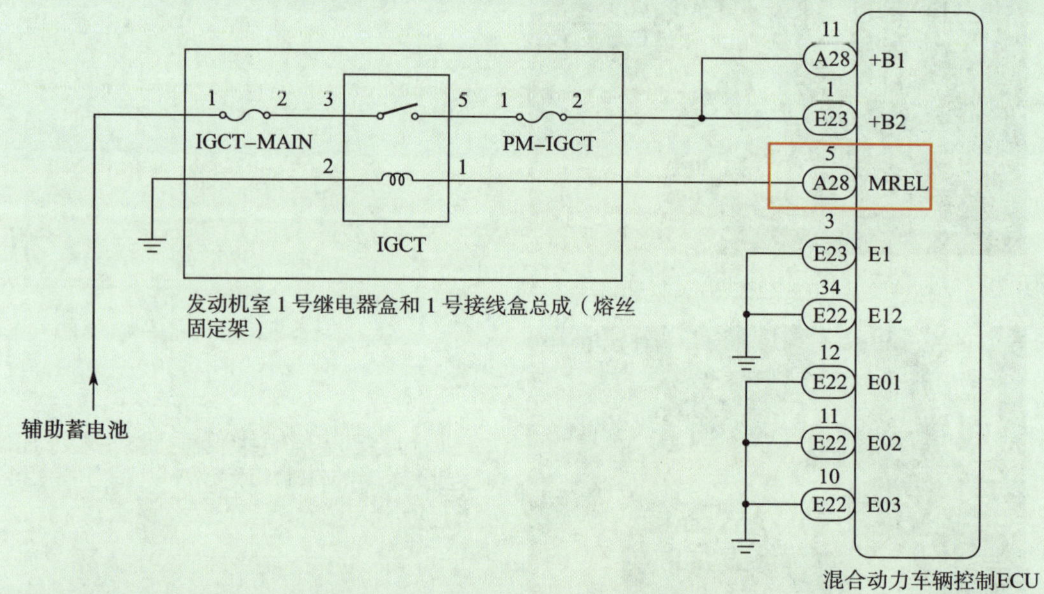

图 3-3-27　混合动力车辆控制 ECU（MREL 电压）电路原理

图 3-3-28　测量 A28（5）与车身搭铁电压

（1）将电源开关置于 ON（IG）位置

（2）根据下表中的值测量电压

标准电压

检测仪连接	条件	规定状态
A28-5（MREL）-车身搭铁	电源开关 ON（IG）	11 ~ 14 V

测量 A28（5）与车身搭铁电压（见图 3-3-28），应在 11 ~ 14 V

（3）将电源开关置于 OFF 位置

续表

4 检查熔丝（PM-IGCT）

熔丝（PM-IGCT）电路原理如图 3-3-29 所示。

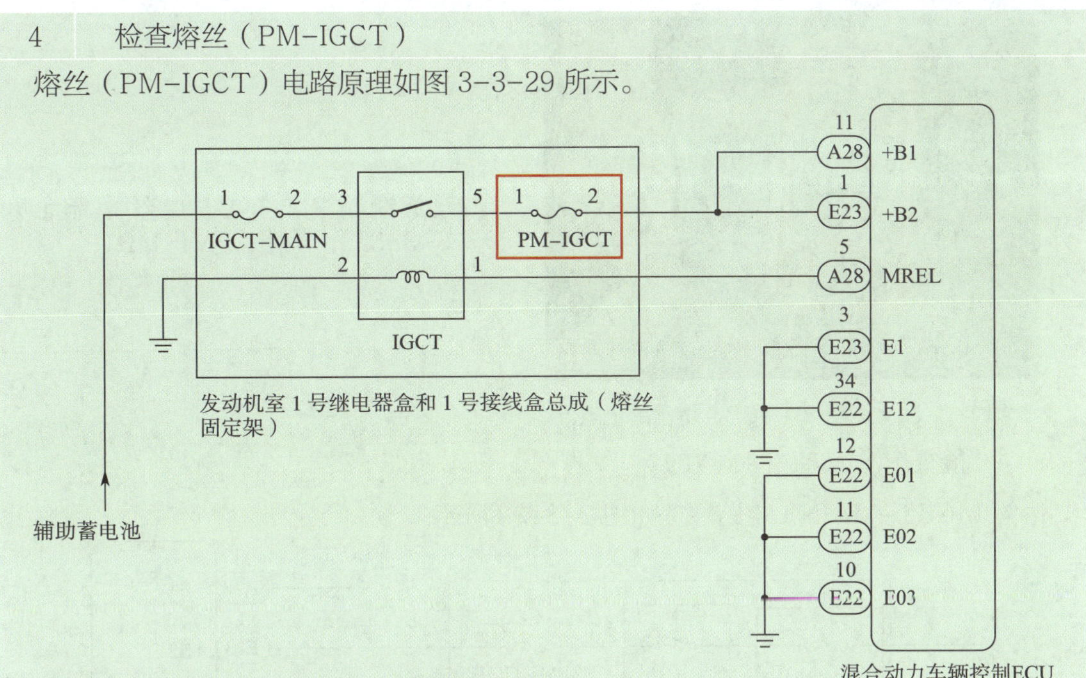

图 3-3-29 熔丝（PM-IGCT）电路原理

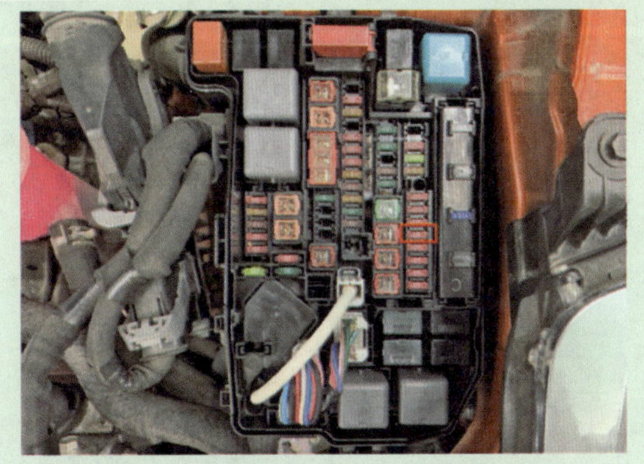

图 3-3-30 PM-IGCT 熔丝的位置

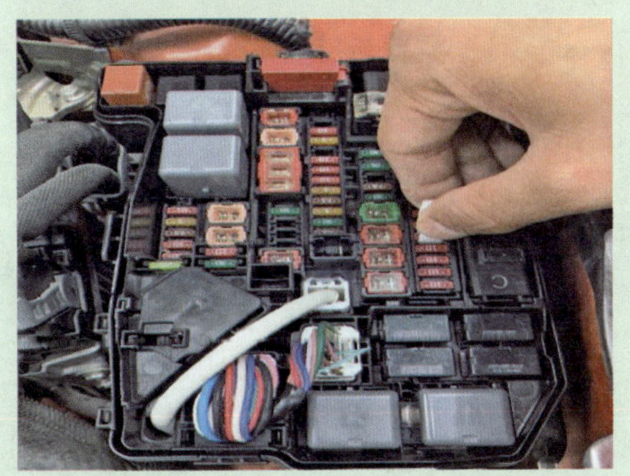

图 3-3-31 拆卸 PM-IGCT 熔丝

（1）从发动机室 1 号继电器盒和 1 号接线盒总成上拆下 PM-IGCT 熔丝

（2）根据下表中的值测量电阻

标准电阻

检测仪连接	条件	规定状态
PM-IGCT 熔丝端子	始终	小于 1 Ω

（3）拆卸 PM-IGCT 熔丝（见图 3-3-30、图 3-3-31）

续表

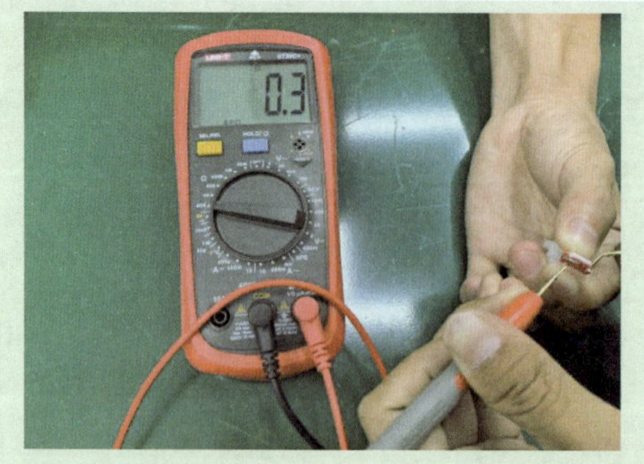

图 3-3-32　测量 PM-IGBT 熔丝的电阻

（4）测量 PM-IGBT 熔丝电阻（见图 3-3-32），电阻应小于 1 Ω

5　检查熔丝（IGCT-MAIN）

熔丝（IGCT-MAIN）电路原理如图 3-3-33 所示。

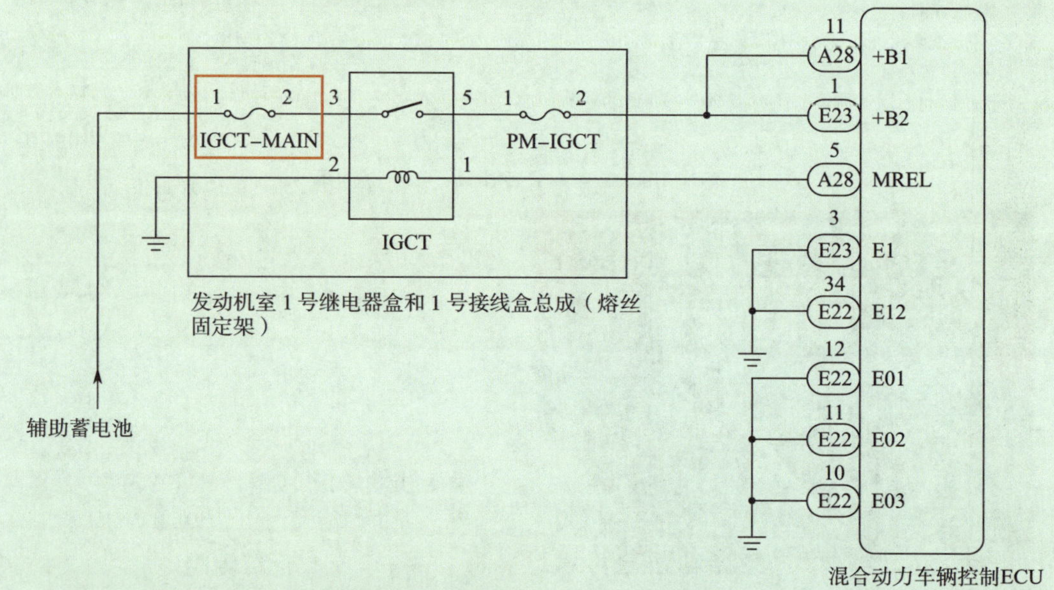

图 3-3-33　熔丝（IGCT-MAIN）电路原理

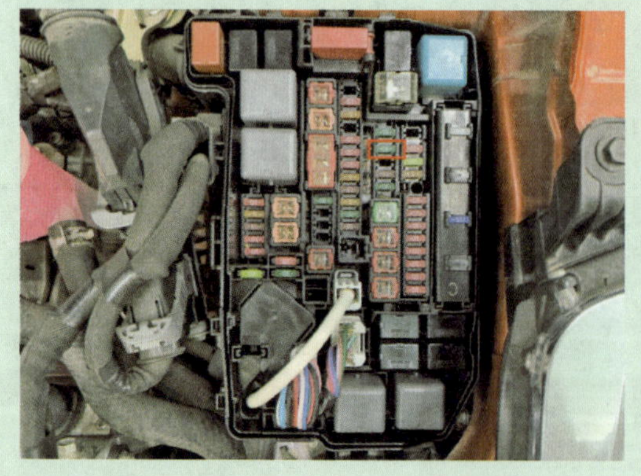
图 3-3-34　IGCT-MAIN 熔丝位置

（1）从发动机室 1 号继电器盒和 1 号接线盒总成上拆下 IGCT-MAIN 熔丝

（2）根据下表中的值测量电阻

标准电阻

检测仪连接	条件	规定状态
IGCT-MAIN 熔丝端子	始终	小于 1 Ω

1）拆卸 IGCT-MAIN 熔丝（见图 3-3-34、图 3-3-35）

续表

图 3-3-35　拆卸 IGCT-MAIN 熔丝

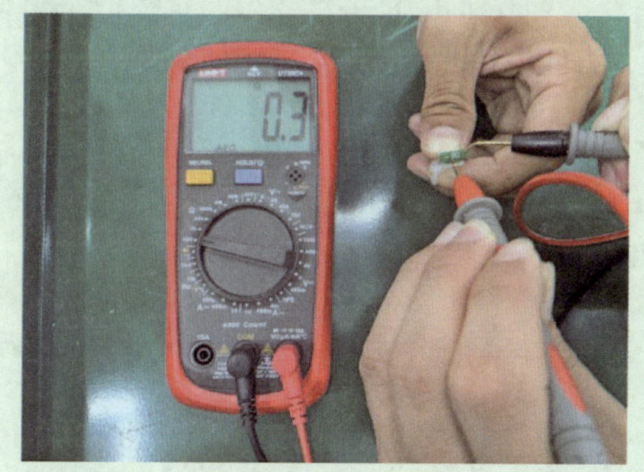

图 3-3-36　测量 IGCT-MAIN 熔丝电阻

2）测量 IGCT-MAIN 熔丝电阻（见图 3-3-36），阻值应小于 1 Ω

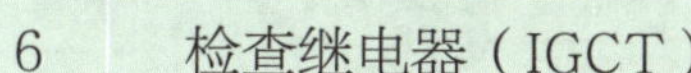

6　检查继电器（IGCT）

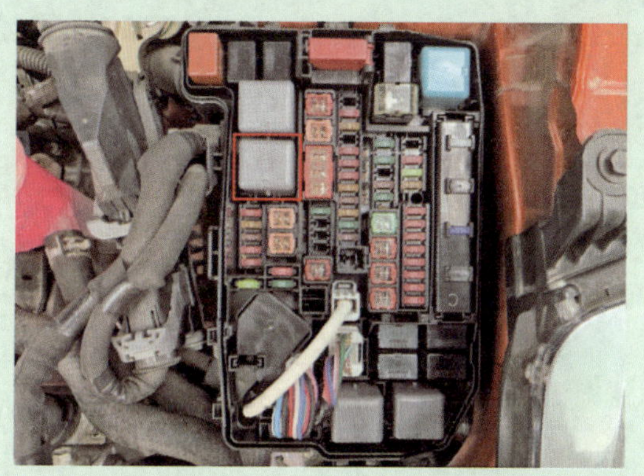

图 3-3-37　IGCT 继电器位置

（1）从发动机室 1 号继电器盒和 1 号接线盒总成上拆下 IGCT 继电器

（2）根据下表中的值测量电阻

标准电阻

检测仪连接	条件	规定状态
3-5	未在端子 1 和 2 之间施加辅助蓄电池电压	10 kΩ 或更大
	在端子 1 和 2 之间施加辅助蓄电池电压	小于 1 Ω

1）拆卸 IGCT 继电器（见图 3-3-37）

续表

	 图 3-3-38　测量 IGCT 继电器 3-5 脚之间电阻（未加电压）	2）IGCT 继电器 1 和 2 之间不加蓄电池电压，测量 3-5 脚之间的电阻（见图 3-3-38），电阻应为 10 kΩ 或更大
	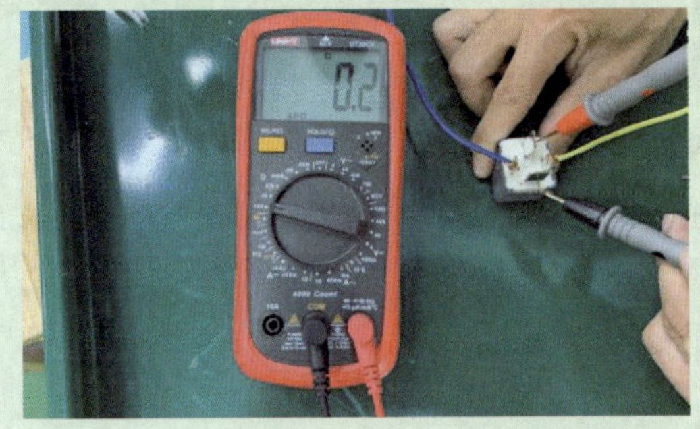 图 3-3-39　测量 IGCT 继电器 3-5 脚之间电阻（加电压）	3）IGCT 继电器 1 和 2 之间施加蓄电池电压，测量 3-5 脚之间的电阻（见图 3-3-39），电阻应小于 1 Ω
7	检查线束和连接器（发动机室 1 号继电器盒和 1 号接线盒总成 - 混合动力车辆控制 ECU 总成）	

发动机室 1 号继电器盒和 1 号接线盒总成 - 混合动力车辆控制 ECU 总成电路原理如图 3-3-40 所示。

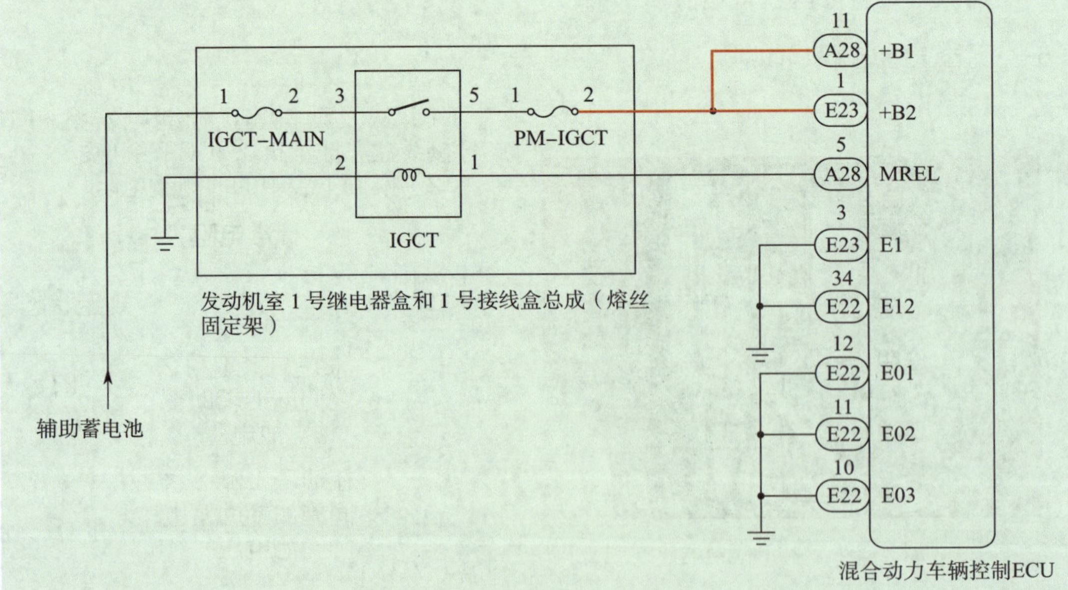

图 3-3-40　发动机室 1 号继电器盒和 1 号接线盒总成 - 混合动力车辆控制 ECU 总成电路原理

续表

图 3-3-41 测量 A28（11）-PM-IGCT 熔丝（2）的电阻

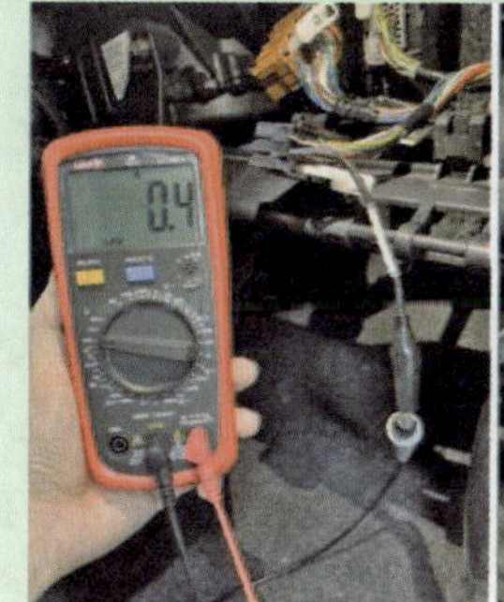
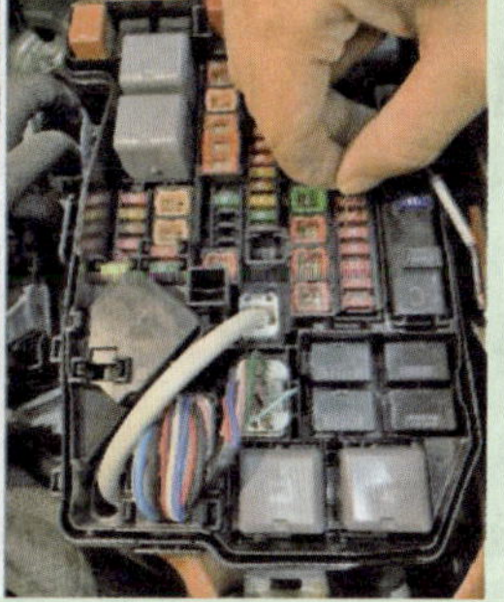

图 3-3-42 测量 E23（1）-PM-IGCT 熔丝（2）的电阻

（1）从发动机室 1 号继电器盒和 1 号接线盒总成上拆下 PM-IGCT 熔丝

（2）断开混合动力车辆控制 ECU 总成连接器 A28 和 E23

（3）根据下表中的值测量电阻（见图 3-3-41、图 3-3-42）

标准电阻

检测仪连接	条件	规定状态
A28-11（+B1）-2（PM-IGCT 熔丝）	电源开关 OFF	小于 1 Ω
E23-1（+B2）-2（PM-IGCT 熔丝）	电源开关 OFF	小于 1 Ω

（4）重新连接混合动力车辆控制 ECU 总成连接器 A28 和 E23

（5）安装 PM-IGCT 熔丝

8 检查发动机室 1 号继电器盒和 1 号接线盒总成（IGCT 继电器、IGCT-MAIN 熔丝、PM-IGCT 熔丝）

发动机室 1 号继电器盒和 1 号接线盒总成电路原理如图 3-3-43 所示。

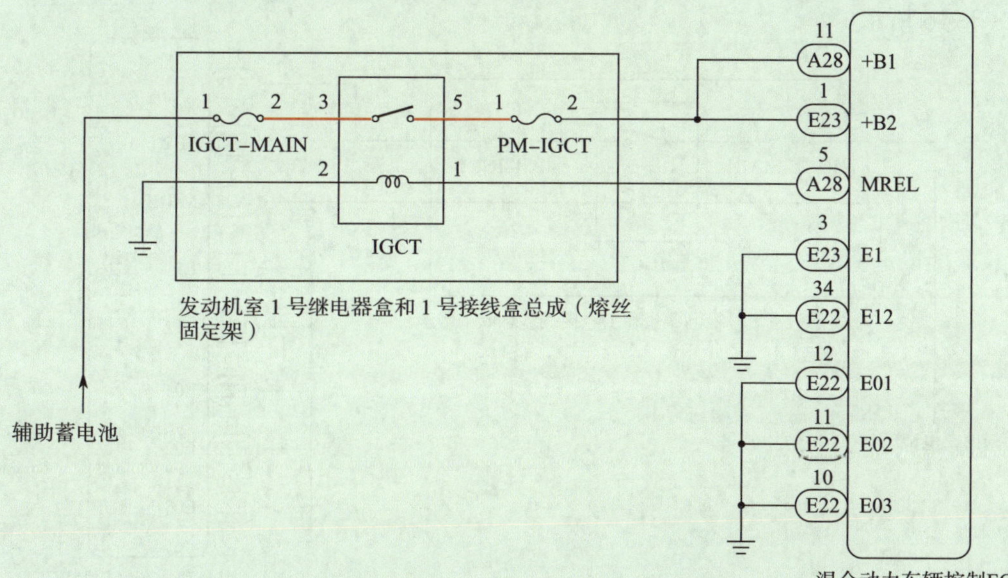

图 3-3-43 发动机室 1 号继电器盒和 1 号接线盒总成电路原理

续表

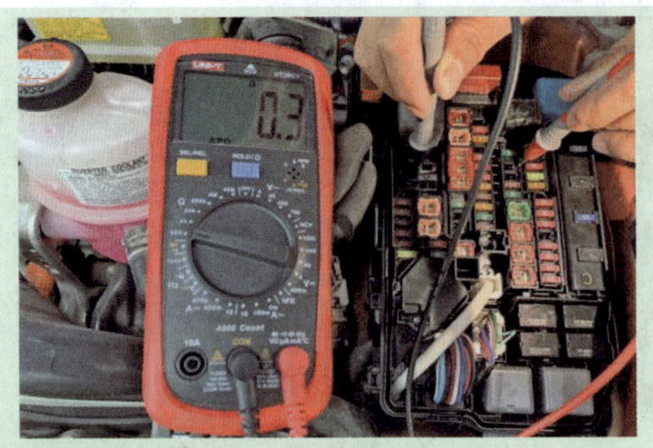

图 3-3-44　测量 IGCT 继电器（3）-IGCT-MAIN 熔丝（2）的电阻

图 3-3-45　测量 IGCT 继电器（5）-IGCT-MAIN 熔丝（1）的电阻

（1）从发动机室 1 号继电器盒和 1 号接线盒总成上拆下 IGCT-MAIN 熔丝、PM-IGCT 熔丝和 IGCT 继电器

（2）根据下表中的值测量电阻（见图 3-3-44、图 3-3-45）

标准电阻

检测仪连接	条件	规定状态
3（IGCT 继电器）-2（IGCT-MAIN 熔丝）	始终	小于 1 Ω
5（IGCT 继电器）-1（PM-IGCT 熔丝）	始终	小于 1 Ω

（3）安装 IGCT 继电器、IGCT-MAIN 熔丝、PM-IGCT 熔丝

9	检查线束和连接器（混合动力车辆控制 ECU 总成、发动机室 1 号继电器盒和 1 号接线盒总成）

混合动力车辆控制 ECU 总成 - 发动机室 1 号继电器盒和 1 号接线盒总成电路原理如图 3-3-46 所示。

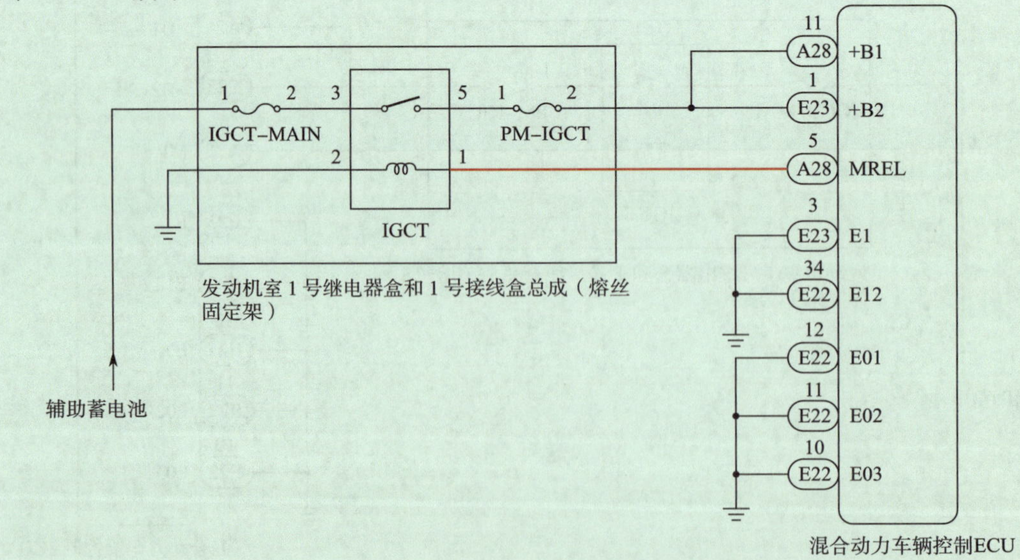

图 3-3-46　混合动力车辆控制 ECU 总成 - 发动机室 1 号继电器盒和 1 号接线盒总成电路原理

续表

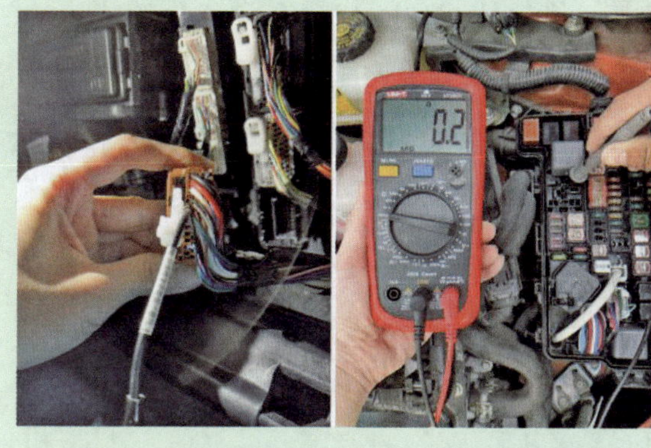 图 3-3-47 测量 A28（5）-IGCT 继电器（1）电阻	（1）断开混合动力车辆控制 ECU 总成连接器 A28 （2）从发动机室 1 号继电器盒和 1 号接线盒总成上拆下 IGCT 继电器 （3）根据下表中的值测量电阻（见图 3-3-47） 标准电阻 （见下表） （4）安装 IGCT 继电器 （5）重新连接混合动力车辆控制 ECU 总成连接器 A28

标准电阻

检测仪连接	条件	规定状态
A28-5(MREL)-1（IGCT 继电器）	始终	小于 1 Ω
A28-5（MREL）或 1（IGCT 继电器）- 车身搭铁和其他端子	始终	小于 1 Ω

10 检查线束和连接器（发动机室 1 号继电器盒和 1 号接线盒总成、车身搭铁）

发动机室 1 号继电器盒和 1 号接线盒总成、车身搭铁如图 3-3-48 所示。

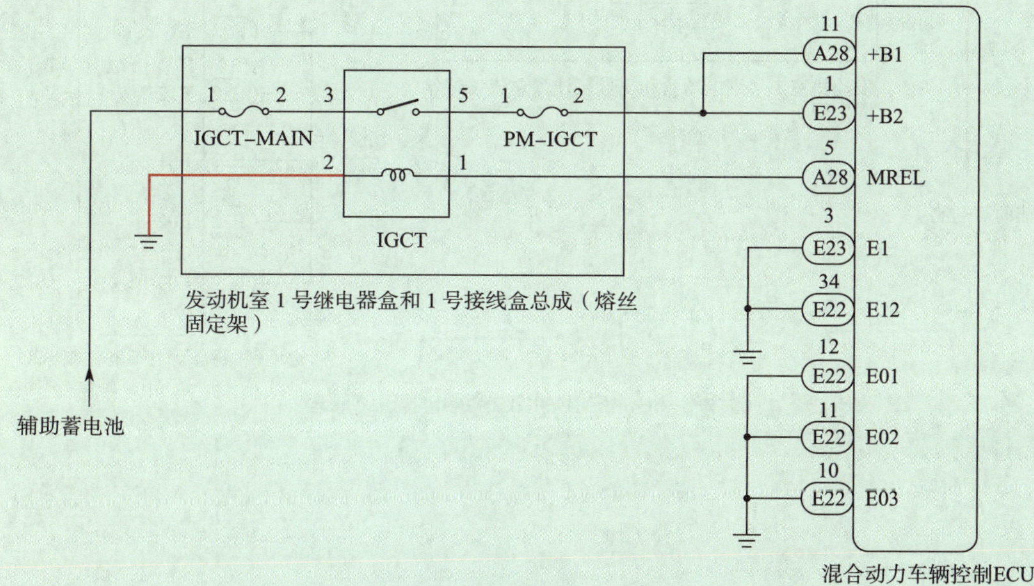

图 3-3-48 发动机室 1 号继电器盒和 1 号接线盒总成 - 车身搭铁

续表

图 3-3-49　测量 IGCT 继电器（2）-车身搭铁电阻

（1）从发动机室 1 号继电器盒和 1 号接线盒总成上拆下 IGCT 继电器

（2）根据下表中的值测量电阻（见图 3-3-49）

标准电阻

检测仪连接	条件	规定状态
2（IGCT 继电器）-车身搭铁	始终	小于 1 Ω

（3）安装 IGCT 继电器

11	检查发动机室 1 号继电器盒和 1 号接线盒总成（AMD-IGCT 继电器）

AMD-IGCT 继电器电路原理如图 3-3-50 所示。

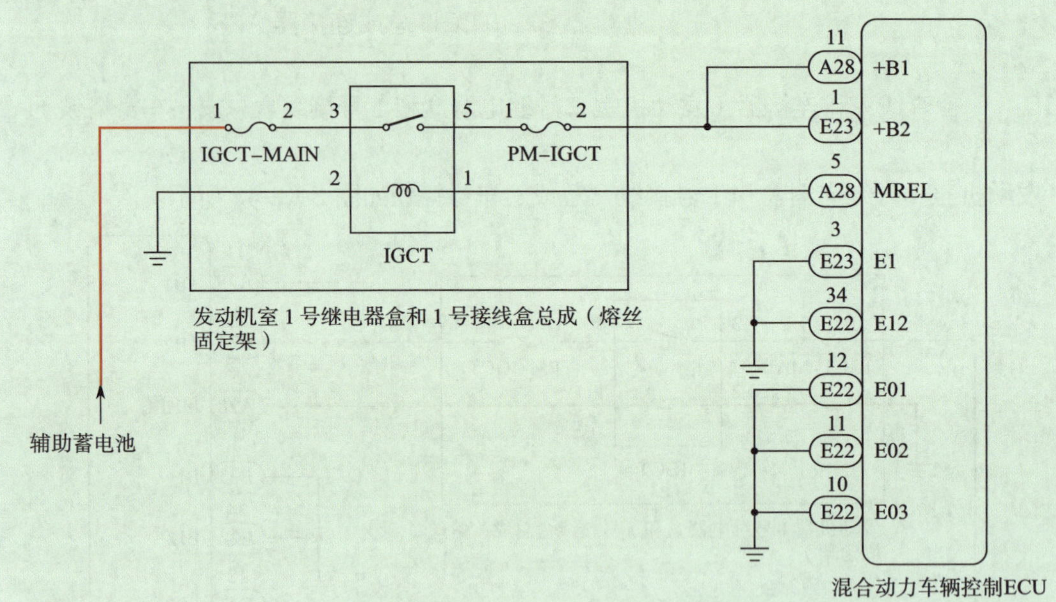

图 3-3-50　AMD-IGCT 继电器电路原理

续表

<table>
<tr>
<td colspan="2">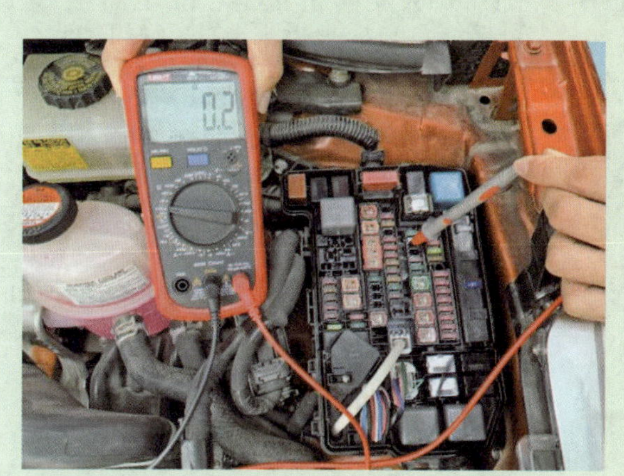
图 3-3-51 测量 1I（1）-IGCT-MAIN 熔丝（1）电阻</td>
<td>（1）从 AMD 端子（发动机室 1 号继电器接线盒和 1 号接线盒总成侧）上断开发动机室 2 号线束端子 1I
（2）从发动机室 1 号继电器盒和 1 号接线盒总成上拆下 IGCT-MAIN 熔丝
（3）根据下表中的值测量电阻（见图 3-3-51）
标准电阻
<table>
<tr><th>检测仪连接</th><th>条件</th><th>规定状态</th></tr>
<tr><td>1I-1（AMD）-1（IGCT-MAIN 熔丝）</td><td>始终</td><td>小于 1 Ω</td></tr>
</table>
（4）安装 IGCT-MAIN 熔丝
（5）重新连接发动机室 2 号线束端子 1I</td>
</tr>
<tr>
<td>12</td>
<td colspan="2">检查线束和连接器（发动机室 1 号继电器盒和 1 号接线盒总成、混合动力车辆控制 ECU 总成）</td>
</tr>
</table>

发动机室 1 号继电器盒和 1 号接线盒总成 - 混合动力车辆控制 ECU 总成电路原理如图 3-3-52 所示。

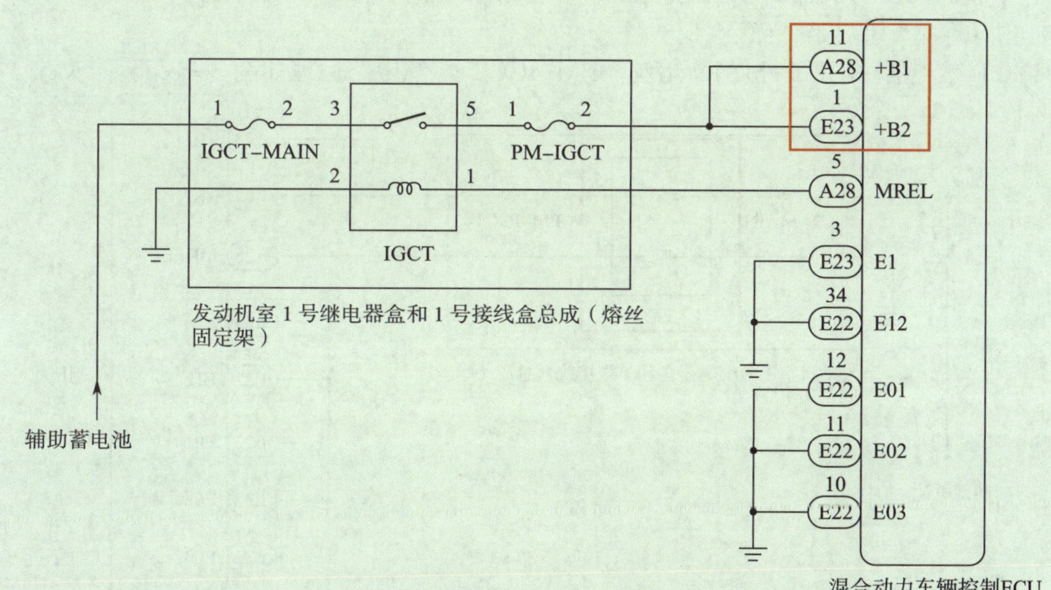

图 3-3-52 发动机室 1 号继电器盒和 1 号接线盒总成 - 混合动力车辆控制 ECU 总成电路原理

续表

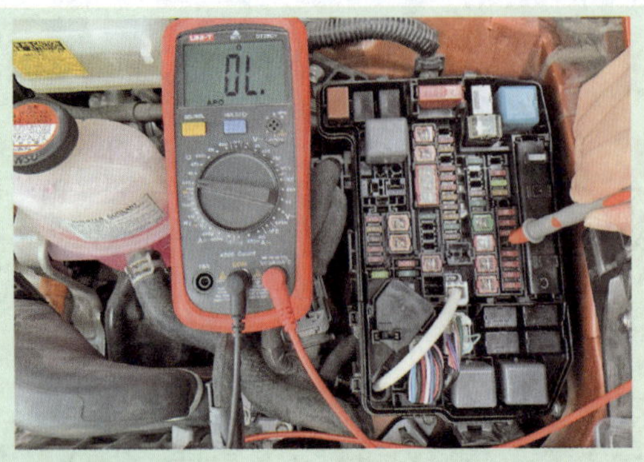

图 3-3-53 测量 A28-11（+B1）或 2（PM-IGCT 熔丝）- 车身搭铁电阻

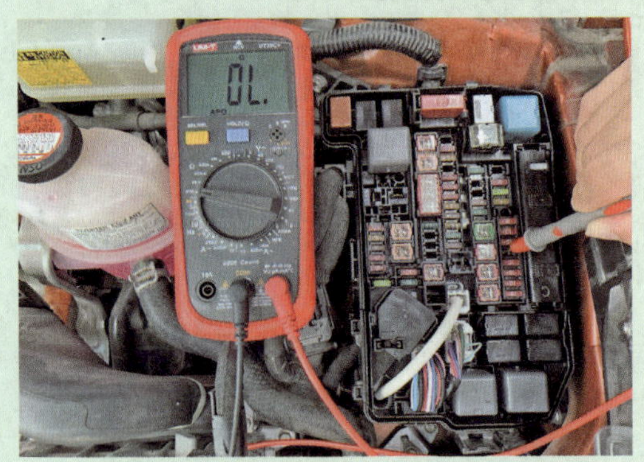

图 3-3-54 测量 E23-1（+B2）或 2（PM-IGCT 熔丝）- 车身搭铁电阻

（1）从发动机室 1 号继电器盒和 1 号接线盒总成上拆下 PM-IGCT 熔丝

（2）断开混合动力车辆控制 ECU 总成连接器 A28 和 E23

（3）根据下表中的值测量电阻（见图 3-3-53、图 3-3-54）

标准电阻

检测仪连接	条件	规定状态
A28-11（+B1）或 2（PM-IGCT 熔丝）- 车身搭铁和其他端子	始终	10 kΩ 或更大
E23-1（+B2）或 2（PM-IGCT 熔丝）- 车身搭铁和其他端子	始终	10 kΩ 或更大

（4）重新连接混合动力车辆控制 ECU 总成连接器 A28 和 E23

（5）安装 PM-IGCT 熔丝

13 检查发动机室 1 号继电器盒和 1 号接线盒总成（IGCT 继电器、IGCT-MAIN 熔丝、PM-IGCT 熔丝）

IGCT 继电器 -IGCT-MAIN 熔丝、PM-IGCT 熔丝电路原理如图 3-3-55 所示。

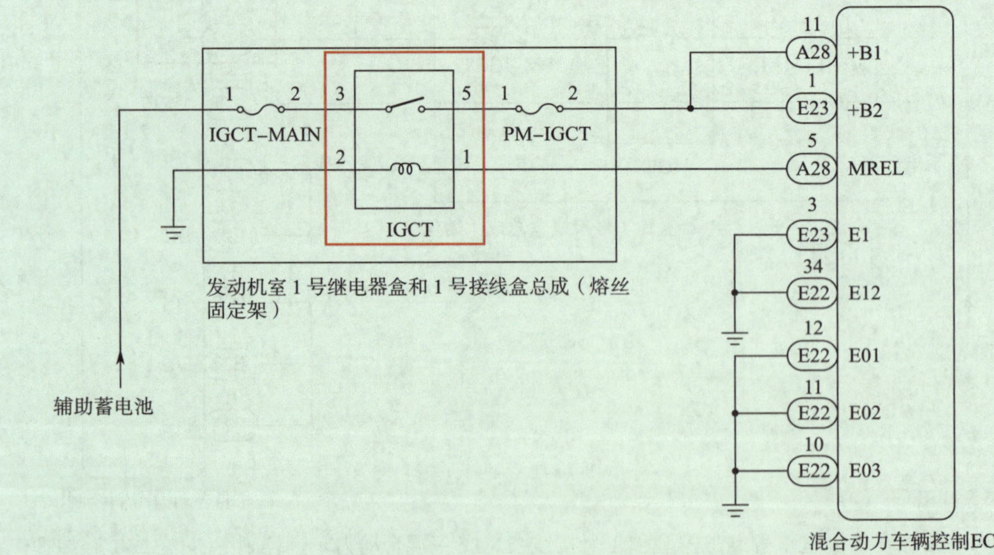

图 3-3-55 IGCT 继电器 -IGCT-MAIN 熔丝、PM-IGCT 熔丝电路原理

续表

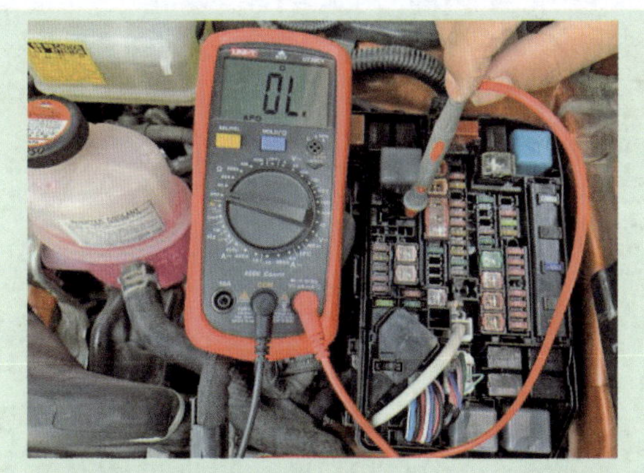

图 3-3-56 测量 IGCT 继电器（3）- 车身搭铁电阻

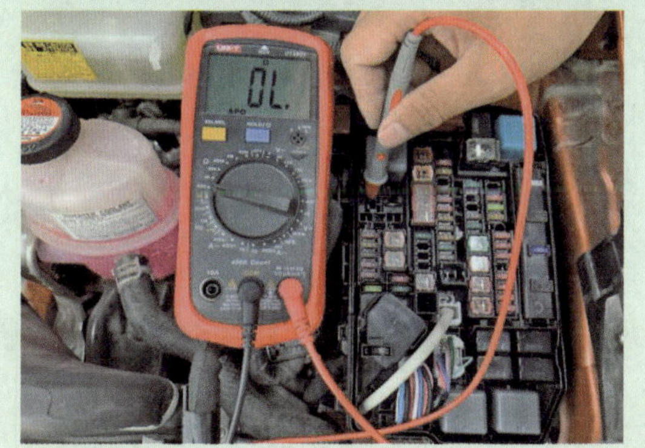

图 3-3-57 测量 IGCT 继电器（5）- 车身搭铁电阻

（1）从发动机室 1 号继电器盒和 1 号接线盒总成上断开 IGCT-MAIN 熔丝、PM-IGCT 熔丝和 IGCT 继电器

（2）根据下表中的值测量电阻（见图 3-3-56、图 3-3-57）

标准电阻

检测仪连接	条件	规定状态
3（IGCT 继电器）或 2（IGCT-MAIN 熔丝）- 车身搭铁和其他端子	始终	10 kΩ 或更大
5（IGCT 继电器）或 1（PM-IGCT 熔丝）- 车身搭铁和其他端子	始终	10 kΩ 或更大

（3）安装 IGCT-MAIN 熔丝、PM-IGCT 熔丝和 IGCT 继电器

14 检查熔丝（DC/DC 变换器）

DC/DC 变换器熔丝电路原理如图 3-3-58 所示。

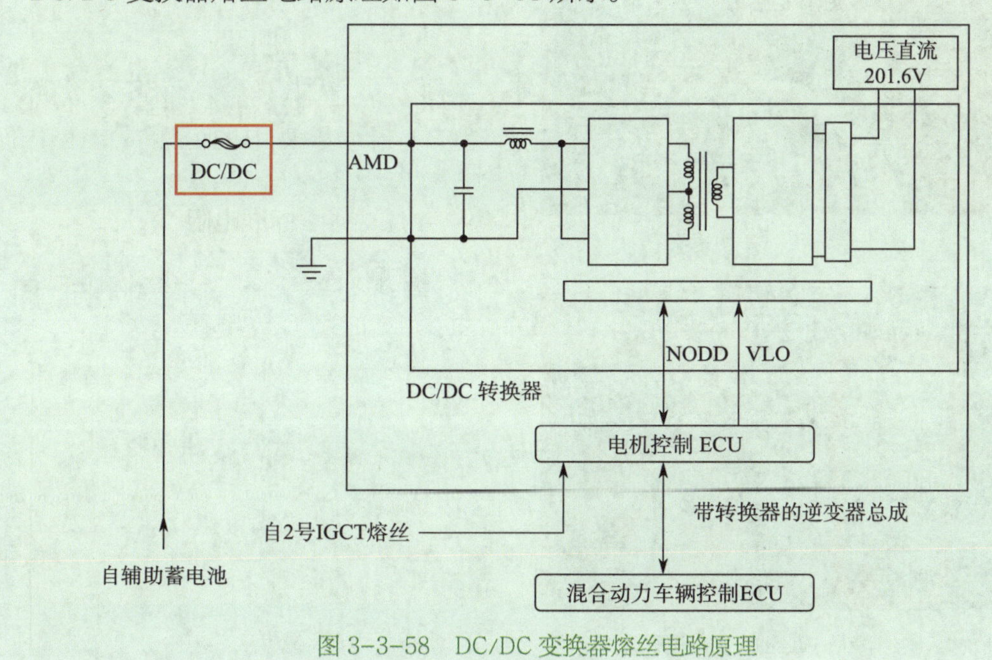

图 3-3-58 DC/DC 变换器熔丝电路原理

续表

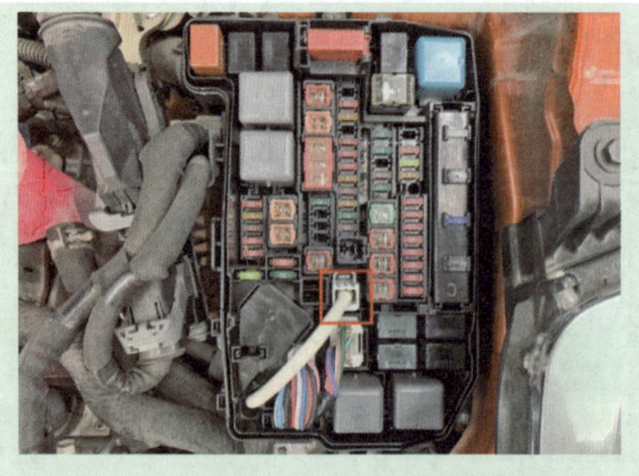

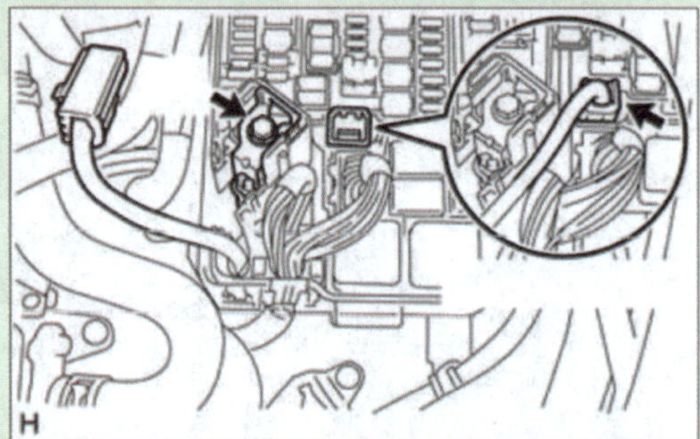

正常：熔丝安装牢固

图 3-3-59　DC/DC 变换器熔丝位置

（1）检查发动机室 1 号继电器盒内的 DC/DC 变换器熔丝是否安装正确（见图 3-3-59）

图 3-3-60　拆卸 DC/DC 变换器熔丝

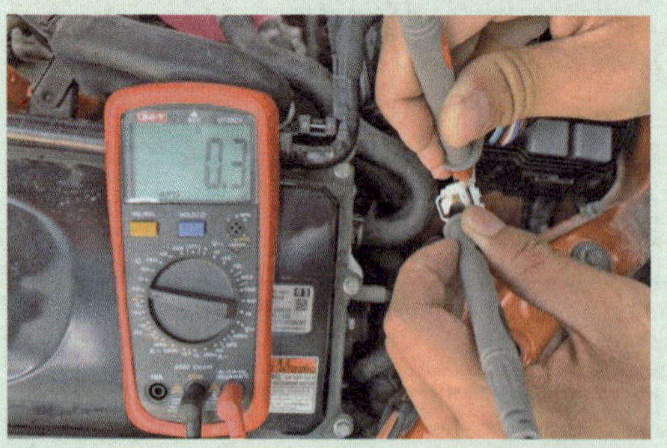

图 3-3-61　测量 DC/DC 变换器熔丝电阻

（2）从发动机室 1 号继电器盒上拆下 DC/DC 变换器熔丝（见图 3-3-60）

（3）根据下表中的值测量电阻（见图 3-3-61）

标准电阻

检测仪连接	条件	规定状态
DC/DC 变换器熔丝端子	始终	小于 1 Ω

（4）安装 DC/DC 变换器熔丝

【课后实训】

一、实训情境

一辆丰田雷凌双擎混动车辆，其电源开关不能置于 ON（Ready）位置，主警告灯点亮，多信息显示屏上显示“混合动力系统故障”，并输出故障码 P0A0A13。

P0A0A13 表示____________________。

二、实训内容

1. 查询车辆维修手册，画出雷凌双擎高压系统原理图。

2. 根据车辆维修手册和电路图，制定混合动力车辆控制 ECU 备用电源的故障排除流程，以流程图表示。

3. 通过小组合作，根据车辆维修手册，排除混合动力车辆控制 ECU 备用电源的故障。描述故障现象，记录检测数值，并进行判断与分析。

（1）描述故障现象

（2）记录检测数值并进行判断与分析（见表 3-3-2）

表 3-3-2　　记录检测数值并进行判断与分析

序号	检测仪连接	条件（开关状态）	规定值	实测值	判断与简单分析
1					
2					
3					
4					
5					
6					
7					
8					
9					
10					
11					
12					

课题四 逆变器冷却系统故障诊断与排除

学习目标

1. 能根据故障现象，在车辆维修手册中查询解决逆变器冷却系统故障的相关信息。

2. 能根据车辆维修手册中的逆变器水泵电路图，描述水泵的工作电路原理。

3. 能合理制定逆变器水泵总成的故障（故障码为 P0C7396）排除方案。

4. 能排除逆变器水泵总成不工作（故障码为 P0C7396）故障。

5. 在故障排除过程中，能准确记录检测数据，工作过程应符合新能源汽车安全操作要求。

任务描述

一辆丰田 2016 款雷凌双擎混动汽车行驶里程为 50 000 km，其仪表的主警告灯点亮，中央显示屏显示“混合动力系统故障”提示信息（见图 3-1-1），逆变器水泵一直转，伴有较大的转动声。

维修技师连接丰田 OTC 诊断仪，对车辆做了检查后，故障码是 P0C7396，确定是逆变器冷却系统故障。假如你是车间机修一组成员，请对该车辆进行逆变器冷却系统故障诊断与排除，给出合理的维修建议。

任务分析

维修人员需要按照故障码提示判断故障范围，在确认安全的条件下，根据逆变器冷却系统电路图，检测冷却系统电路，确定故障点，通过更换故障零部件排除故障，并最终按特定的操作步骤，确认故障排除。

相关理论

一、逆变器水泵总成系统电路原理

逆变器水泵总成电路原理如图 3-4-1 所示，逆变器冷却系统混合动力控制 ECU 电路原理如图 3-4-2 和图 3-4-3 所示。

二、故障码触发与故障点

各 DTC 及相关信息见表 3-4-1。

表 3-4-1 各 DTC 及相关信息

故障码	检测项目	触发条件	MIL 灯	警告指示灯
P0C7396	电动机电子器件冷却液泵“A”零部件内部故障	逆变器水泵总成转速异常高或低（或停止 1 min 或更长时间）	点亮	点亮

根据电路图，故障点可能在逆变器冷却系统、线束或连接器、逆变器水泵总成、混合动力车辆控制 ECU。

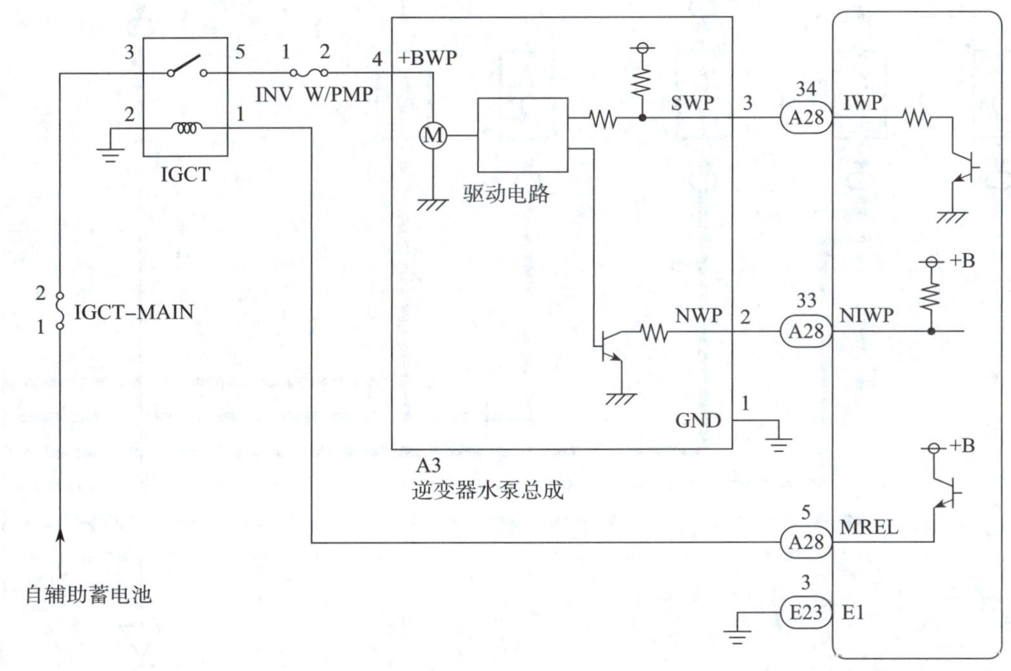

图 3-4-1 逆变器水泵总成电路原理

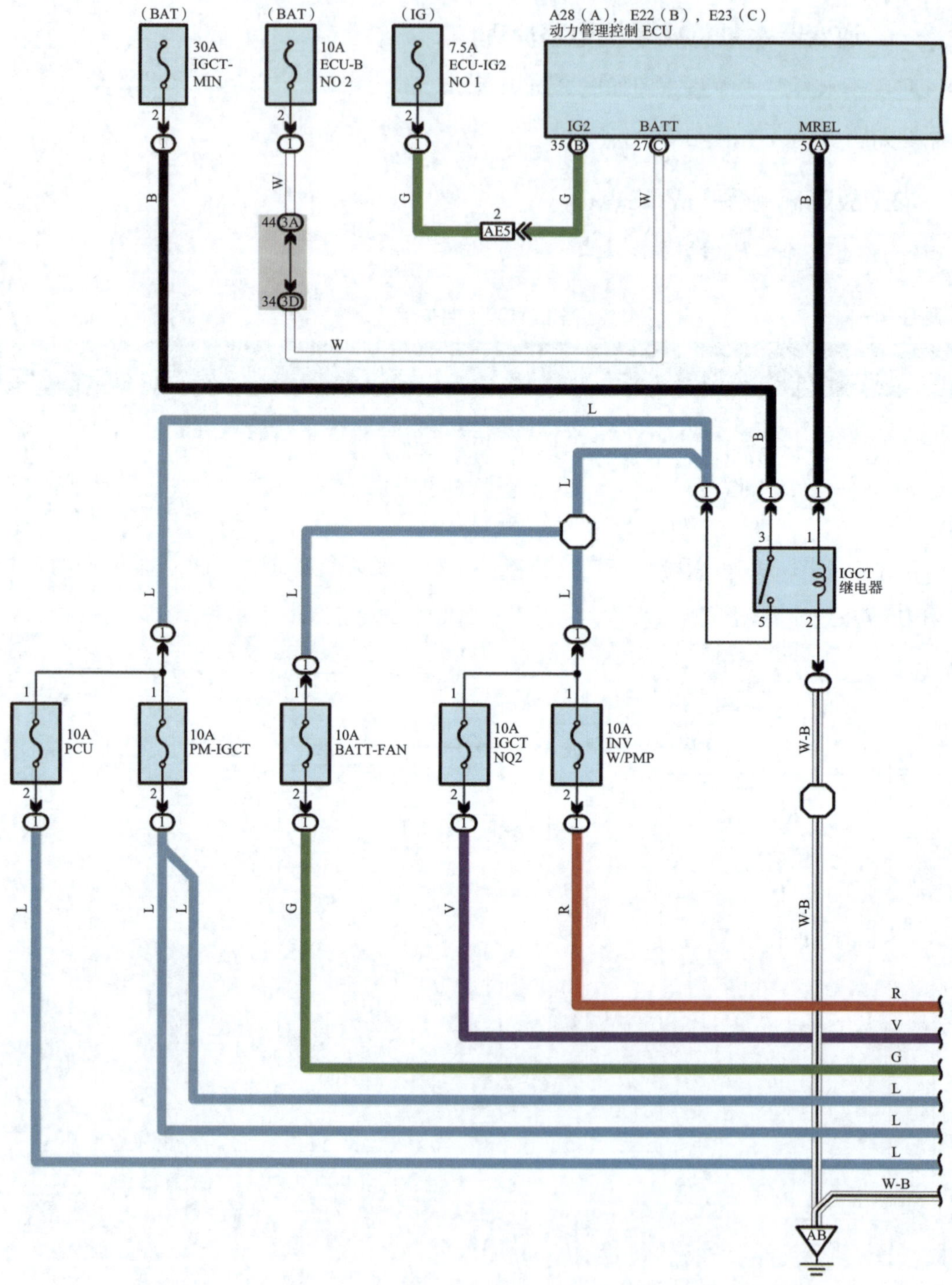

图 3-4-2　逆变器冷却系统混合动力控制 ECU 电路原理 1

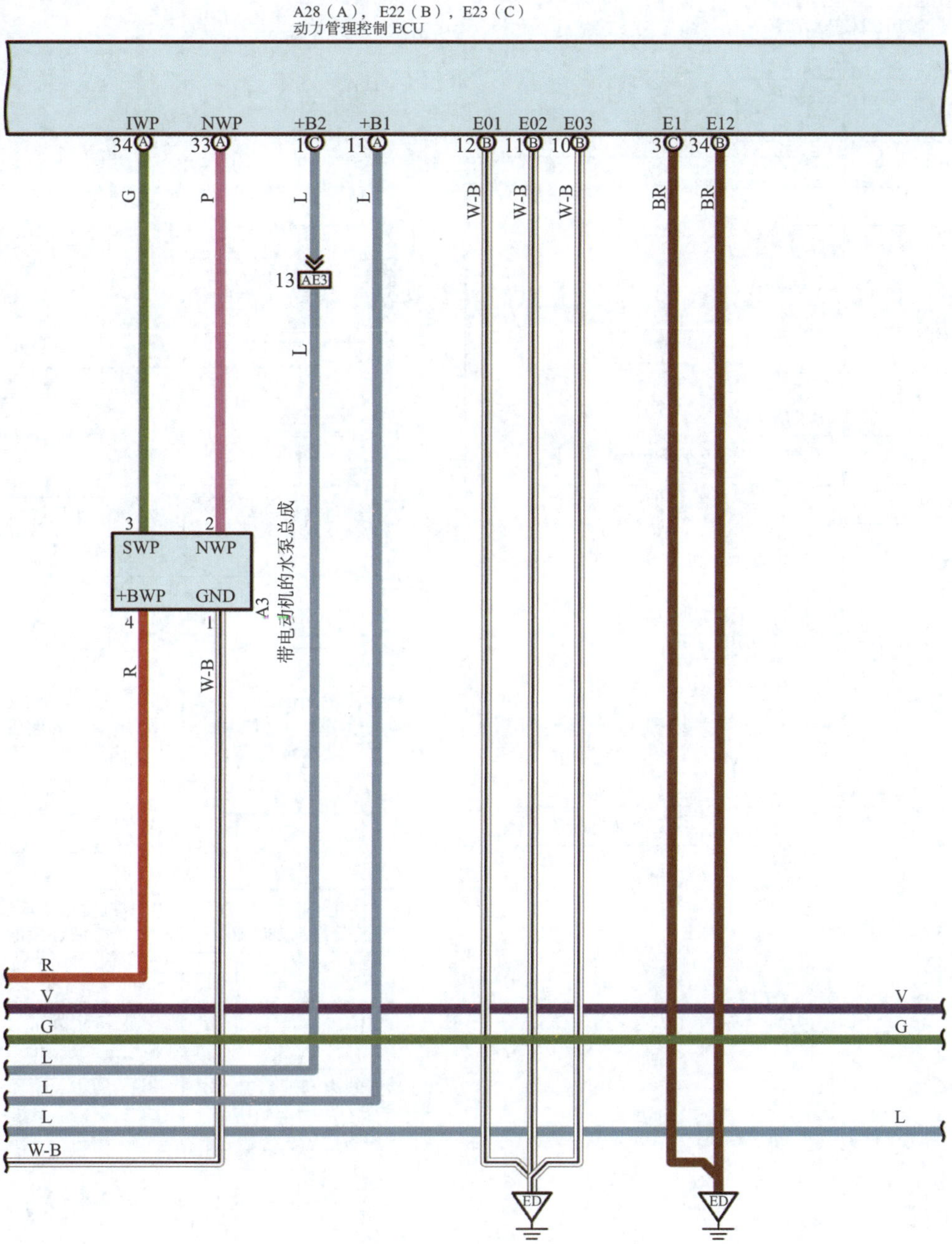

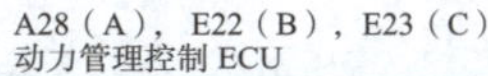

图 3-4-3　逆变器冷却系统混合动力控制 ECU 电路原理 2

故障排除

一、故障诊断流程

逆变器冷却系统水泵不工作（输出 DTC P0C7396）的故障诊断流程如图 3-4-4 所示。

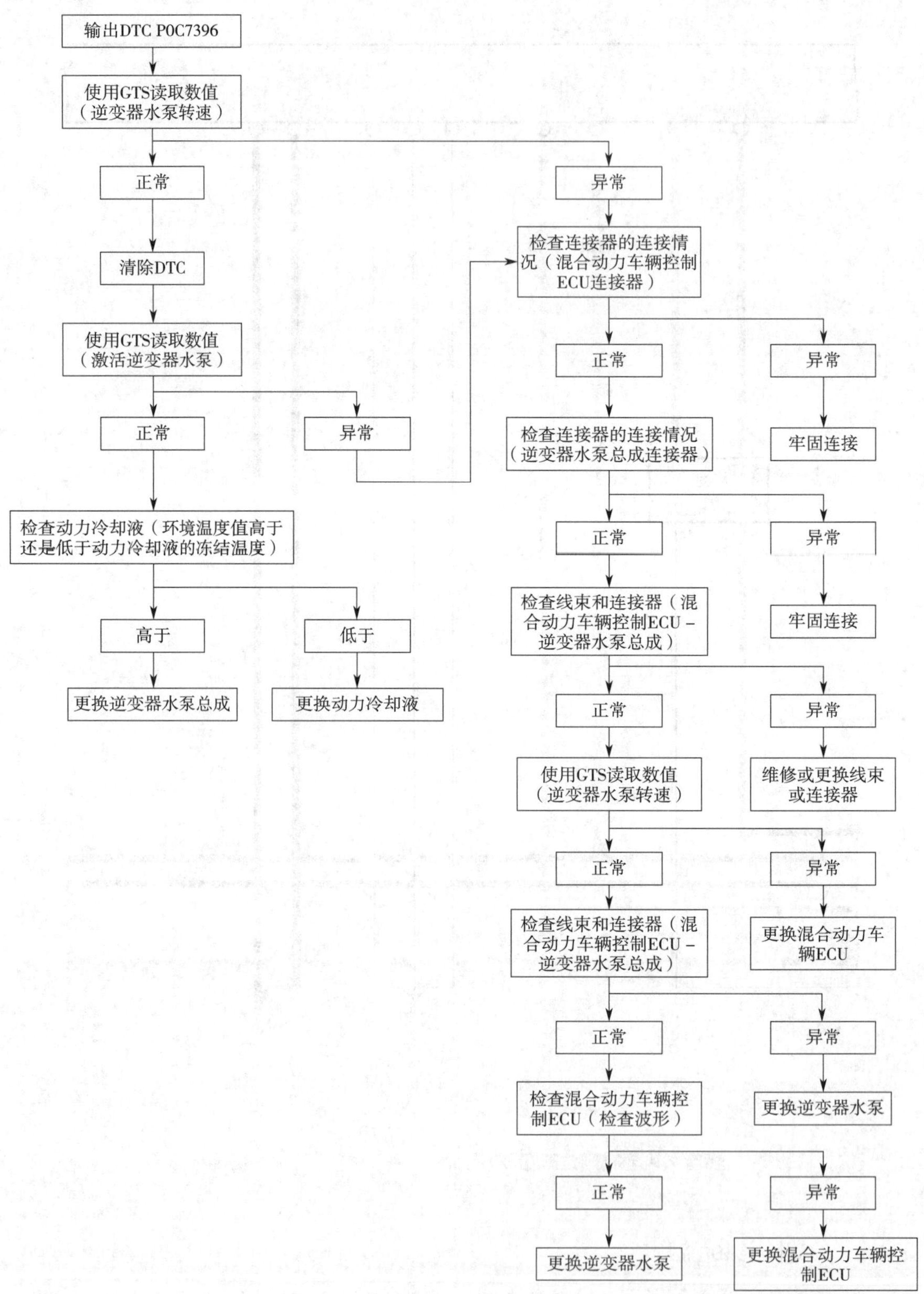

图 3-4-4 高压互锁故障诊断流程

二、故障检测方法

在上述流程图中，每一个检查步骤的具体检测方法见表 3-4-2。

表 3-4-2　　具体检测方法

1　使用 GTS 读取值（逆变器水泵转速）

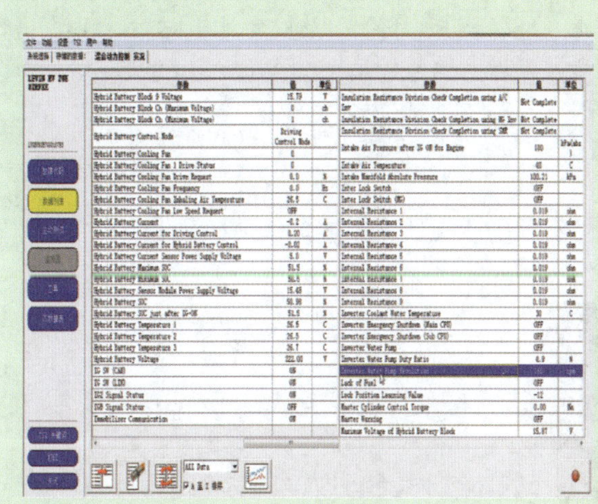

图 3-4-5　读取逆变器水泵转速

（1）确保在辅助蓄电池电压为 11 V 或更高时进行检查

注意：

1）辅助蓄电池电压低时，逆变器水泵总成可能不工作

2）逆变器水泵总成信号线路（SWP-IWP）断路或其连接故障时，逆变器水泵总成强制工作

（2）使用 GTS 读取逆变器水泵转速（见图 3-4-5）

标准转速

检测仪显示	条件	规定状态
Inverter Water Pump Revolution	电源开关 ON（IG）	200 r/min 或更低

注意：逆变器水泵总成不工作时，数据表项目“Inverter Water Pump Revolution”显示的值低于 200 r/min

（3）将电源开关置于 OFF 位置

2　使用 GTS 读取值（激活逆变器水泵）

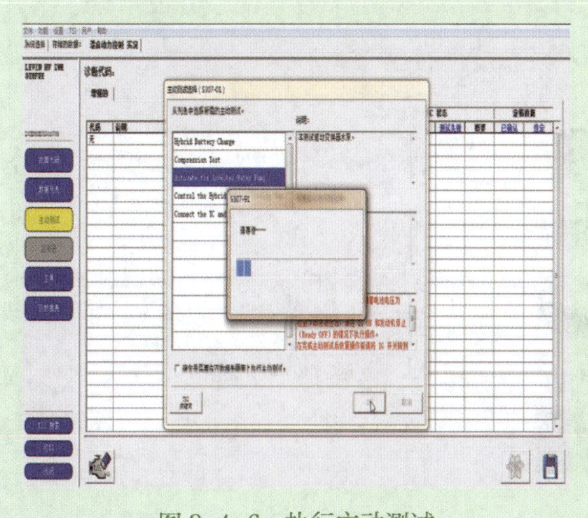

图 3-4-6　执行主动测试

（1）确保 HV 冷却液液位高于逆变器储液罐的低刻度线

（2）确保在辅助蓄电池电压为 11 V 或更高时进行检查；辅助蓄电池电压低时，逆变器水泵总成可能不工作

（3）使用 GTS 对逆变器水泵执行主动测试“Activate the Inverter Water Pump”（见图 3-4-6）

注意：逆变器冷却液温度在 −15～65 ℃（5～149 ℉）时进行主动测试

（4）检查数据表项目“Inverter Water Pumpe Revolution”的值（见图 3-4-7）

续表

图 3-4-7　主动测试下的逆变器水泵转速

标准转速

检测仪显示	条件	规定状态
Inverter Water Pump Revolution	电源开关 ON（IG）	3 000～9 300 r/min

注意：逆变器水泵总成不工作时，数据表项目“Inverter Water Pump Revolution”显示的值低于 200 r/min

（5）将电源开关置于 OFF 位置

3　检查连接器的连接情况（混合动力车辆控制 ECU 连接器）

图 3-4-8　检查混合动力车辆控制 ECU 连接器

检查混合动力车辆控制 ECU 连接器的连接情况及相关端子的接触压力（见图 3-4-8）

正常：连接器牢固连接且无接触故障

4　检查连接器的连接情况（逆变器水泵总成连接器）

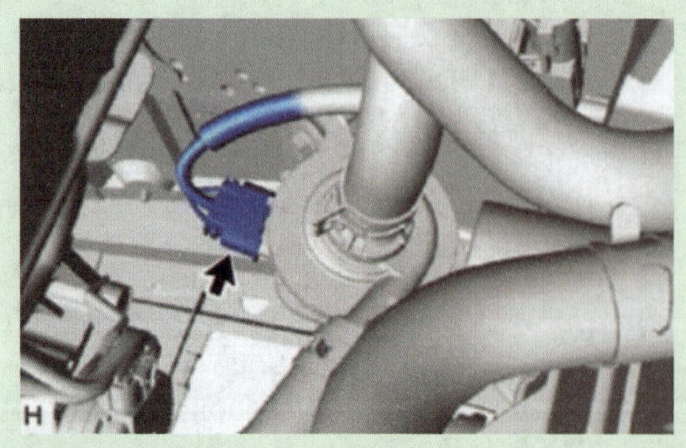

图 3-4-9　检查逆变器水泵连接器

检查连接器的连接情况及逆变器水泵总成连接器相关端子的接触压力（见图 3-4-9）

正常：连接器牢固连接且无接触故障

续表

5	检查线束与连接器（混合动力车辆控制 ECU- 逆变器水泵总成）

混合动力车辆控制 ECU- 逆变器水泵总成电路原理如图 3-4-10 所示。

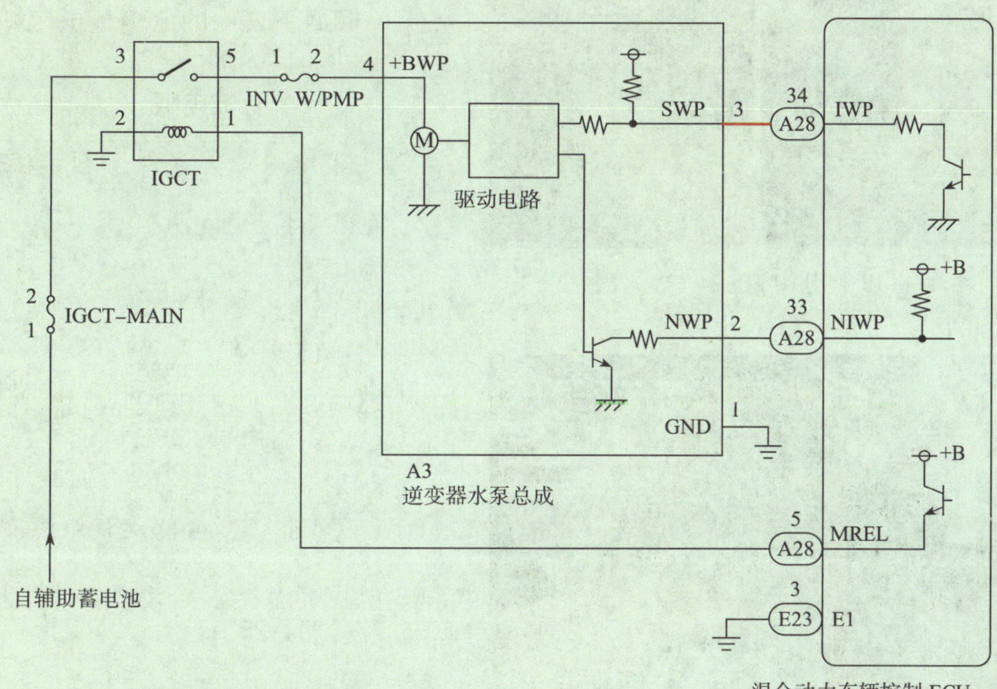

IWP：逆变器水泵总成驱动占空比

NIWP：逆变器水泵总成转速信号

图 3-4-10　混合动力车辆控制 ECU- 逆变器水泵总成电路原理

图 3-4-11　水泵连接器位置（底盘仰视图）

（1）断开混合动力车辆控制 ECU 连接器 A28

（2）断开逆变器水泵总成连接器 A3（见图 3-4-11）

续表

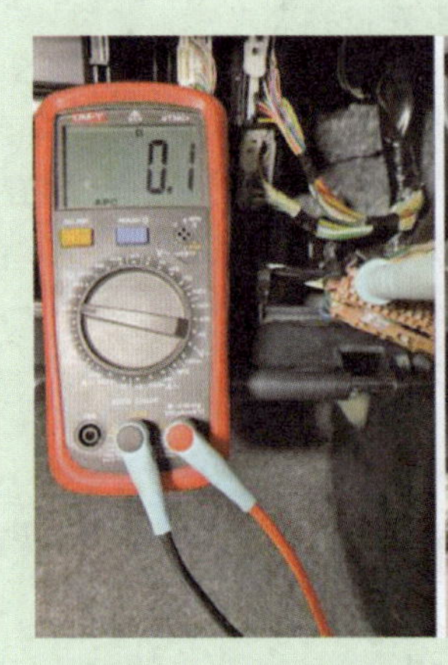
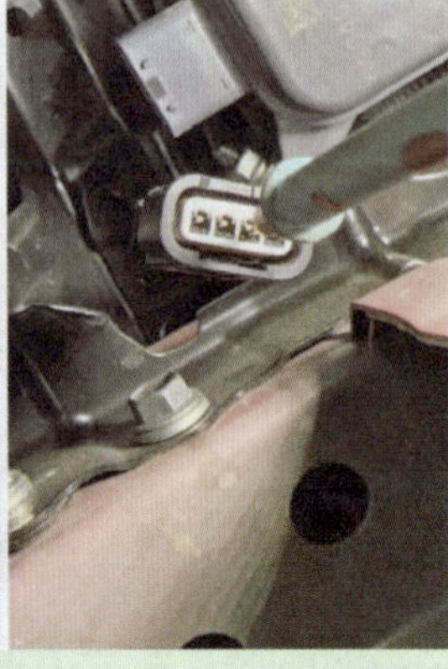

图 3-4-12 测量 A28-34（IWP）-A3-3（SWP）电阻值

图 3-4-13 测量 A3-3（SWP）- 车身搭铁电阻值

（3）根据下表中的值测量电阻（见图 3-4-12、图 3-4-13）

标准电阻

检测仪检测	条件	规定状态
A28-34（IWP）-A3-3（SWP）	电源开关 OFF	小于 1 Ω
A28-34（IWP）或 A3-3（SWP）- 车身搭铁和其他端子	电源开关 OFF	10 kΩ 或更大

（4）重新连接逆变器水泵总成连接器 A3

（5）重新连接混合动力车辆控制 ECU 连接器 A28

6 使用 GTS 读取值（逆变器水泵转速）

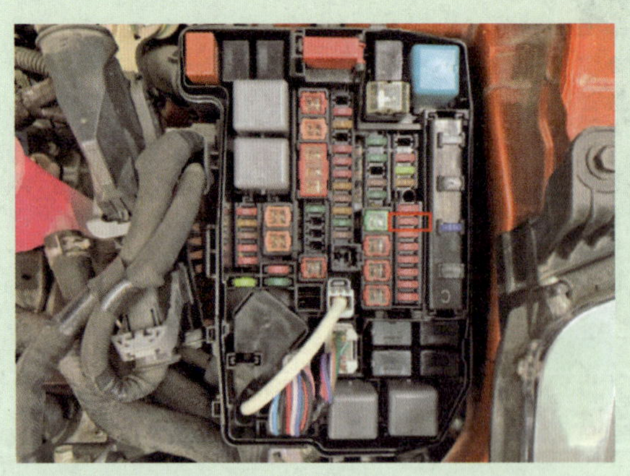

图 3-4-14 INV W/PMP 熔丝位置

（1）将 GTS 连接到 DLC3

（2）从发动机室 1 号继电器盒和 1 号接线盒总成上拆下 INV W/PMP 熔丝（见图 3-4-14、图 3-4-15）

续表

图 3-4-15　拆卸 INV W/PMP 熔丝

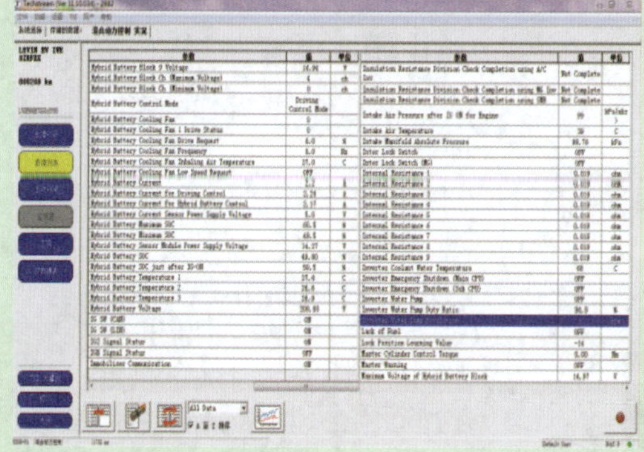

图 3-4-16　读取 Inverter Water Pump Revolution 数值

（3）将电源开关置于 ON（IG）位置

（4）使用 GTS 读取逆变器水泵转速（见图 3-4-16）

标准转速

检测仪显示	条件	规定状态
Inverter Water Pump Revolution	电源开关 ON（IG）	125 r/min 或更低

注意：

1）确保在辅助蓄电池电压为 11 V 或更高时进行检查

2）辅助蓄电池电压低时，逆变器水泵总成可能不工作

（5）将电源开关置于 OFF 位置

（6）安装 INV W/PMP 熔丝

7	检查线束和连接器（混合动力车辆控制 ECU- 逆变器水泵总成）

混合动力车辆控制 ECU- 逆变器水泵总成电路原理如图 3-4-17 所示。

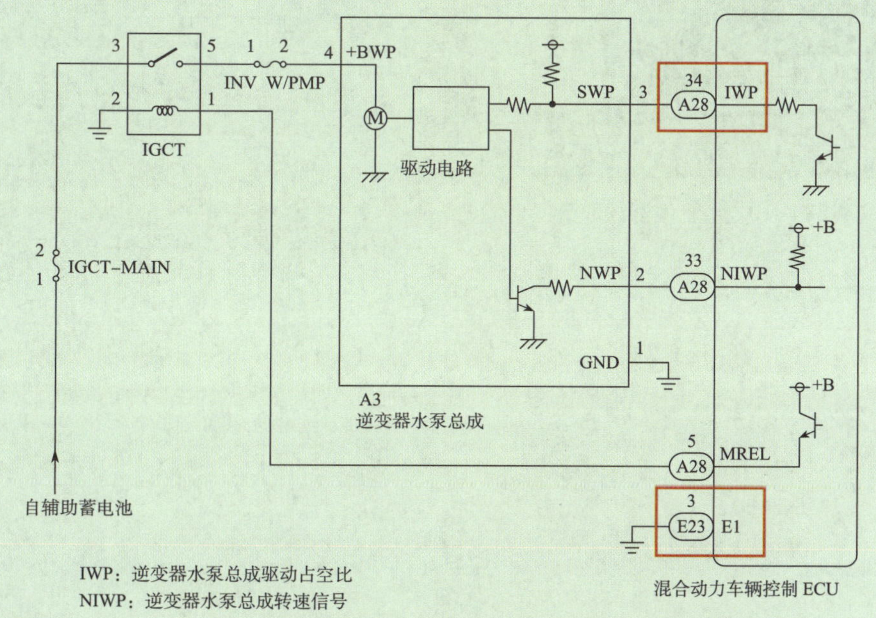

图 3-4-17　混合动力车辆控制 ECU- 逆变器水泵总成电路原理

续表

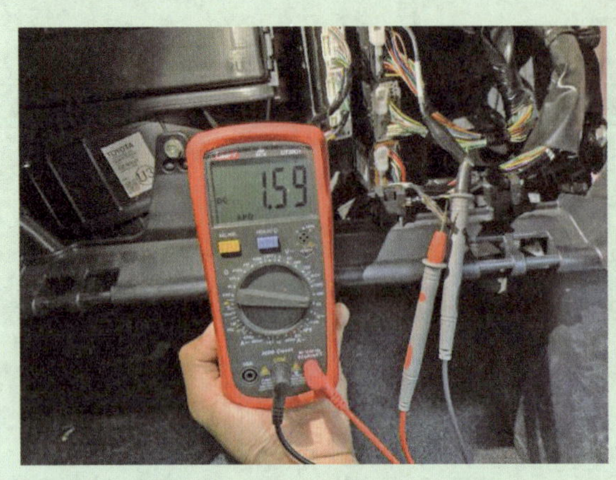

图 3-4-18　测量 A28-34（IWP）-E23-3（EI）的电压

（1）断开混合动力车辆控制 ECU 连接器 A28

（2）将电源开关置于 ON（IG）位置

（3）根据下表中的值测量电压（见图 3-4-18）

标准电压

检测仪检测	条件	规定状态
A28-34（IWP）-E23-3（E1）	电源开关 ON（IG）	11～14 V

（4）将电源开关置于 OFF 位置

（5）重新连接混合动力车辆控制 ECU 连接器 A28

8　检查混合动力车辆控制 ECU（检查波形）

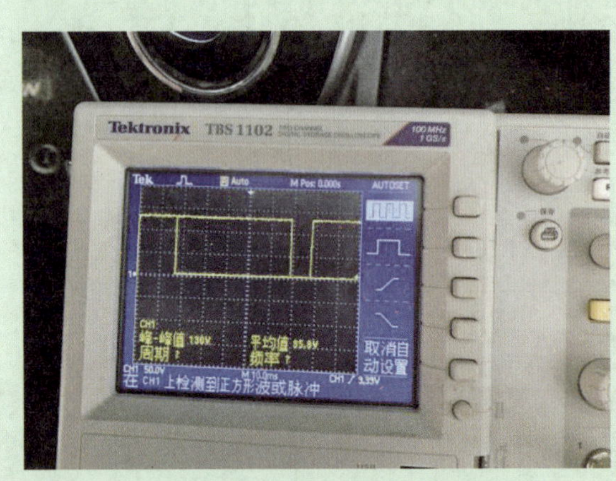

图 3-4-19　用示波器读取数值

（1）在下表中规定的混合动力车辆控制 ECU 端子之间连接示波器

（2）将电源开关置于 ON（IG）位置

（3）检查混合动力车辆控制 ECU 端子之间的波形（见图 3-4-19）

项目	内容
端子连接	A28-34（IWP）-E23-3（E1）
设备设定	5 V/ 格，50 ms/ 格
条件	电源开关 ON（IG）

正常：波形占空比在 3%～9%

（4）将电源开关置于 OFF 位置

【课后实训】

一、实训情境

4S 店接到一辆丰田雷凌双擎混动的故障车送修。车辆电源开关不能置于 ON（Ready）位置，主警告灯点亮，多信息显示屏上显示“混合动力系统故障”（见图 3-1-1），并输出故障码 P0A0A13。

P0A0A13 表示____________________。

二、实训内容

1. 查询车辆维修手册，画出逆变器水泵总成系统电路原理图。

2. 根据车辆维修手册和电路图，制定故障码 P0A0A13 的故障排除流程，以流程图表示。

3. 通过小组合作，根据车辆维修手册，排除雷凌双擎高压系统绝缘故障（故障码 P0A0A13）。描述故障现象，记录检测数值，并进行结果判断与分析。

（1）描述故障现象

（2）记录检测数值并进行判断与分析（见表 3-4-3）

表 3-4-3 记录检测数值并进行判断与分析

序号	检测仪连接	条件（开关状态）	规定值	实测值	判断与简单分析
1					
2					
3					
4					
5					
6					
7					
8					
9					
10					
11					
12					

课题五 DC/DC 变换器故障诊断与排除

学习目标

1. 能根据故障现象，在车辆维修手册中查询解决 DC/DC 变换器故障的相关信息。

2. 能根据车辆维修手册中的 DC/DC 变换器系统的电路图，描述 DC/DC 变换器系统的电路原理。

3. 能合理制定 DC/DC 变换器故障（故障码为 P1CCC96）排除方案。

4. 能排除 DC/DC 变换器故障（故障码为 P1CCC96）。

5. 在故障排除过程中，能准确记录检测数据，工作过程符合新能源汽车安全操作要求。

任务描述

一辆丰田 2016 款雷凌双擎混动汽车行驶里程为 50 000 km，车辆无法启动，中央显示屏提示“辅助蓄电池电压过低”。

维修技师连接丰田 OTC 诊断仪，对车辆做了检查后，故障码为 P1CCC96，初步检查辅助蓄电池无故障，不需更换，确定是 DC/DC 变换器系统故障。假如你是车间机修一组成员，请你对该车辆进行 DC/DC 变换器系统故障诊断与排除，给出合理的维修建议。

任务分析

维修人员需要按照故障码提示判断故障范围，在确认安全的条件下，根据 DC/DC 变换器转换系统电路图，检测 DC/DC 变换器电路，确定故障点，通过更换故障零部件排除故障，并最终按特定的操作步骤确认故障排除。

相关理论

DC/DC 变换器将动力蓄电池的直流 201.6 V 转换为直流 12 V，以对车辆照明系统、音响系统和多个 ECU 等部位供电，此外其还可以对辅助蓄电池充电。

一、DC/DC 变换器系统原理

DC/DC 变换器转换系统电路原理如图 3-5-1 所示。

晶体管桥接电路先将直流 201.6 V 转换为交流，并经变压器降压。DC/DC 变换器控制输出电压，以保持辅助蓄电池端子处的电压恒定。然后，经整流和滤波转换为直流 12 V 电压。

电动机发电机控制 ECU 将信号发送至 DC/DC 变换器以禁用其控制，并通过 NODD 信号线路接收指示 12 V 充电系统正常或异常状态的信号。如果 DC/DC 变换器出现故障，则车辆将不工作。因此，电动机发电机控制 ECU 监视 DC/DC 变换器的工作情况并检测故障。

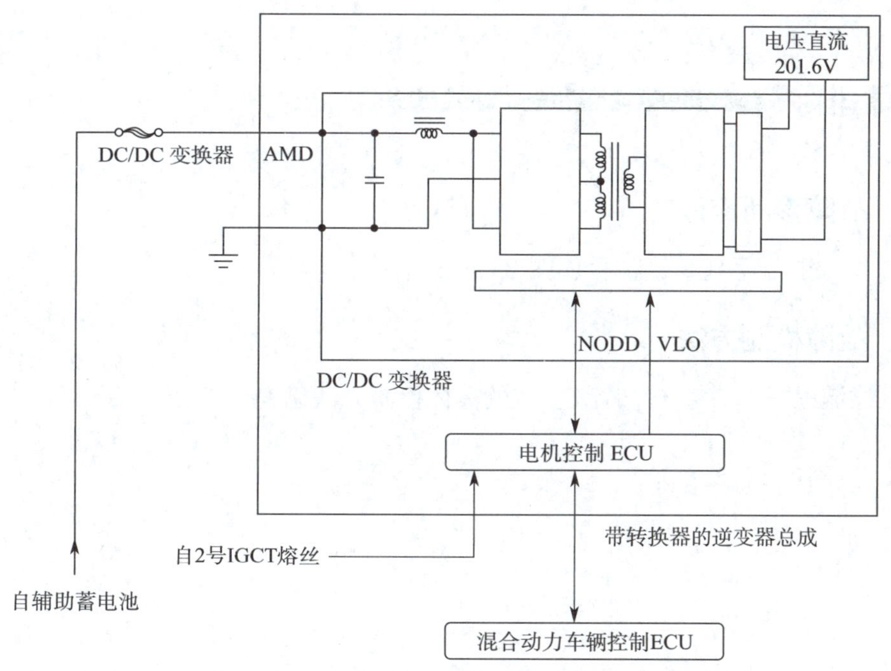

图 3-5-1 DC/DC 变换器转换系统电路原理

二、故障码触发与故障点

各 DTC 及相关信息见表 3-5-1。

表 3-5-1　各 DTC 及相关信息

故障码	检测项目	触发条件	MIL 灯	警告指示
P1CCC96	DC/DC 变换器启用零部件内部故障	满足下列任一条件 1. DC/DC 变换器故障且辅助蓄电池电压为 11 V 或更低 2. DC/DC 变换器发生故障持续 60 s，且逆变器冷却液温度为 70 ℃或更低	不点亮	主警告灯：点亮

根据电路图，故障点可能在逆变器冷却系统、线束或连接器、逆变器冷却系统、混合动力车辆传动桥总成、带转换器的逆变器总成、熔丝（DC/DC）、发动机室 2 号线束、混合动力车辆控制 ECU。

故障排除

一、故障诊断流程

DC/DC 变换器系统诊断流程如图 3-5-2 所示。

二、故障检测方法

在上述流程图中，每一个检查步骤的具体检测方法见表 3-5-2。

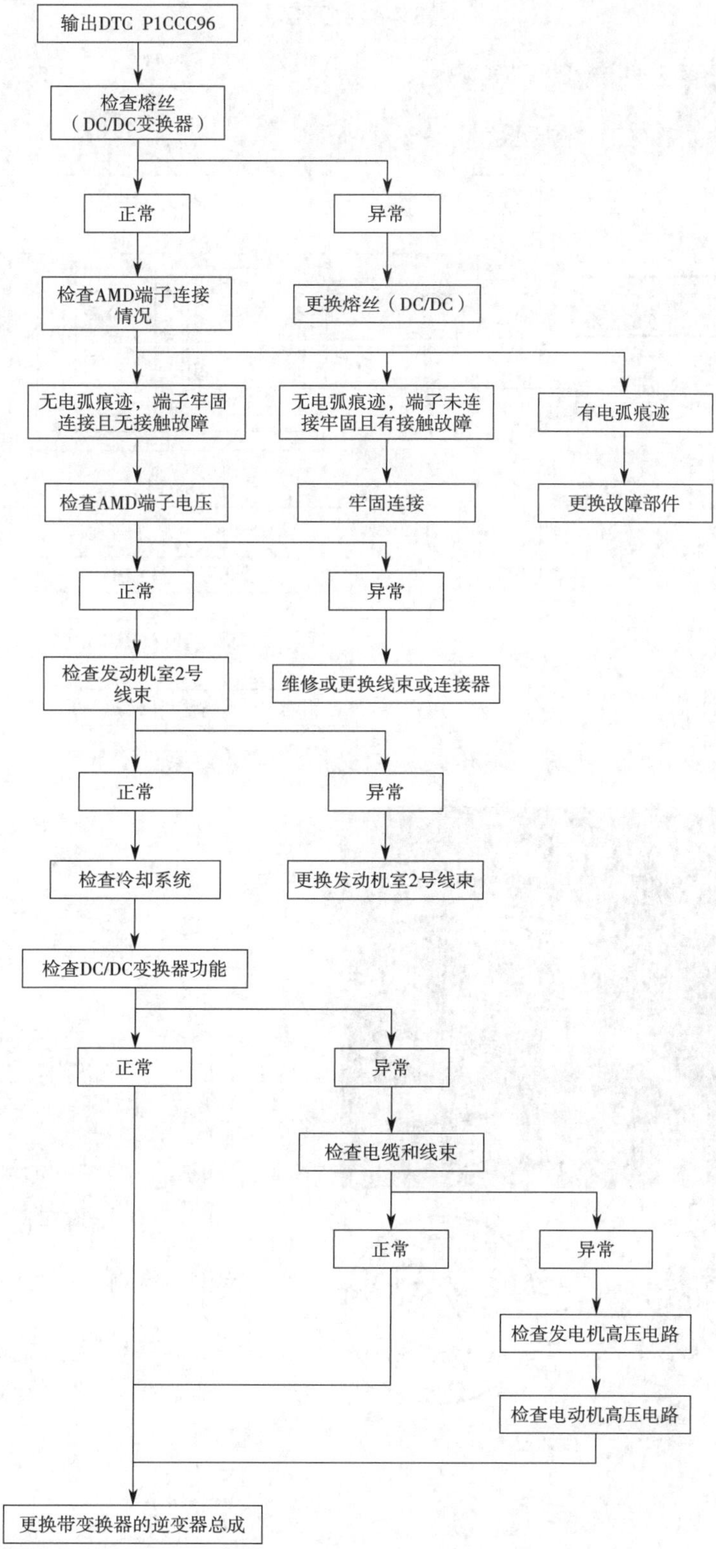

输出DTC P1CCC96

检查熔丝（DC/DC变换器）

正常

异常

检查AMD端子连接情况

更换熔丝（DC/DC）

无电弧痕迹，端子牢固连接且无接触故障

无电弧痕迹，端子未连接牢固且有接触故障

有电弧痕迹

检查AMD端子电压

牢固连接

更换故障部件

正常

异常

检查发动机室2号线束

维修或更换线束或连接器

正常

异常

检查冷却系统

更换发动机室2号线束

检查DC/DC变换器功能

正常

异常

检查电缆和线束

正常

异常

检查发电机高压电路

检查电动机高压电路

更换带变换器的逆变器总成

图 3-5-2 DC/DC 变换器系统诊断流程

表 3-5-2　　具体检测方法

1	检查熔丝（DC/DC 变换器）

DC/DC 变换器熔丝电路原理如图 3-5-3 所示。

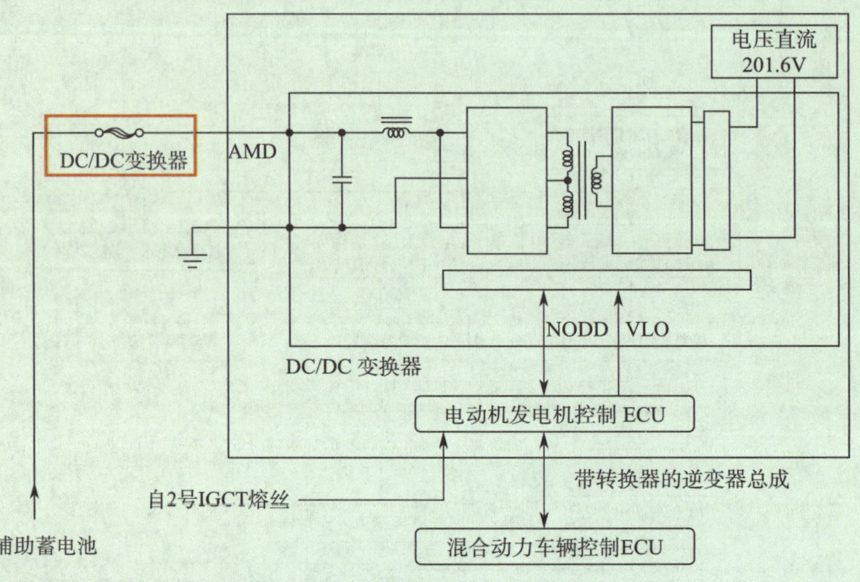

图 3-5-3　DC/DC 变换器熔丝电路原理

正常：熔丝安装牢固
图 3-5-4　DC/DC 变换器熔丝的位置

（1）检查发动机室 1 号继电器盒内的 DC/DC 变换器熔丝是否安装正确

（2）从发动机室 1 号继电器盒上拆下 DC/DC 变换器熔丝（见图 3-5-4）

（3）根据下表中的值测量电阻

标准电阻

检测仪检测	条件	规定状态
DC/DC 变换器熔丝端子	始终	小于 1 Ω

续表

<table>
<tr><td></td><td>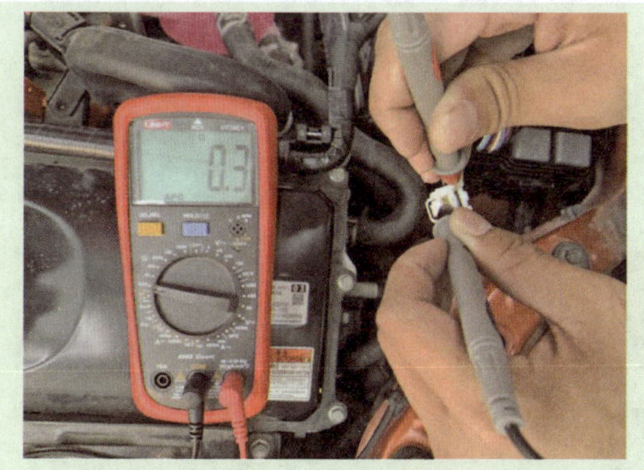

图 3-5-5 检测 DC/DC 变换器熔丝的电阻值</td><td>测量 DC/DC 变换器熔丝电阻（见图 3-5-5）
（4）安装 DC/DC 变换器熔丝</td></tr>
<tr><td>2</td><td colspan="2">检查 AMD 端子连接情况</td></tr>
<tr><td></td><td>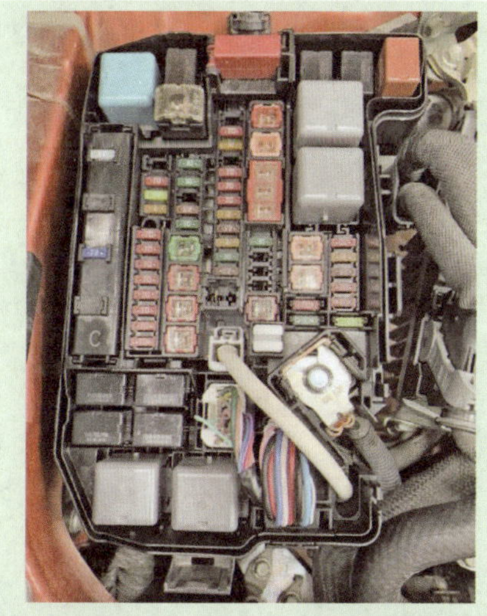
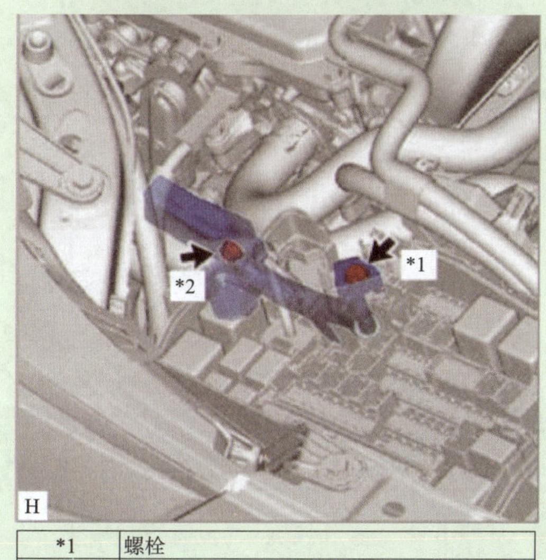

<table><tr><td>*1</td><td>螺栓</td></tr><tr><td>*2</td><td>螺母</td></tr></table>图 3-5-6 检查 AMD 端子螺栓紧固程度</td><td>（1）拆下高压维修开关
（2）检查并确认 AMD 端子螺栓紧固至规定转矩（螺栓转矩：8.5 N·m、螺母转矩：8.0 N·m）（见图 3-5-6）</td></tr>
</table>

续表

3	检查 AMD 端子电压

图 3-5-7 测量 1F-1（AMD）- 车身搭铁电压

注意：务必佩戴绝缘手套

（1）检查并确认高压维修开关未安装

注意：拆下高压维修开关后，除非修理手册规定，否则不要将电源开关置于 ON（Ready）位置，因为这样可能会导致故障

（2）连接辅助蓄电池负极（-）端子电缆

（3）根据下表中的值测量电压

标准电压

检测仪连接	条件	规定状态
1F-1（AMD）- 车身搭铁	电源开关 OFF	与辅助蓄电池电压相同

测量 1F-1（AMD）- 车身搭铁电压（见图 3-5-7）

（4）断开辅助蓄电池负极（-）端子电缆

4	检查发动机室 2 号线束

发动机室 2 号线束电路原理如图 3-5-8 所示。

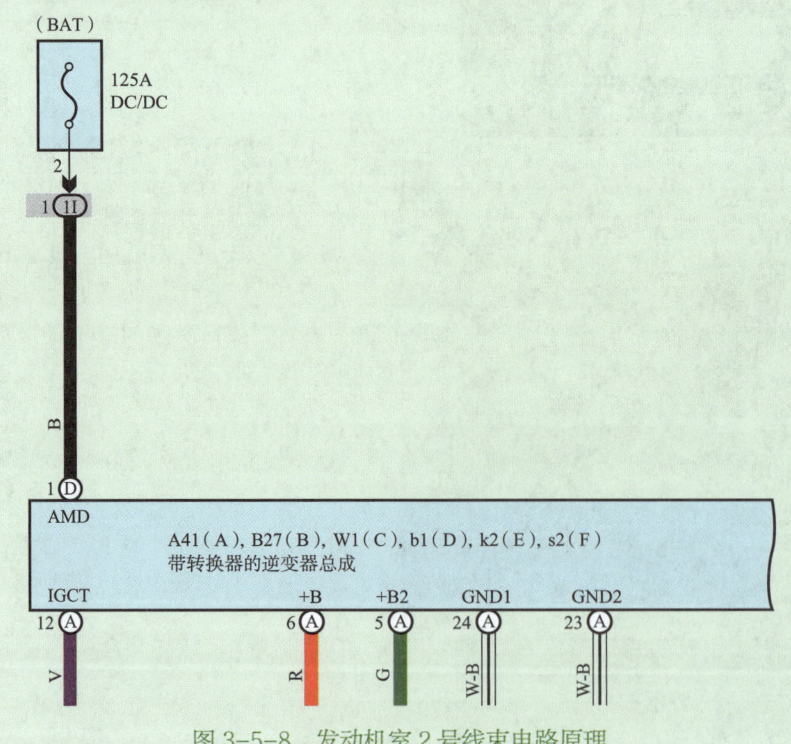

图 3-5-8 发动机室 2 号线束电路原理

续表

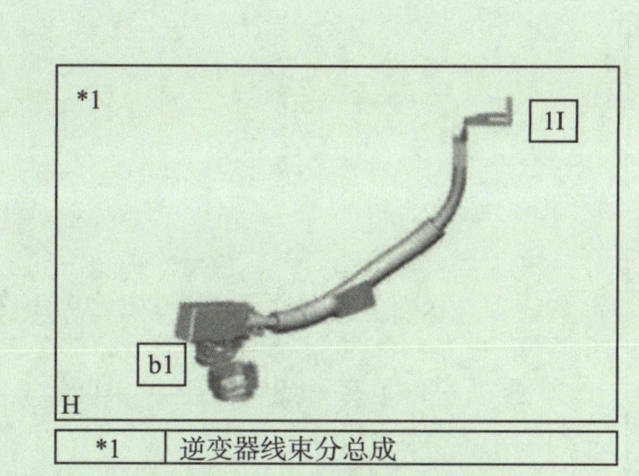

图 3-5-9 逆变器线束分总成

注意：务必佩戴绝缘手套

（1）检查并确认高压维修开关未安装

（2）从 AMD 端子上拆下逆变器线束分总成（带转换器的逆变器总成侧和发动机室 1 号继电器盒侧，见图 3-5-9）

（3）根据下表中的值测量电压

标准电阻

检测仪连接	条件	规定状态
b1-1（AMD）-1I-1（AMD）	始终	小于 1 Ω

（4）安装逆变器线束分总成

5	检查 DC/DC 变换器功能

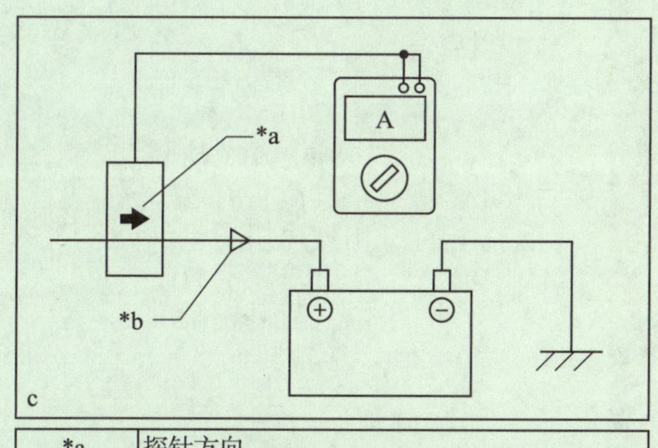

图 3-5-10 使用钳形电流表检测电流流入方向

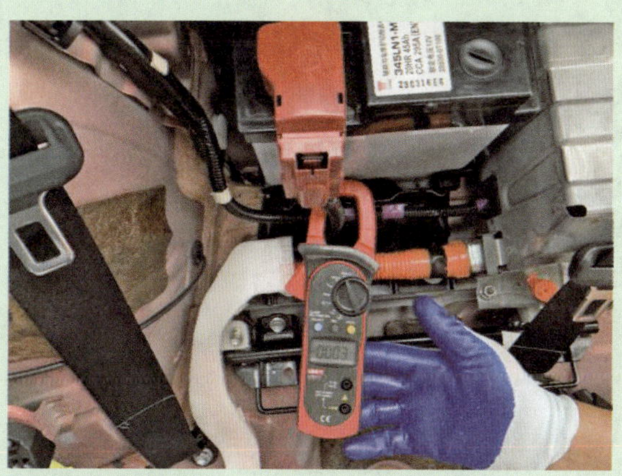

图 3-5-11 使用钳形电流表测量正极流入电流

（1）使用 AC/DC400 A 钳形电流表连接到辅助蓄电池正极（+）电缆上

（2）安装高压维修开关

（3）连接辅助蓄电池负极端子电缆

（4）将电源开关置于 ON（Ready）位置并静置车辆直至流入辅助蓄电池的电流变为 10 A 或更小（见图 3-5-10、图 3-5-11）

续表

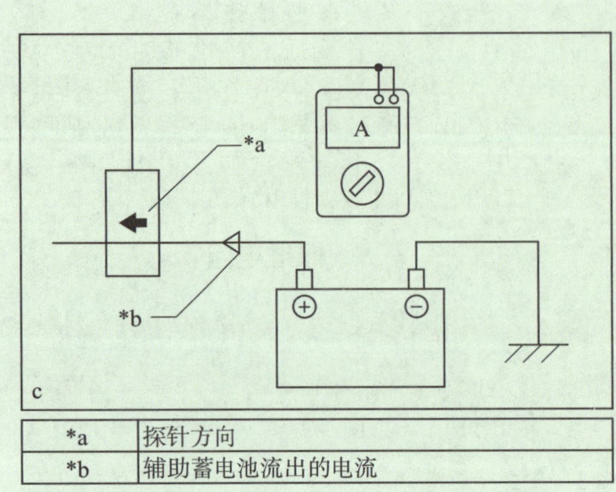

图 3-5-12　使用钳形电流表检测电流流出方向

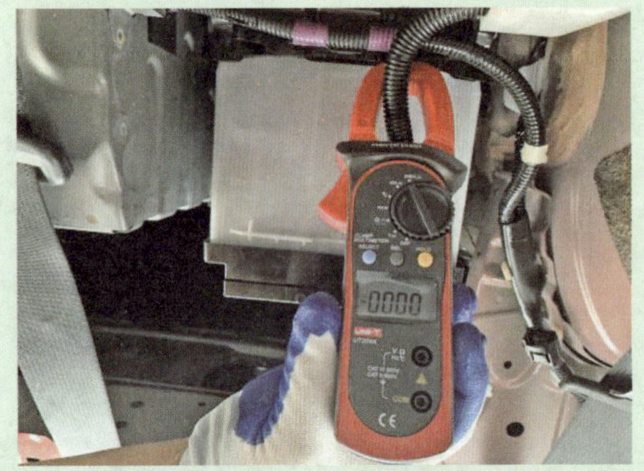

图 3-5-13　使用钳形电流表测量正极流出电流

图 3-5-14　打开鼓风机和后窗除雾开关

（5）电源开关置于 ON（Ready）位置、前照灯位置开关和鼓风机电动机开关置于 HI 位置且后窗除雾器打开时，测量从辅助蓄电池流出的电流（见图 3-5-12 至图 3-5-14）

注意：如果电源开关置于 ON（Ready）位置后立即将其置于 OFF 位置，则辅助蓄电池电源可能低。对辅助蓄电池充电并再次执行该程序

标准电流

检测仪连接	条件	规定状态
辅助蓄电池流出的电流	电源开关 ON（Ready）（前照灯位置开关和鼓风机电动机开关置于 HI 位置且后窗除雾器打开）	0 A 或更小（辅助蓄电池无电流）

标准电压

检测仪连接	条件	规定状态
辅助蓄电池电压	电源开关 ON（Ready）（前照灯位置开关和鼓风机电动机开关置于 HI 位置且后窗除雾器打开）	12.5 ~ 15 V

续表

<table>
<tr><td colspan="2">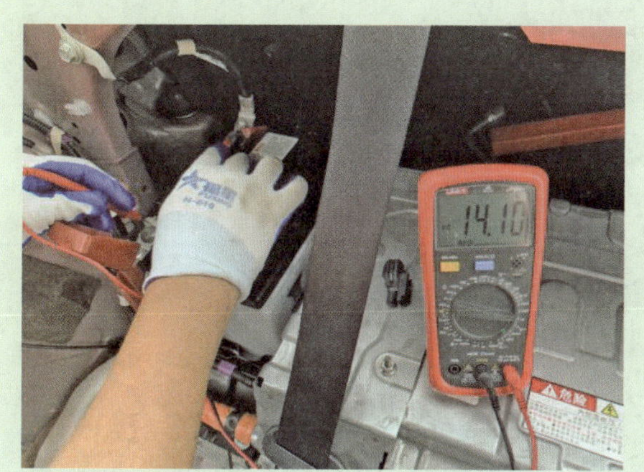

图 3-5-15 测量辅助蓄电池电压</td><td>电源开关置于 ON（Ready）位置、前照灯位置开关和鼓风机电动机开关置于 HI 位置且后窗除雾器打开时，测量辅助蓄电池电压值，规定值应在 12.5～15 V（见图 3-5-15）
（6）将电源开关置于 OFF 位置</td></tr>
<tr><td>6</td><td colspan="2">检查电缆和线束</td></tr>
<tr><td colspan="2">
图 3-5-16 拆卸逆变器后橡胶盖
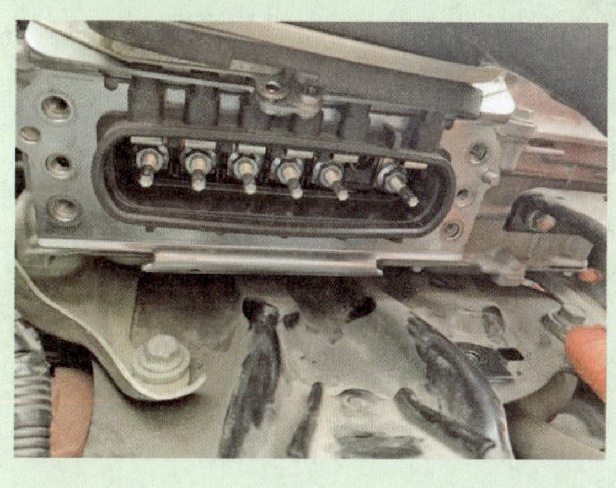</td><td>（1）拆下高压维修开关
（2）从带转换器的逆变器总成上拆下逆变器盖（保持电动机电缆连接）（见图 3-5-16、图 3-5-17）
（3）使用设定为 500 V 的兆欧表，根据下表中的值测量绝缘电阻</td></tr>
</table>

续表

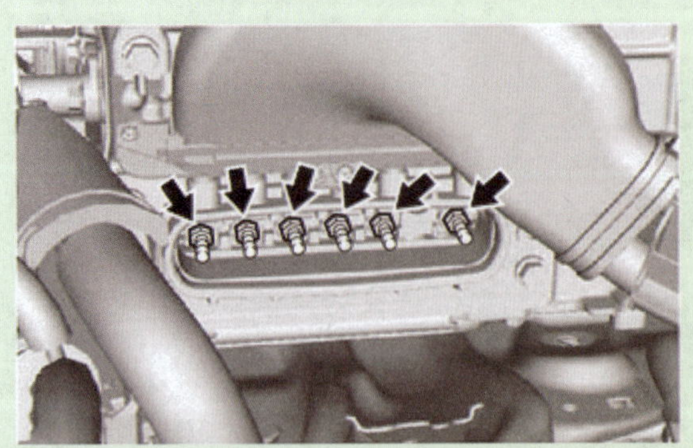

图 3-5-17　k2 连接器位置

图 3-5-18　测量 k2-1（W）- 车身搭铁和屏蔽搭铁之间阻值

图 3-5-19　测量 k2-6（V）- 车身搭铁和屏蔽搭铁之间阻值

标准电阻

检测仪连接	条件	规定状态
k2-1（W）- 车身搭铁和屏蔽搭铁	电源开关 OFF	10 MΩ 或更大
k2-2（U）- 车身搭铁和屏蔽搭铁	电源开关 OFF	10 MΩ 或更大
k2-3（V）- 车身搭铁和屏蔽搭铁	电源开关 OFF	10 MΩ 或更大
k2-4（W）- 车身搭铁和屏蔽搭铁	电源开关 OFF	10 MΩ 或更大
k2-5（U）- 车身搭铁和屏蔽搭铁	电源开关 OFF	10 MΩ 或更大
k2-6（V）- 车身搭铁和屏蔽搭铁	电源开关 OFF	10 MΩ 或更大

注意：进行此测试时，确保将兆欧表设定为 500 V。使用设定高于 500 V 的兆欧表检测会导致正在检测的零部件损坏

测量 k2-1（W）- 车身搭铁和屏蔽搭铁之间阻值，应为 10 MΩ 或更大（见图 3-5-18），以此类推，按照上表进行逐一测量（见图 3-5-19）

（4）将逆变器盖安装到带转换器的逆变器总成上

【课后实训】

一、实训情境

4S 店接到一辆丰田雷凌双擎混动的故障车送修。车辆电源开关不能置于 ON（Ready）位置，主警告灯点亮，多信息显示屏上显示“混合动力系统故障”，并输出故障码 P0A0A13。

P0A0A13 表示____________________。

二、实训内容

1. 查询车辆维修手册，画出 DC/DC 变换器系统的电路原理图。

2. 根据车辆维修手册和电路图，制定故障码 P1CCC96 中排除 DC/DC 变换器电路的故障排除流程，以流程图表示。

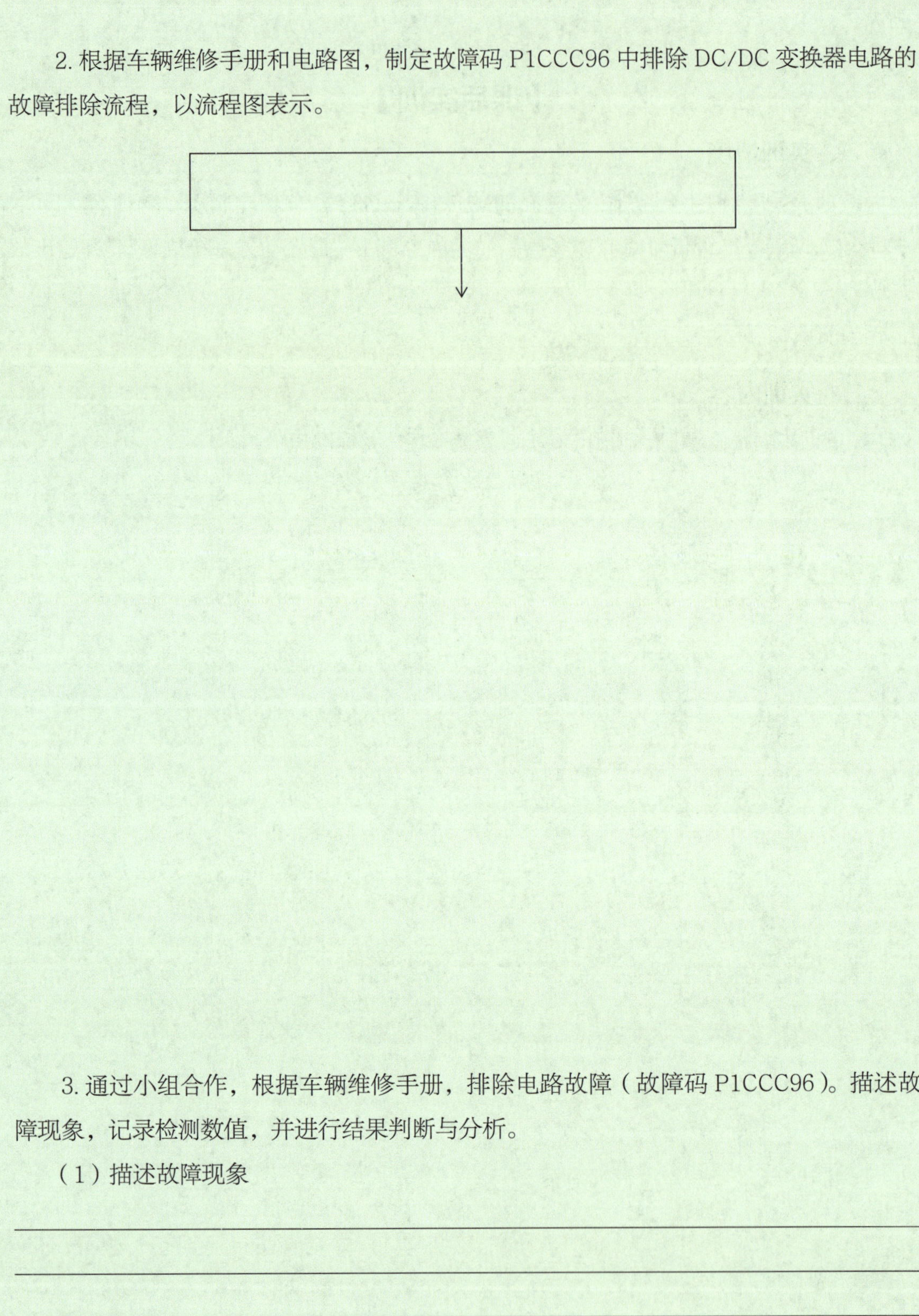

3. 通过小组合作，根据车辆维修手册，排除电路故障（故障码 P1CCC96）。描述故障现象，记录检测数值，并进行结果判断与分析。

（1）描述故障现象

____

____

____

____

____

（2）记录检测数值并进行判断与分析（见表 3-5-3）

表 3-5-3 记录检测数值并进行判断与分析

序号	检测仪连接	条件（开关状态）	规定值	实测值	判断与简单分析
1					
2					
3					
4					
5					
6					
7					
8					
9					
10					
11					
12					

课题六 | 换挡杆信号故障诊断与排除

学习目标

1. 能根据故障现象，在车辆维修手册中查询解决换挡杆信号故障的相关信息。
2. 能根据车辆维修手册中挡杆信号的电路图，描述挡杆信号的电路原理。
3. 能合理制定挡杆信号故障（故障码为 P182211）排除方案。
4. 能排除挡杆信号故障（故障码为 P182211）。
5. 在故障排除过程中，能准确记录检测数据，工作过程符合新能源汽车安全操作要求。

任务描述

一辆丰田 2016 款雷凌双擎混动汽车行驶里程为 50 000 km，其仪表的主警告灯点亮，中央显示屏显示“换挡系统通信故障”提示信息（见图 3-6-1）。

图 3-6-1 故障车辆的仪表显示

维修技师连接丰田 OTC 诊断仪，对车辆做了检查后，确定是电子换挡杆系统故障。假如你是车间机修一组成员，请你对该车辆进行电子换挡杆系统故障诊断与排除，给出合理的维修建议。

●任务分析

维修人员需要按照故障码提示判断故障范围，在确认安全的条件下，根据换挡杆信号电路图检测电路，确定故障点，通过更换故障零部件排除故障，并最终按特定的操作步骤确认故障排除。

相关理论

电子换挡杆系统为不使用换挡拉索的无连杆式；换挡和选挡传感器为非接触型传感器。

换挡杆（变速器地板式换挡总成）为瞬间型，换挡后驾驶员的手松开换挡杆时，其可通过弹簧张力回到其原始位置。换挡杆（变速器地板式换挡总成）含有一个用以检测换挡杆位置（原始位置、R、N、D 或 S）的换挡传感器。由于换挡传感器利用霍尔集成电路工作，因此能够以可靠方式准确检测换挡杆位置，如图 3-6-2 所示。

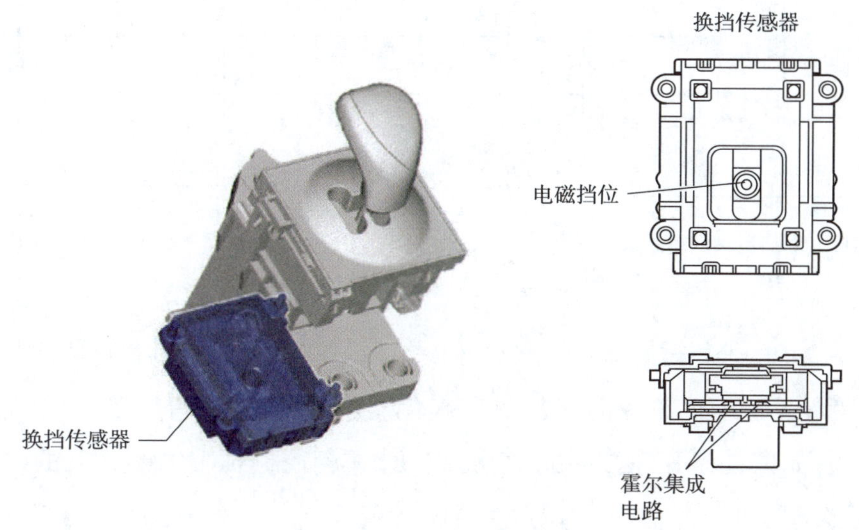

图 3-6-2　换挡杆总成

一、换挡杆信号系统原理

换挡杆信号系统原理如图 3-6-3 所示。

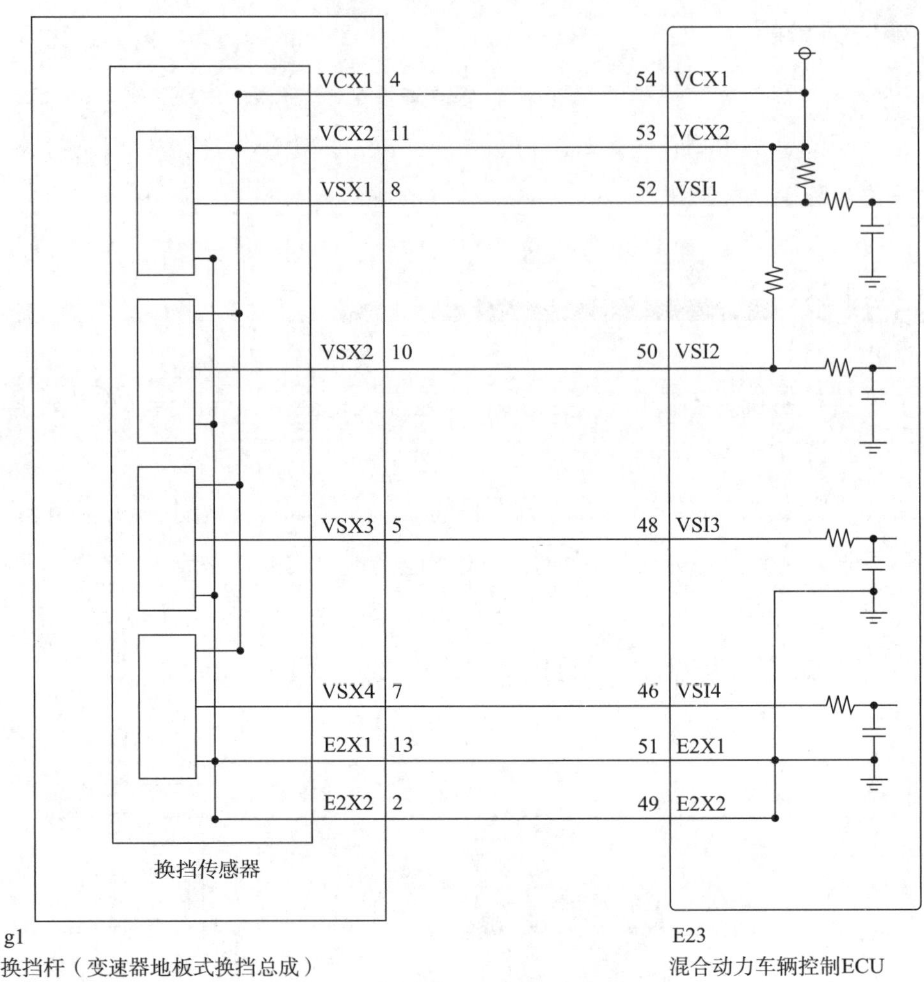

图 3-6-3 换挡杆信号系统原理

图 3-6-3 中的换挡传感器，VCX1、E2X1 和 VCX2、E2X2 为换挡传感器工作提供 5 V DC 电源；VSX1、VSX2、VSX3、VSX4 为换挡传感器的信号脚，当换挡杆在 N、R、D、S、原始位置等不同位置时，给混合动力车辆控制 ECU 提供不同的电压参考信号，以让混合动力车辆控制 ECU 识别换挡杆位置。

二、故障码触发与故障点

各 DTC 及相关信息见表 3-6-1。

表 3-6-1 各 DTC 及相关信息

故障码	检测项目	触发条件	MIL 灯	警告指示
P082112	换挡杆 X 位置传感器 1 对辅助蓄电池短路（高电位）	换挡传感器 1 电路对 +B 短路	不点亮	主警告灯：点亮
P082114	换挡杆 X 位置传感器 1 对搭铁短路或断路（低电位）	换挡传感器 1 电路断路或对搭铁短路	不点亮	主警告灯：点亮
P082211	换挡杆 Y 位置传感器 1 对搭铁短路（低电位）	换挡传感器 1 电路断路或对搭铁短路	不点亮	主警告灯：点亮
P082215	换挡杆 Y 位置传感器 1 对蓄电池短路或断路（高电位）	换挡传感器 1 电路对 +B 短路	不点亮	主警告灯：点亮
P181B62	换挡传感器信号比较故障	换挡传感器模式故障	不点亮	主警告灯：点亮
P182112	换挡杆 X 位置传感器 2 对辅助蓄电池短路（高电位）	换挡传感器 2 电路对 +B 短路	不点亮	主警告灯：点亮
P182114	换挡杆 X 位置传感器 2 对搭铁短路或断路（低电位）	换挡传感器 2 电路断路或对搭铁短路	不点亮	主警告灯：点亮
P182211	换挡杆 Y 位置传感器 2 对搭铁短路（低电位）	换挡传感器 2 电路断路或对搭铁短路	不点亮	主警告灯：点亮
P182215	换挡杆 Y 位置传感器 2 对蓄电池短路或断路（高电位）	换挡传感器 2 电路对 +B 短路	不点亮	主警告灯：点亮

根据电路图，故障点可能在线束或连接器、变速器地板式换挡、总成、混合动力车辆控制 ECU。

故障排除

一、故障诊断流程

换挡信号系统故障诊断流程如图 3-6-4 所示。

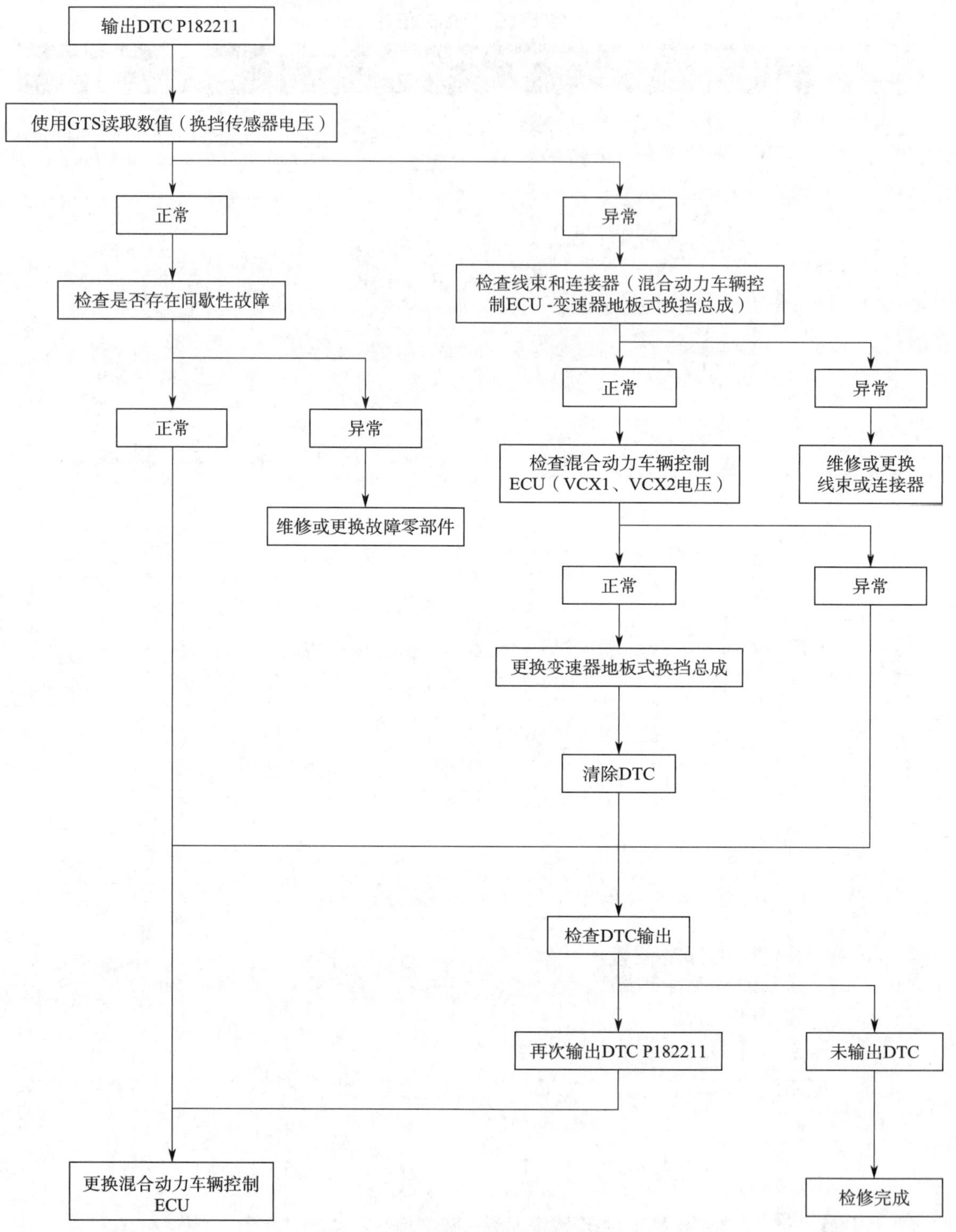

图 3-6-4　换挡信号系统故障诊断流程

二、故障检测方法

在上述流程图中，每一个检查步骤的具体检测方法见表 3-6-2。

表 3-6-2　　　　具体检测方法

1　使用 GTS 读取值（换挡传感器电压）

读取换挡传感器的电压（见图 3-6-5）

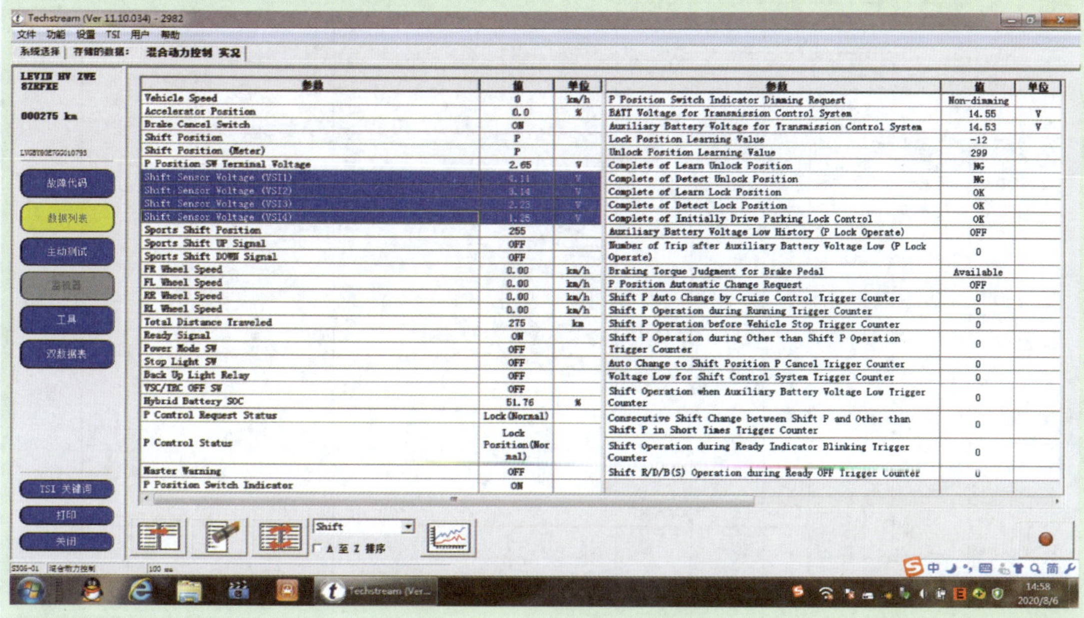

图 3-6-5　读取换挡传感器的电压

（1）使用 GTS 连接车辆

（2）在踩下制动踏板的情况下，按照以下方式缓慢移动换挡杆以选择各挡位：N → R → N → D → S，读取换挡传感器的电压（VSI1、VSI2、VSI3、VSI4），如图 3-6-5 所示，对照车辆维修手册标准值

注意：换挡杆处于各挡位时，等待 5 s 或更长时间

（3）按下 P 位置开关（变速器换挡主开关）以选择驻车挡（P）

（4）将电源开关置于 OFF 位置

换挡杆传感器各挡电压

数据表项目	换挡杆位置				
	D	N	R	S	原始位置
Shift Sensor Voltage（VSI1）	1.63 ~ 2.40 V	0.68 ~ 1.62 V	0.40 ~ 0.67 V	2.75 ~ 3.52 V	3.53 ~ 4.47 V
Shift Sensor Voltage（VSI2）	2.70 ~ 3.52 V	1.63 ~ 2.70 V	0.98 ~ 1.62 V	1.63 ~ 2.45 V	2.45 ~ 3.52 V
Shift Sensor Voltage（VSI3）	3.53 ~ 4.17 V	2.45 ~ 3.52 V	1.63 ~ 2.45 V	0.98 ~ 1.63 V	1.63 ~ 2.70 V
Shift Sensor Voltage（VSI4）	4.47 ~ 4.75 V	3.53 ~ 4.47 V	2.75 ~ 3.52 V	0.40 ~ 0.67 V	0.68 ~ 1.62 V

续表

2	检查线束和连接器（混合动力车辆控制 ECU、变速器地板式换挡总成）

混合动力车辆控制 ECU- 变速器地板式换挡总成电路原理如图 3-6-6 所示。

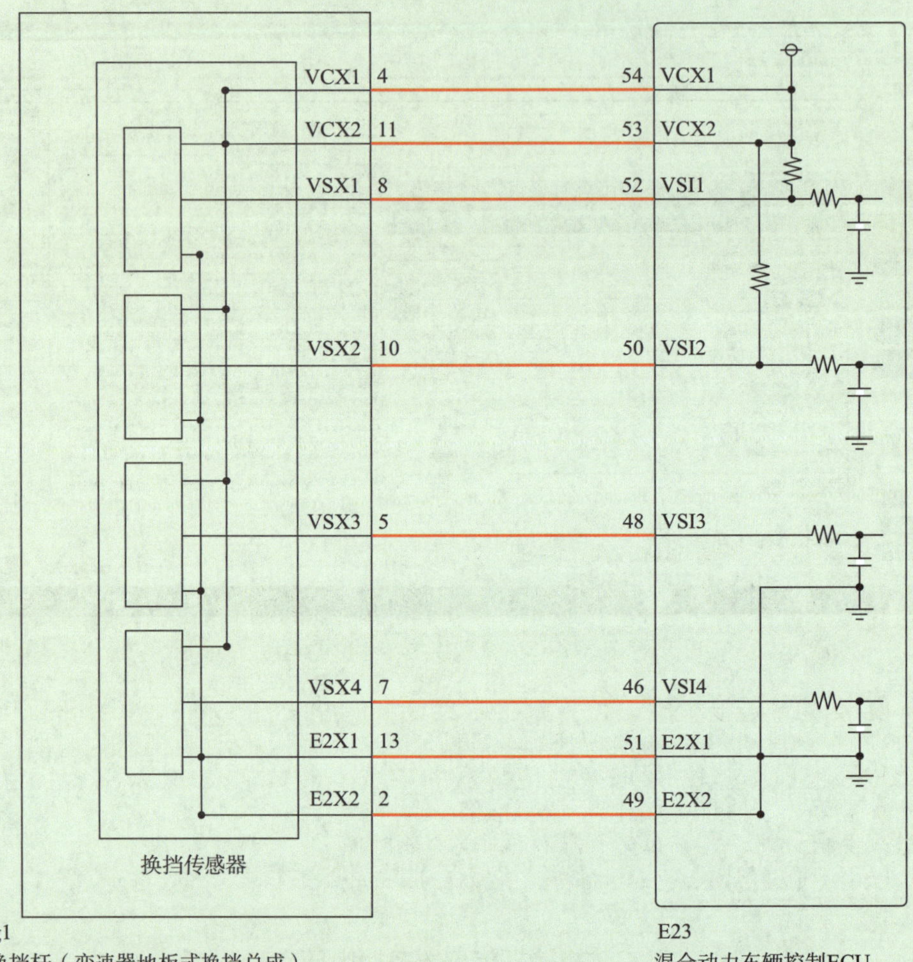

图 3-6-6　混合动力车辆控制 ECU- 变速器地板式换挡总成电路原理

图 3-6-7　拆卸动力管理控制 ECU 连接器 E23

（1）断开混合动力车辆控制 ECU 连接器 E23（见图 3-6-7）

续表

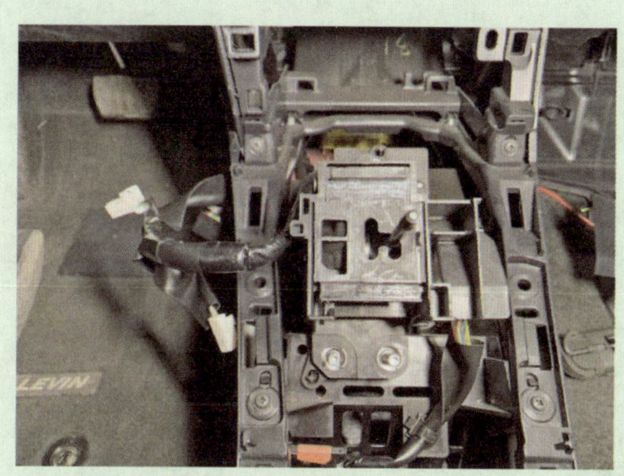

图 3-6-8 拆卸变速器杆总成

图 3-6-9 拆卸 g1 连接器

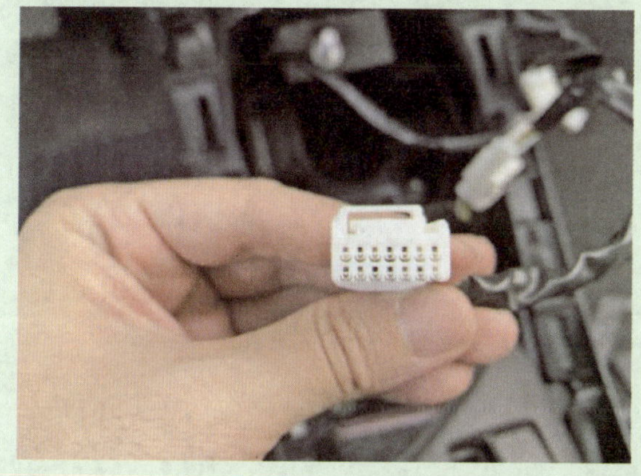

图 3-6-10 g1 连接器

（2）拆卸变速器杆总成（见图 3-6-8）

（3）断开变速器地板式换挡总成连接器 g1，并拆下（见图 3-6-9）

g1 连接器如图 3-6-10 所示，g1 连接器端子定义如图 3-6-11 所示

（4）根据下表中的值测量电阻

标准电阻（断路检查）

检测仪连接	条件	规定状态
E23-54（VCX1）-g1-4（VCX1）	电源开关 OFF	小于 1 Ω
E23-53（VCX2）-g1-11（VCX2）	电源开关 OFF	小于 1 Ω
E23-52（VSI1）-g1-8（VSX1）	电源开关 OFF	小于 1 Ω
E23-50（VSI2）-g1-10（VSX2）	电源开关 OFF	小于 1 Ω
E23-48（VSI3）-g1-5（VSX3）	电源开关 OFF	小于 1 Ω
E23-46（VSI4）-g1-7（VSX4）	电源开关 OFF	小于 1 Ω
E23-51（E2X1）-g1-13（E2X1）	电源开关 OFF	小于 1 Ω
E23-49（E2X2）-g1-2（E2X2）	电源开关 OFF	小于 1 Ω

续表

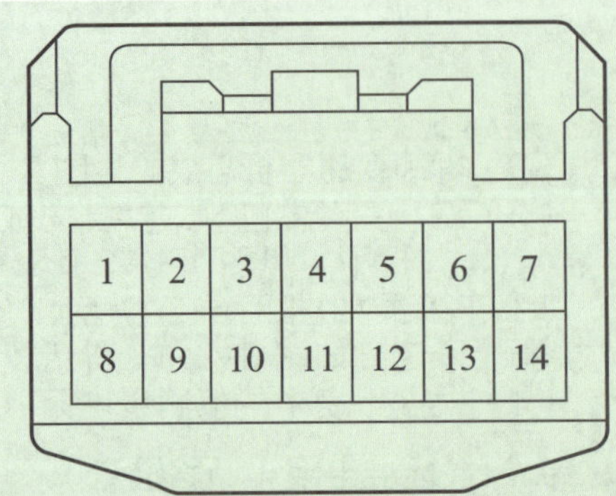

图 3-6-11　g1 连接器端子定义

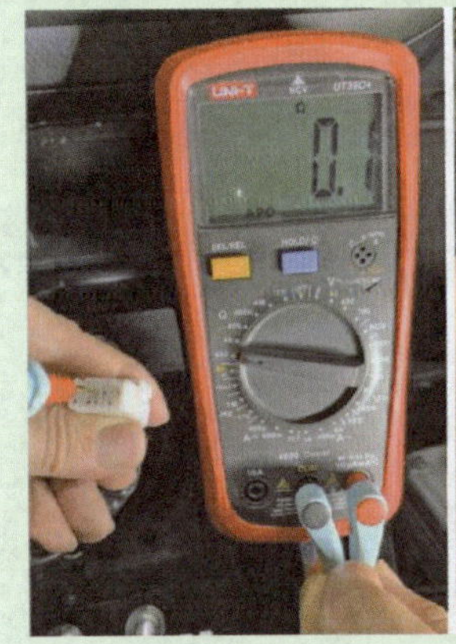

图 3-6-12　测量 E23-54（VCX1）-g1-4（VCX1）电阻

1）测量连接器 E23 的 54 号针脚（VCX1）到 g1 连接器 4 号针脚（VCX1）之间的电阻，电阻应小于 1 Ω（见图 3-6-12）

2）以此类推，分别按照上表测量相应电阻，电阻均应小于 1 Ω

（5）根据下表中的值测量电阻

标准电阻（短路检查）

检测仪连接	条件	规定状态
E23-54（VCX1）或 g1-4（VCX1）- 车身搭铁和其他端子	电源开关 OFF	10 kΩ 或更大
E23-53（VCX2）或 g1-11（VCX2）- 车身搭铁和其他端子	电源开关 OFF	10 kΩ 或更大
E23-52（VSI1）或 g1-8（VSX1）- 车身搭铁和其他端子	电源开关 OFF	10 kΩ 或更大

续表

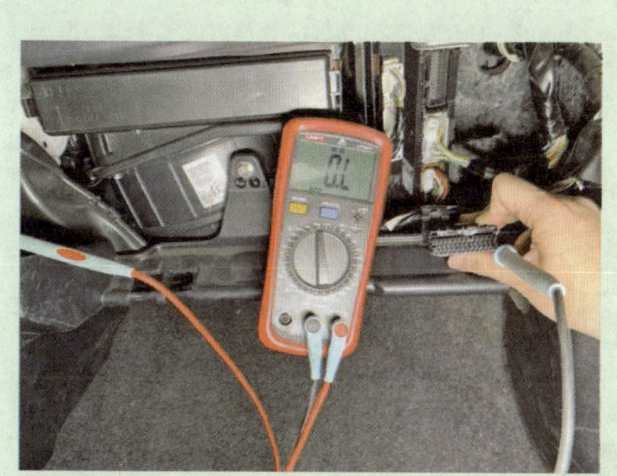

图 3-6-13　测量 E23-54（VCX1）-车身搭铁电阻

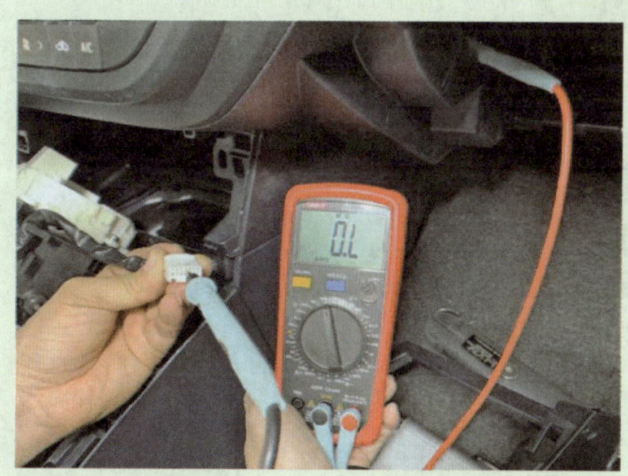

图 3-6-14　测量 g1-4（VCX1）-车身搭铁电阻

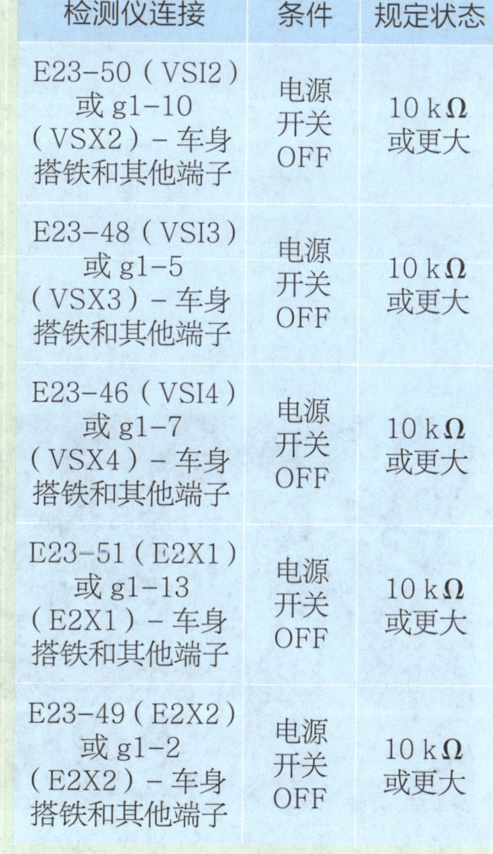

检测仪连接	条件	规定状态
E23-50（VSI2）或 g1-10（VSX2）- 车身搭铁和其他端子	电源开关 OFF	10 kΩ 或更大
E23-48（VSI3）或 g1-5（VSX3）- 车身搭铁和其他端子	电源开关 OFF	10 kΩ 或更大
E23-46（VSI4）或 g1-7（VSX4）- 车身搭铁和其他端子	电源开关 OFF	10 kΩ 或更大
E23-51（E2X1）或 g1-13（E2X1）- 车身搭铁和其他端子	电源开关 OFF	10 kΩ 或更大
E23-49（E2X2）或 g1-2（E2X2）- 车身搭铁和其他端子	电源开关 OFF	10 kΩ 或更大

1）测量连接器 E23 的 54 号针脚（VCX1）或 g1 连接器 4 号针脚（VCX1）到车身搭铁之间的电阻，应为 10 kΩ 或更大（见图 3-6-13、图 3-6-14）

2）以此类推，分别按照上表测量相应电阻，均应为 10 kΩ 或更大

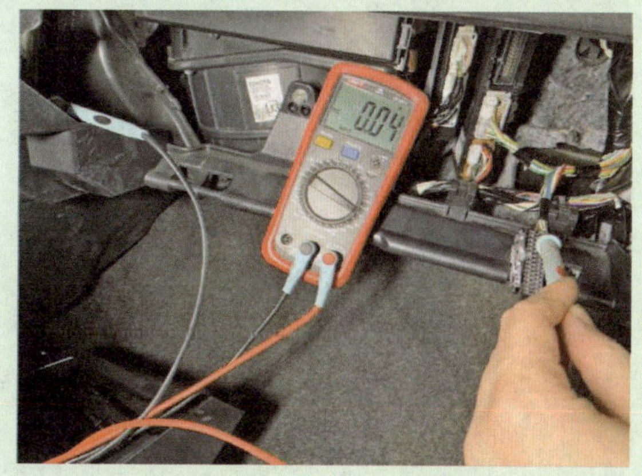

图 3-6-15　测量 E23-54（VCX1）-车身搭铁电压

（6）连接辅助蓄电池负极（-）端子电缆

（7）将电源开关置于 ON（IG）位置

注意：断开混合动力车辆控制 ECU 和变速器地板式换挡总成连接器的同时将电源开关置于 ON（IG）位置会导致存储其他 DTC，进行该检查后应清除 DTC

（8）以此根据下表中的值测量电压（见图 3-6-15、图 3-6-16）

续表

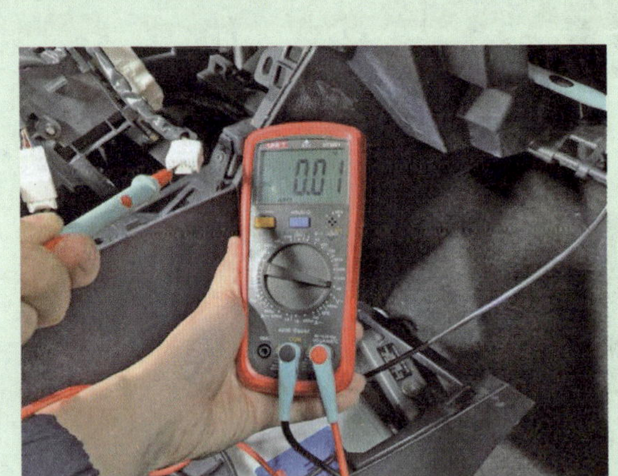

图 3-6-16 测量 g1-4（VCX1）- 车身搭铁电压

标准电压

检测仪连接	条件	规定状态
E23-54（VCX1）或 g1-4（VCX1）- 车身搭铁和其他端子	电源开关 ON（IG）	低于 1 V
E23-53（VCX2）或 g1-11（VCX2）- 车身搭铁和其他端子	电源开关 ON（IG）	低于 1 V
E23-52（VSI1）或 g1-8（VSX1）- 车身搭铁和其他端子	电源开关 ON（IG）	低于 1 V
E23-50（VSI2）或 g1-10（VSX2）- 车身搭铁和其他端子	电源开关 ON（IG）	低于 1 V
E23-48（VSI3）或 g1-5（VSX3）- 车身搭铁和其他端子	电源开关 ON（IG）	低于 1 V
E23-46（VSI4）或 g1-7（VSX4）- 车身搭铁和其他端子	电源开关 ON（IG）	低于 1 V
E23-51（E2X1）或 g1-13（E2X1）- 车身搭铁和其他端子	电源开关 ON（IG）	低于 1 V
E23-49（E2X2）或 g1-2（E2X2）- 车身搭铁和其他端子	电源开关 ON（IG）	低于 1 V

（9）将电源开关置于 OFF 位置

（10）断开辅助蓄电池负极（-）端子电缆

（11）重新连接变速器地板式换挡总成连接器 g1

（12）重新连接混合动力车辆控制 ECU 连接器 E23

续表

3	检查混合动力车辆控制 ECU（VCX1、VCX2 电压）

VCX1、VCX2 电压电路原理如图 3-6-17 所示。

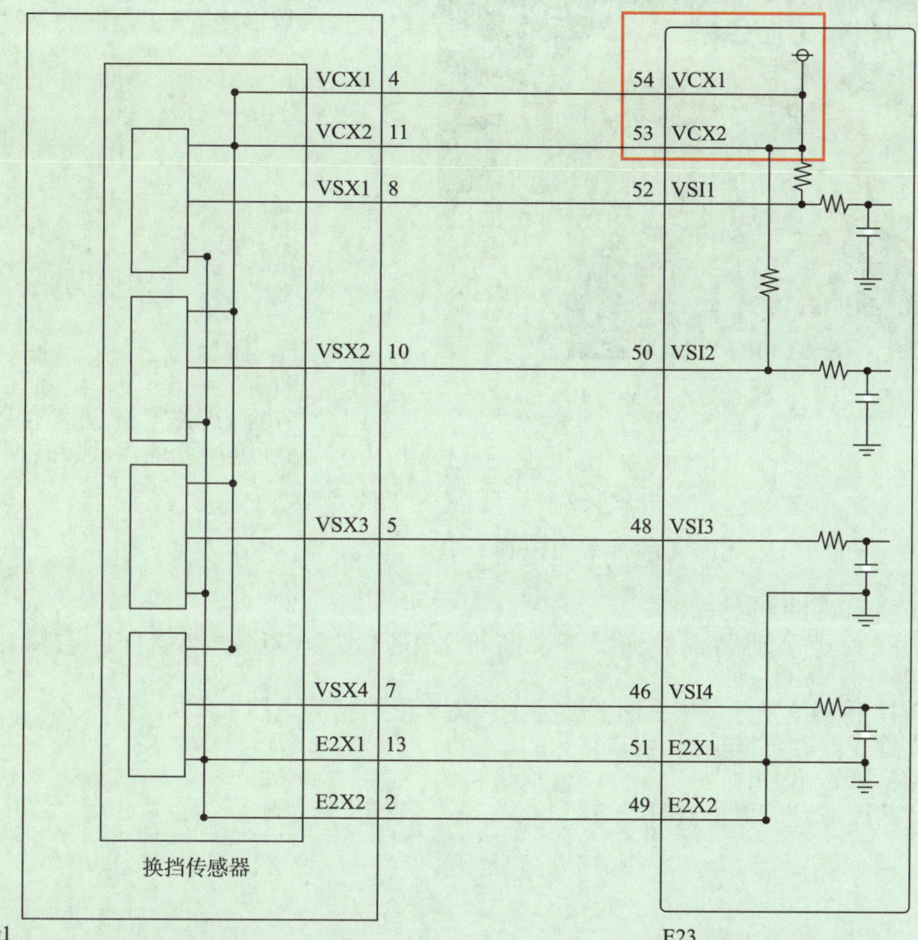

图 3-6-17　VCX1、VCX2 电压电路原理

图 3-6-18　断开 g1 连接器

（1）断开变速器地板式换挡总成连接器 g1（见图 3-6-18）

（2）将电源开关置于 ON（IG）位置

注意：断开混合动力车辆控制 ECU 和变速器地板式换挡总成连接器的同时将电源开关置于 ON（IG）位置会导致存储其他 DTC，进行该检查后应清除 DTC

续表

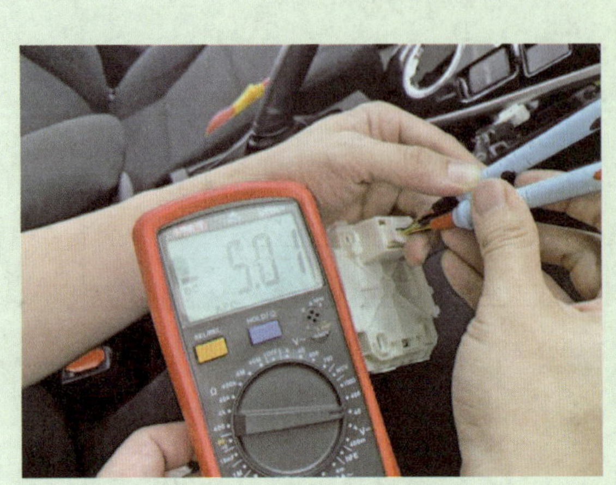

图 3-6-19 测量 g1-4（VCX1）-g1-13（E2X1）电压

（3）根据下表中的值测量电压

标准电压

检测仪连接	条件	规定状态
g1-4（VCX1）-g1-13（E2X1）	电源开关 ON（IG）	4.5～5.5 V
g1-11（VCX2）-g1-2（E2X2）	电源开关 ON（IG）	4.5～5.5 V

测量 g1-4（VCX1）-g1-13（E2X1）电压，应在 4.5～5.5 V（见图 3-6-19）

（4）将电源开关置于 OFF 位置

（5）重新连接变速器地板式换挡总成连接器 g1

4	检查 DTC 输出（混合动力控制）

（1）使用 GTS 连接车辆

（2）在踩下制动踏板的情况下，按照以下方式缓慢移动换挡杆以选择各挡位：N→R→N→D→S

（3）按下 P 位置开关（变速器换挡主开关）以选择驻车挡（P）

（4）检查是否再次输出 DTC

正常：未输出 DTC

（5）将电源开关置于 OFF 位置

【课后实训】

一、实训情境

一辆丰田雷凌双擎混动车辆，其电源开关不能置于 ON（Ready）位置，主警告灯点亮，多信息显示屏上显示“换挡系统通信故障”，如图 3-6-20 所示，并输出故障码 P182212。

P182212 表示____________________。

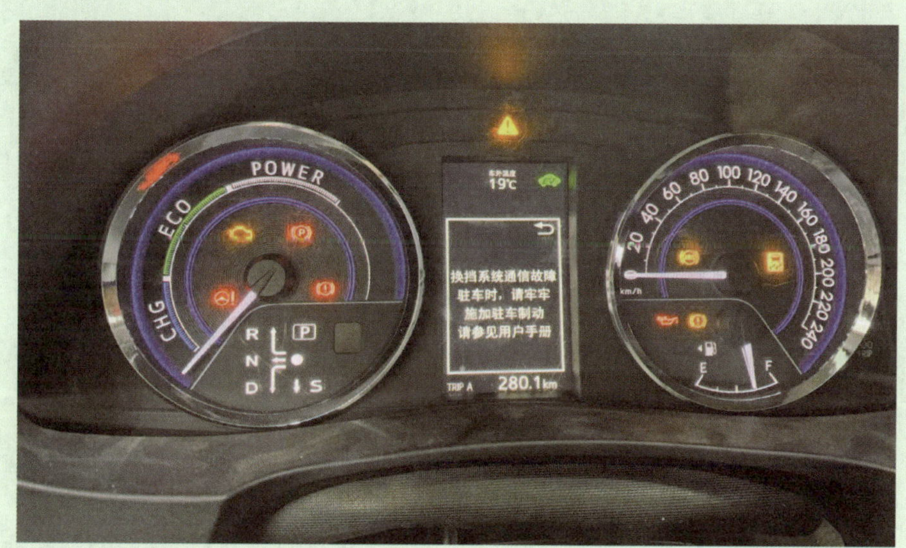

图 3-6-20　故障车辆的仪表显示

二、实训内容

1. 查询车辆维修手册，画出换挡系统的电路原理图。

2. 根据车辆维修手册和电路图，制定故障码 P182212 中排除换挡系统信号故障的流程，以流程图表示。

3. 通过小组合作，根据车辆维修手册，排除发电机高压电路故障（故障码 P182212）。描述故障现象，记录检测数值，并进行判断与分析。

（1）描述故障现象

（2）记录检测数值并进行判断与分析（见表 3-6-3）

表 3-6-3　　记录检测数值并进行判断与分析

序号	检测仪连接	条件（开关状态）	规定值	实测值	结果判断与简单分析
1					
2					
3					
4					
5					
6					
7					
8					
9					
10					
11					
12					

课题七 | 驱动电机温度传感器故障诊断与排除

学习目标

1. 能根据故障现象，在车辆维修手册中查询解决驱动电机温度传感器故障的相关信息。

2. 能根据车辆维修手册中驱动电机温度传感器的电路图，描述驱动电机温度传感器的电路原理。

3. 能合理制定驱动电机温度传感器故障（故障码为 P0A2A15）排除方案。

4. 能排除驱动电机温度传感器故障（故障码为 P0A2A15）。

5. 在故障排除过程中，能准确记录检测数据，工作过程符合新能源汽车安全操作要求。

任务描述

一辆丰田雷凌双擎轿车去出差，在打开点火开关的时候，仪表盘显示“混合动力车辆系统故障”中文提示语，该车辆日常使用过程中，已经有多次出现加速不良、动力不足的现象。

维修技师初步判断是混合动力驱动桥总成区域出现故障。经诊断仪分析，最终确定是驱动电机温度传感器发生信号故障。假如你是 4S 店的维修技术人员，请你按照车辆维修手册对车辆规范地进行故障诊断与排除。

任务分析

维修人员需要按照故障码提示判断故障范围，在确认安全的条件下，根据驱动电机温度传感器电路图检测电路，确定故障点，通过更换故障零部件排除故障，并最终按特定的操作步骤，确认故障排除。

相关理论

一、驱动电机温度传感器系统原理

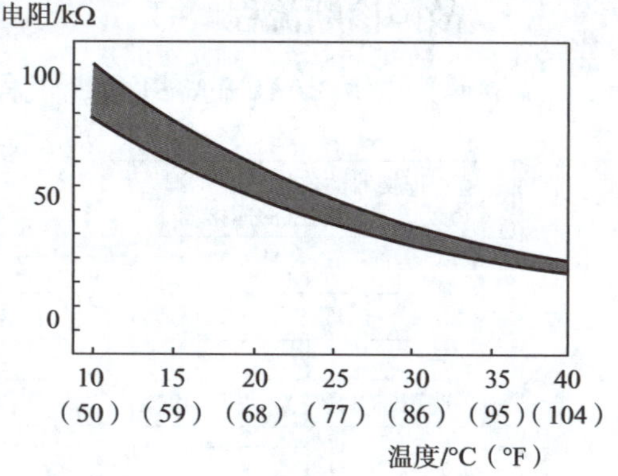

图 3-7-1 驱动电机电阻与温度之间的变化关系

内置于电机温度传感器的热敏电阻随电机（MG2）温度的变化而变化（见图 3-7-1）。电机（MG2）温度越低，热敏电阻越大。反之，电机（MG2）温度越高，热敏电阻越小。驱动电机温度传感器电路原理如图 3-7-2 所示。

二、故障码触发与故障点

各 DTC 及相关信息见表 3-7-1。

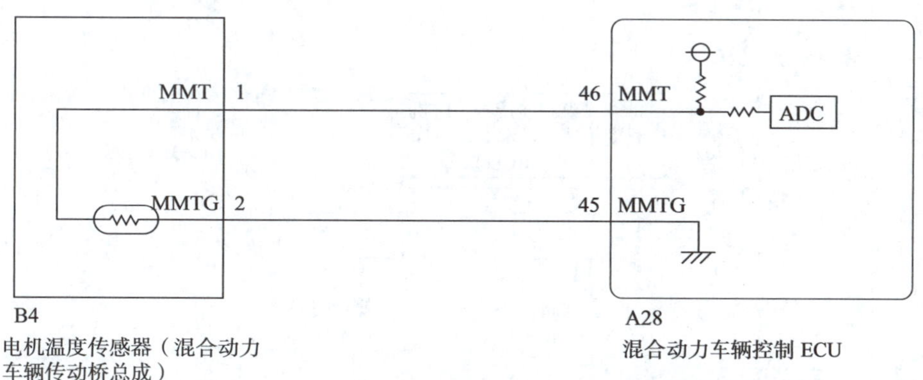

图 3-7-2 驱动电机温度传感器电路原理

表 3-7-1 各 DTC 及相关信息

故障码	检测项目	触发条件	MIL 灯	警告指示灯
P0A2A11	驱动电机 A 温度传感器电路对搭铁短路	电机温度传感器电路短路或对搭铁短路（单程检测逻辑）	不点亮	点亮
P0A2A15	驱动电机 A 温度传感器电路对蓄电池短路或断路	电机温度传感器电路断路或对 +B 短路（单程检测逻辑）	不点亮	点亮

根据电路图，故障点可能是线束或连接器、混合动力车辆控制 ECU、混合动力车辆传动桥总成（电机温度传感器）。

故障排除

一、故障诊断流程

故障码为 P0A2A15 的系统诊断流程如图 3-7-3 所示。

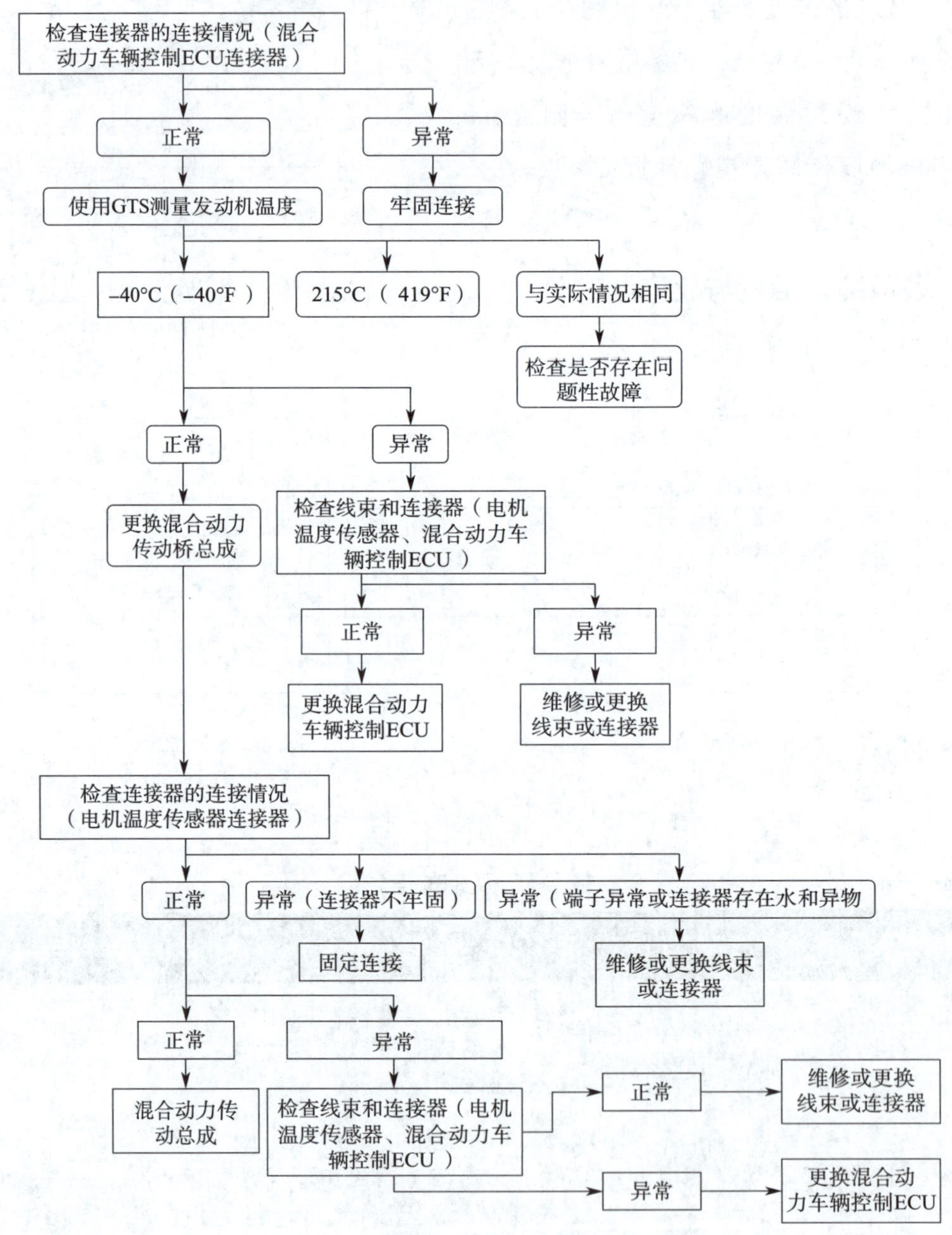

图 3-7-3　故障码为 P0A2A15 的系统诊断流程

二、故障检测方法

在上述流程图中，每一个检查步骤的具体检测方法见表 3-7-2。

表 3-7-2　　具体检测方法

1　使用 GTS 读取值（电机温度）

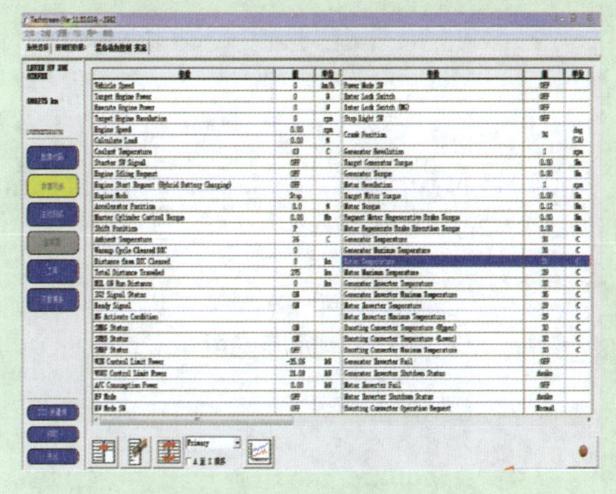

图 3-7-4　读取电机温度值

（1）使用 GTS 连接车辆

（2）进入以下菜单：Powertrain/Hybrid Control/Data List/Motor Temperature

（3）读取电机温度（见图 3-7-4）

（4）将电源开关置于 OFF 位置

2　使用 GTS 读取值（断路检查）

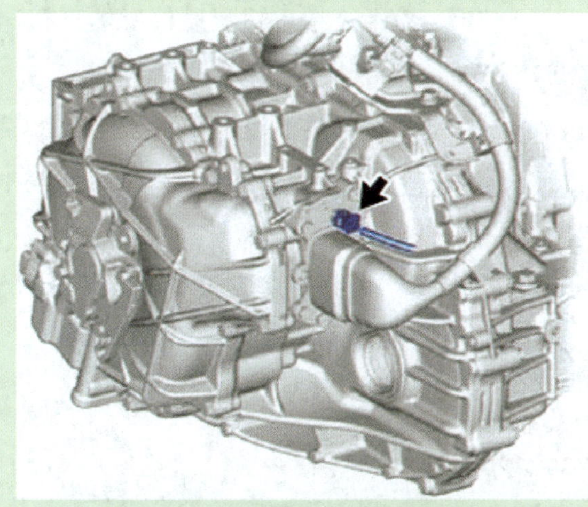

图 3-7-5　电机温度传感器连接器 B4 位置

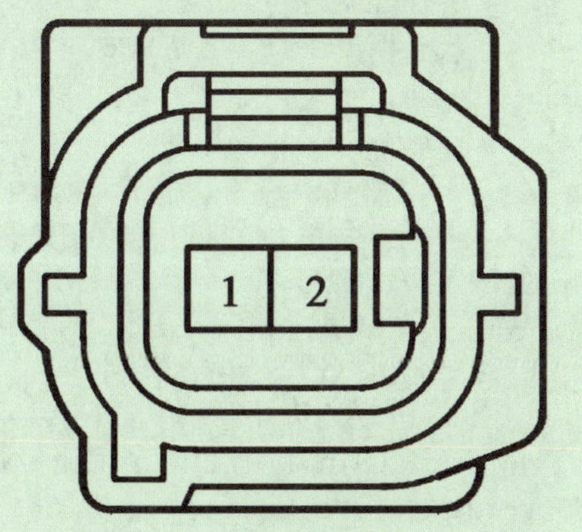

图 3-7-6　连接器 B4 端子

（1）断开电机温度传感器连接器 B4（见图 3-7-5）

（2）连接电机温度传感器连接器 B4 的端子 1（MMT）和 2（MMTG）（见图 3-7-6）

（3）使用 GTS 连接车辆

（4）进入以下菜单：Powertrain/Hybrid Control/Data List/Motor Temperature

（5）根据下表，读取电机温度，读取方法与上述一致

标准温度

检测仪显示	条件	规定状态
Motor Temperature	连接端子 B4-1（MMT）和 B4-2（MMTG）电源开关 ON（IG）	215 ℃（419 ℉）

（6）将电源开关置于 OFF 位置

（7）重新连接电机温度传感器连接器 B4

续表

<table>
<tr><td>3</td><td colspan="2">使用 GTS 读取值（断路检查）</td></tr>
<tr><td colspan="2">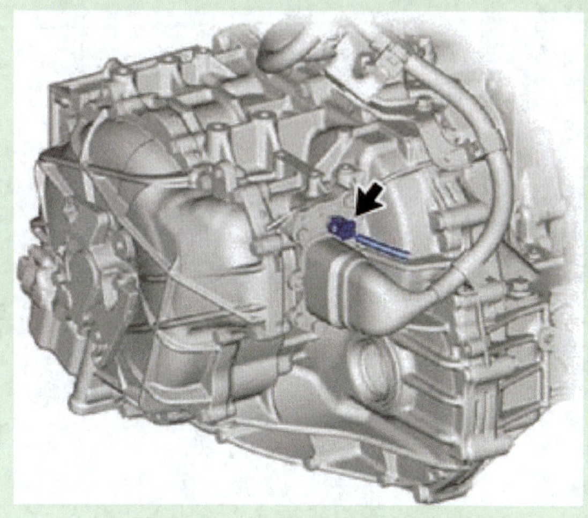
图 3-7-7　断开连接器 B4</td><td>（1）断开电机温度传感器连接器 B4（见图 3-7-7）
（2）使用 GTS 连接车辆
（3）进入以下菜单：Powertrain/Hybrid Control/Data List/Motor Temperature
（4）根据下表，读取电机温度，读取方法与上述一致
标准温度
检测仪显示：Motor Temperature；条件：电源开关 ON（IG）；规定状态：-40 ℃（-40 ℉）
（5）将电源开关置于 OFF 位置
（6）重新连接电机温度传感器连接器 B4</td></tr>
<tr><td>4</td><td colspan="2">检查线束和连接器（电机温度传感器、混合动力车辆控制 ECU）</td></tr>
<tr><td colspan="3">电机温度传感器 - 混合动力车辆控制 ECU 电路原理如图 3-7-8 所示。
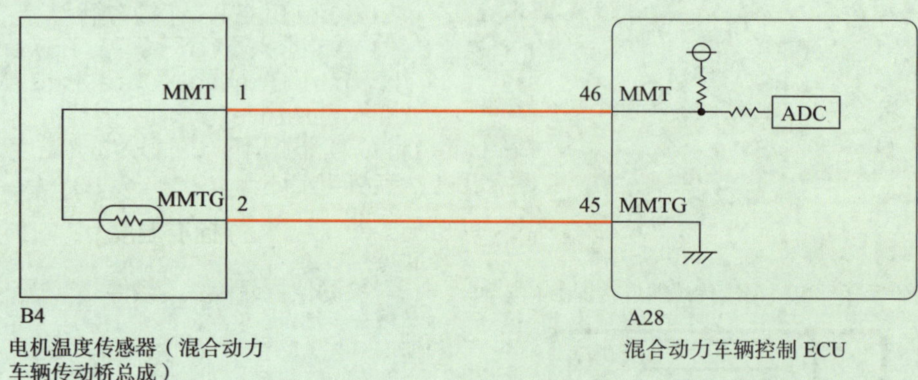

图 3-7-8　电机温度传感器 - 混合动力车辆控制 ECU 电路原理</td></tr>
<tr><td colspan="2"></td><td>（1）连接混合动力车辆控制 ECU 连接器 A28 的端子 46（MMT）和 45（MMTG）（见图 3-7-9）
（2）使用 GTS 连接车辆
（3）进入以下菜单：Powertrain/Hybrid Control/Data List/Motor Temperature
（4）根据下表读取电机温度</td></tr>
</table>

续表

图 3-7-9 连接端子 A28-46 和 A28-45 端子

标准温度

检测仪显示	条件	规定状态
Motor Temperature	连接端子 A28-46（MMT）和 A28-45（MMTG）电源开关 ON（IG）	215 ℃（419 ℉）

（5）将电源开关置于 OFF 位置

5 检查线束和连接器（电机温度传感器、混合动力车辆控制 ECU）

图 3-7-10 拆卸动力管理控制 ECU 连接器 A28

（1）断开电机温度传感器连接器 B4
（2）断开混合动力车辆控制 ECU 连接器 A28（见图 3-7-10）
（3）根据下表中的值测量电阻

标准电阻（短路检查）

检测仪显示	条件	规定状态
B4-1（MMT）-A28-46（MMT）	电源开关 OFF	小于 1 Ω
B4-2（MMTG）-A28-45（MMTG）	电源开关 OFF	小于 1 Ω

标准电阻（短路检查）

检测仪显示	条件	规定状态
B4-1（MMT）或 A28-46（MMT）- 车身搭铁和其他端子	电源开关 OFF	10 kΩ 或更大
B4-2（MMTG）或 A28-45（MMTG）- 车身搭铁和其他端子	电源开关 OFF	10 kΩ 或更大

续表

图 3-7-11　A28 连接器接插件

（4）重新连接混合动力车辆控制ECU 连接器 A28（见图 3-7-11）

图 3-7-12　B4 与 A28 连接器端子

（5）重新连接电机温度传感器连接器B4（见图 3-7-12）

【课后实训】

一、实训情境

一辆丰田雷凌双擎混动车辆，其电源开关不能置于ON（Ready）位置，主警告灯点亮，多信息显示屏上显示“混合动力系统故障”，并输出故障码P0A2A11。

P0A2A11表示____________________。

二、实训内容

1. 查询车辆维修手册，画出驱动电机温度传感器系统的电路原理图。

2. 根据车辆维修手册和电路图，制定故障码 P0A2A11 中排除驱动电机温度传感器电路故障的流程，以流程图表示。

3. 通过小组合作，根据车辆维修手册，排除驱动电机温度传感器故障（故障码 P0A2A11）。描述故障现象，记录检测数值，并进行判断与分析。

（1）描述故障现象

（2）记录检测数值并进行判断与分析（见表 3-7-3）

表 3-7-3 记录检测数值并进行判断与分析

序号	检测仪连接	条件（开关状态）	规定值	实测值	判断与简单分析
1					
2					
3					
4					
5					
6					
7					
8					
9					
10					
11					
12					

课题八 | 混合动力车辆控制 ECU 通信终止故障诊断与排除

学习目标

1. 能根据故障现象，在车辆维修手册中查询解决 ECU 通信系统故障的相关信息。

2. 能根据车辆维修手册中 ECU 通信系统的电路图，描述 ECU 通信系统的电路原理。

3. 能合理制定 ECU 通信系统故障排除方案。

4. 能排除 ECU 通信系统故障。

5. 在故障排除过程中，能准确记录检测数据，工作过程符合新能源汽车安全操作要求。

任务描述

一辆丰田 2016 款雷凌双擎混动汽车行驶里程为 50 000 km，车辆可以打开电源开关，但是无法启动，无 Ready 指示灯，中央显示屏提示“ECM 通信系统丢失”，蓄电池电压正常。

维修技师连接丰田 OTC 诊断仪，对车辆做了检查后，确定是混合动力控制 ECU 通信故障。假如你是车间机修一组成员，请你对该车辆进行混合动力控制 ECU 通信故障诊断与排除，给出合理的维修建议。

任务分析

维修人员需要按照故障码提示判断故障范围，在确认安全的条件下，根据 CAN 通信系统电路图检测电路，确定故障点，通过更换故障零部件排除故障，并最终按特定的操作步骤确认故障排除。

相关理论

一、CAN 通信系统原理

CAN 通信系统电路原理（总线 1）如图 3-8-1 所示。

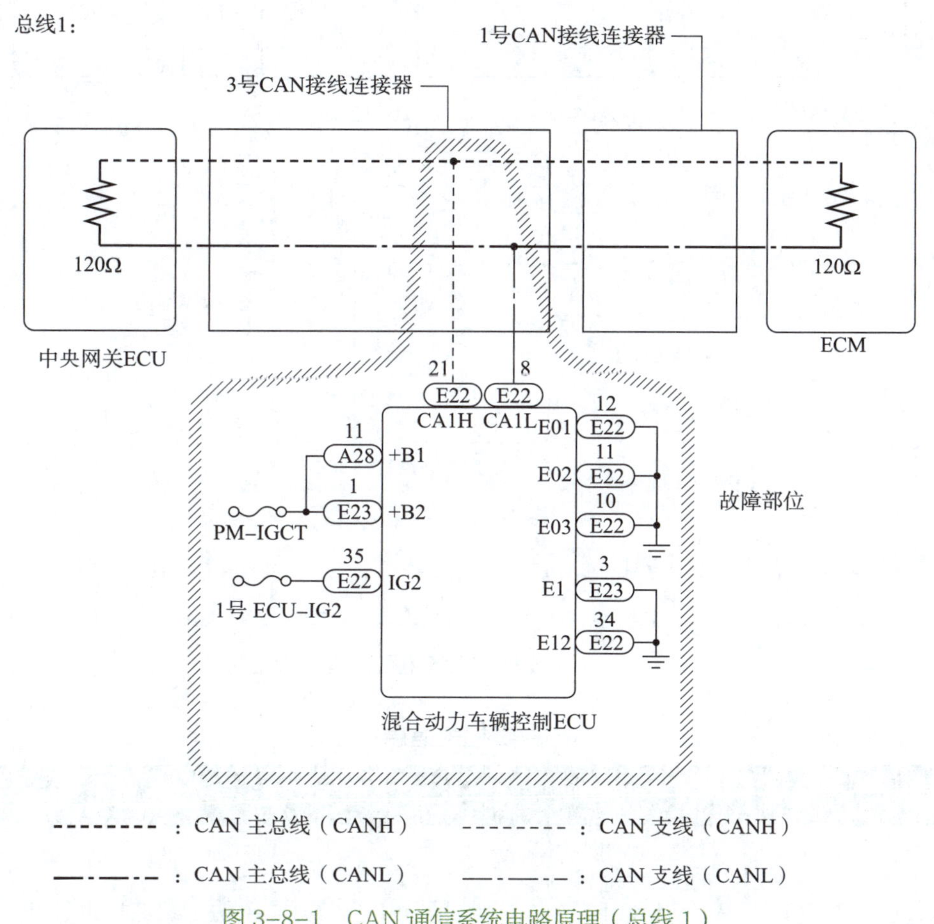

图 3-8-1　CAN 通信系统电路原理（总线 1）

CAN 通信系统电路原理（总线 2）如图 3-8-2 所示。

二、故障症状与故障部位

故障相关信息见表 3-8-1。

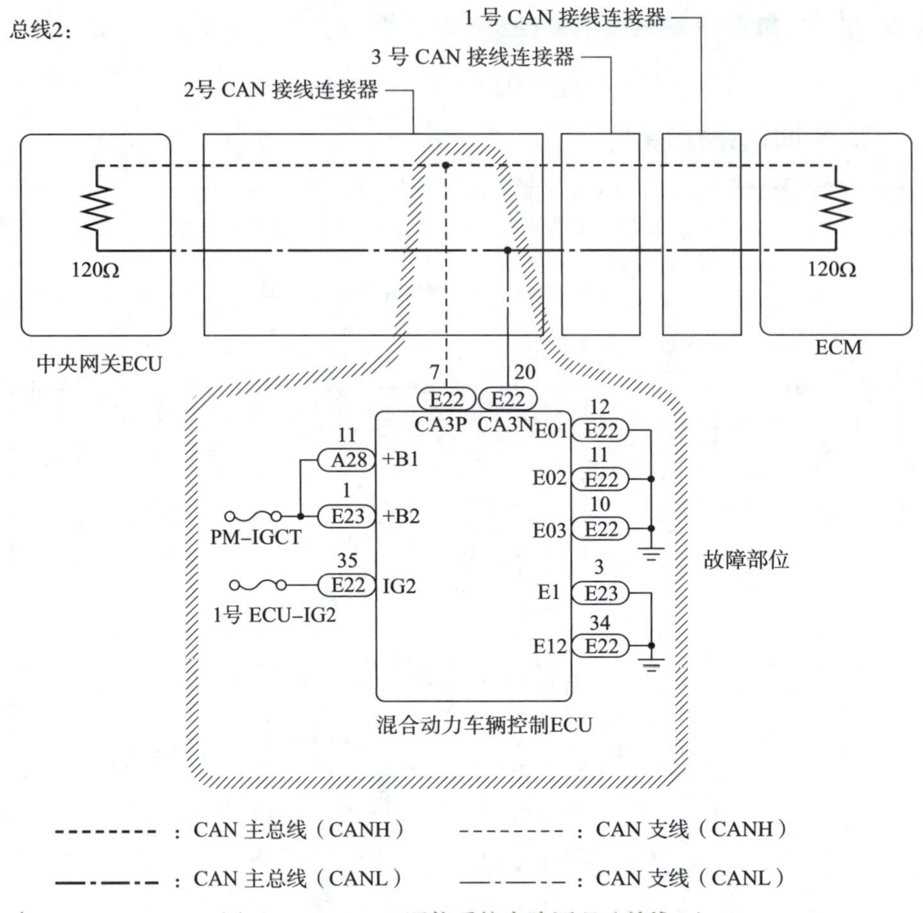

图 3–8–2　CAN 通信系统电路原理（总线 2）

表 3–8–1　　故障相关信息

检测项目	症状	故障部位
混合动力车辆控制 ECU 通信终止模式	满足下列任一条件 1. “Hybrid Vehicle Control” 和 “Transmission Contrd” 未显示在 GTS 的 CAN Bus Check 画面上 2. 输出与“DTC 组合表”中“防滑控制 ECU 通信终止模式”对应的通信系统 DTC（以 U 开头的 DTC）	1. 混合动力控制 ECU 支线或连接器 2. 混合动力控制 ECU 电源电路 3. 混合动力控制 ECU 搭铁电路 4. 混合动力控制 ECU

根据电路图，故障点可能是线束或连接器、混合动力车辆控制 ECU、CAN 接线连接器。

故障排除

一、故障诊断流程

通信系统诊断流程如图 3-8-3 所示。

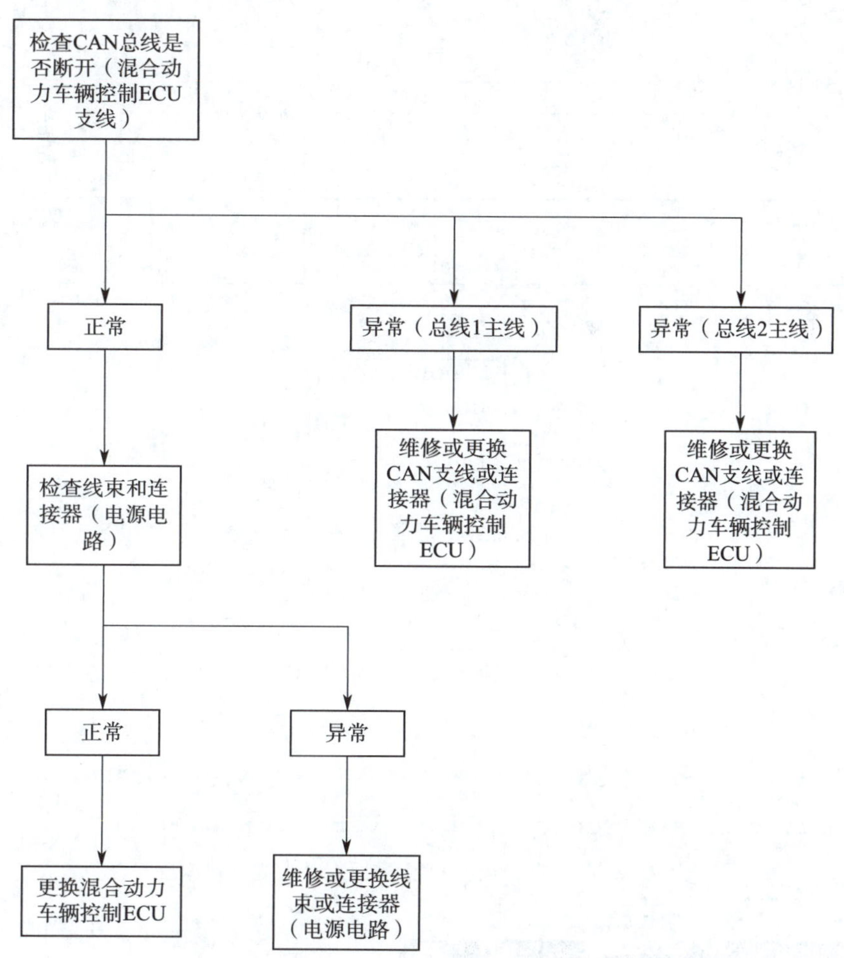

图 3-8-3　通信系统诊断流程

二、故障检测方法

在上述流程图中，每一个检查步骤的具体检测方法见表 3-8-2。

表 3-8-2　具体检测方法

1	检查 CAN 总线是否断开（混合动力车辆控制 ECU 支线）

混合动力车辆控制 ECU 支线电路原理如图 3-8-4 所示。

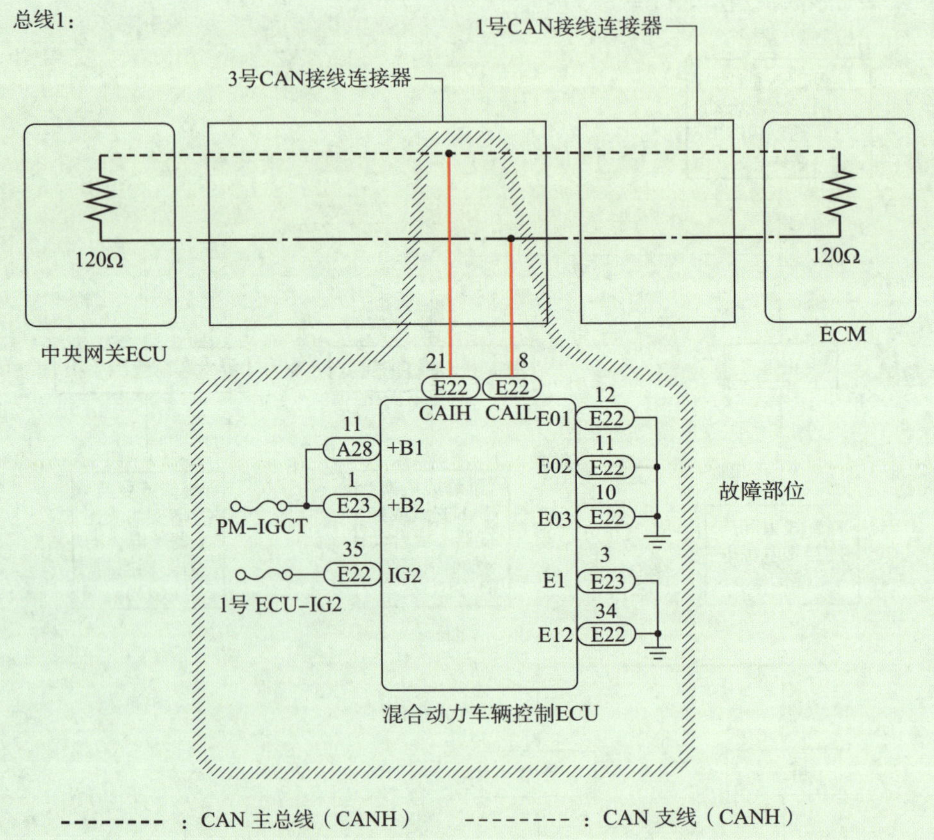

：CAN 主总线（CANH）　：CAN 支线（CANH）

：CAN 主总线（CANL）　：CAN 支线（CANL）

图 3-8-4　混合动力车辆控制 ECU 支线电路原理

图 3-8-5　断开混合动力车辆控制 ECU 连接器 E22

（1）断开辅助蓄电池负极（-）端子电缆

（2）断开混合动力车辆控制 ECU 连接器 E22（见图 3-8-5、图 3-8-6）

续表

图 3-8-6 E22 连接器接插件

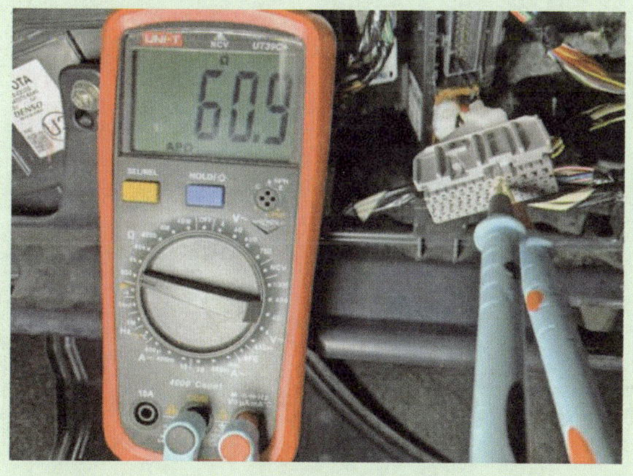

图 3-8-7 测量 E22-21（CA1H）-E22-8（CA1L）电阻

（3）根据下表中的值测量电阻（见图 3-8-7）

标准电阻

检测仪显示	条件	规定状态
E22-21（CA1H）-E22-8（CA1L）	断开辅助蓄电池负极（-）端子电缆	54～69 Ω

图 3-8-8 测量 E22-7（CA3P）-E22-20（CA3N）电阻

（4）根据下表中的值测量电阻（见图 3-8-8）

标准电阻

检测仪显示	条件	规定状态
E22-7（CA3P）-E22-20（CA3N）	断开辅助蓄电池负极（-）端子电缆	54～69 Ω

续表

2	检查线束和连接器（电源电路）

电源电路原理如图 3-8-9 所示。

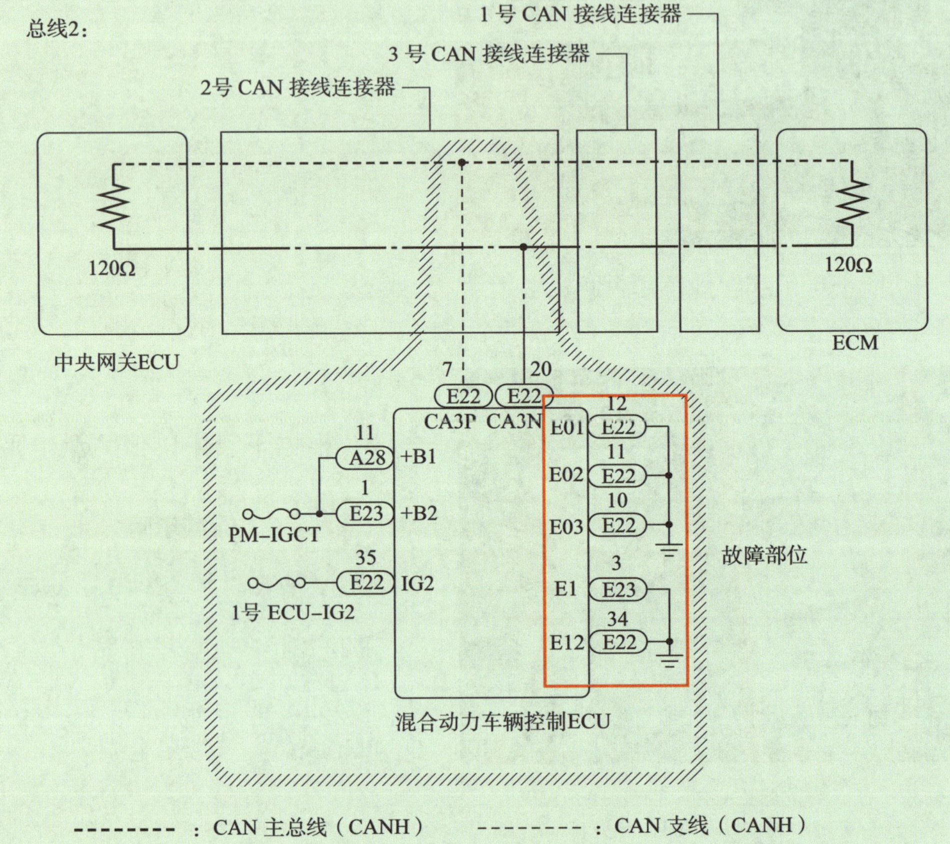

图 3-8-9　电源电路原理

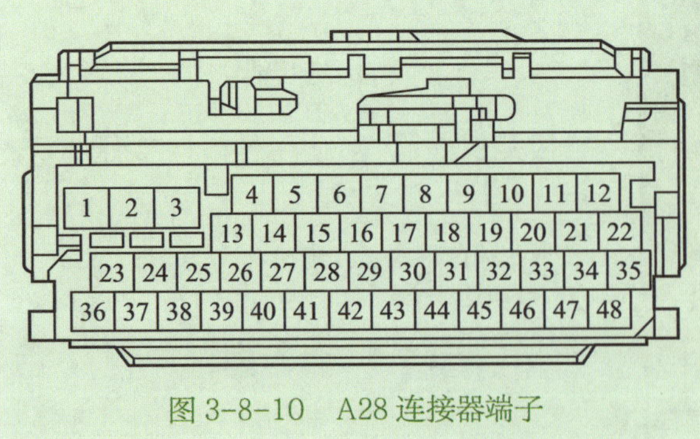

图 3-8-10　A28 连接器端子

（1）断开混合动力车辆控制 ECU 连接器 A28（见图 3-8-10）、E22（见图 3-8-11）、E23（见图 3-8-12）

（2）根据下表中的值测量电阻

续表

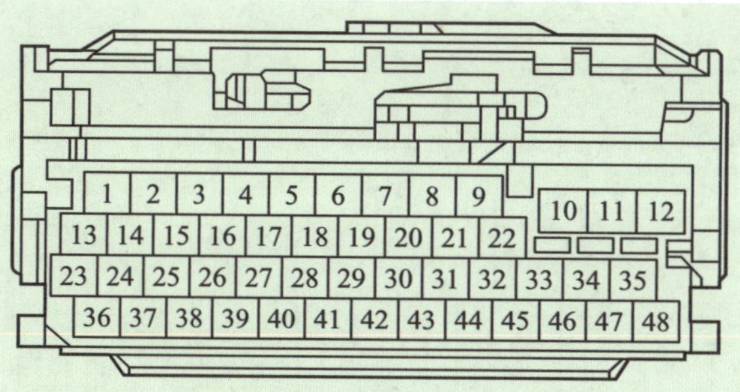

图 3-8-11　E22 连接器端子

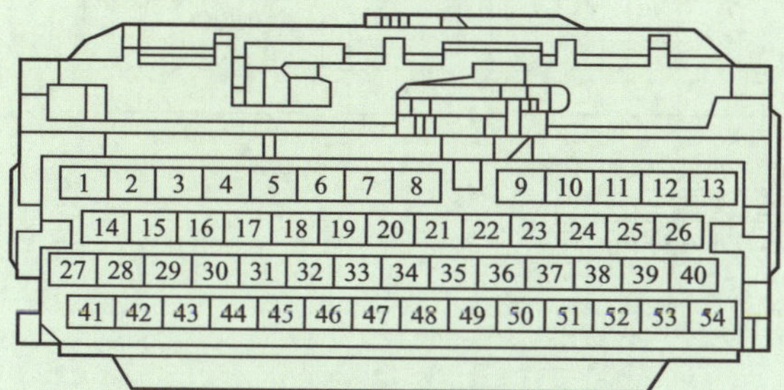

图 3-8-12　E23 连接器端子

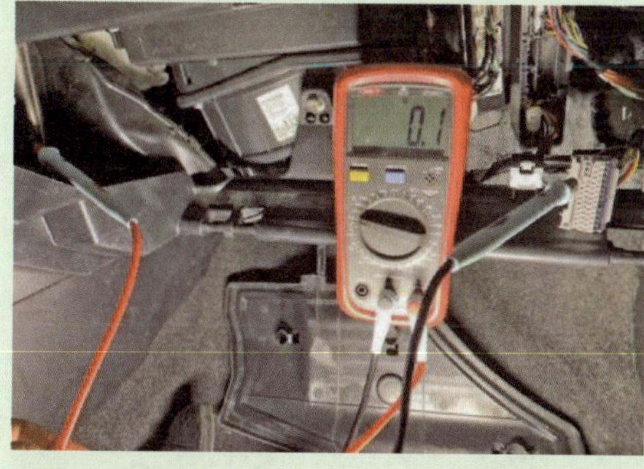

图 3-8-13　测量 E22-10（E03）- 车身搭铁电阻

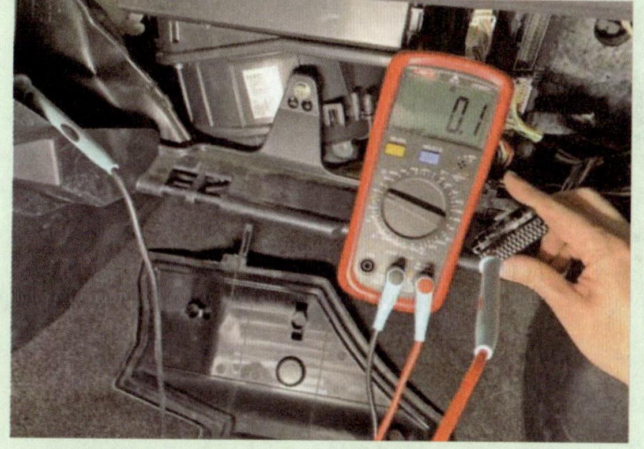

图 3-8-14　测量 E23-3（E1）- 车身搭铁电阻

标准电阻

检测仪显示	条件	规定状态
E22-10（E03）- 车身搭铁	断开辅助蓄电池负极（-）端子电缆	小于 1 Ω
E22-11（E02）- 车身搭铁	断开辅助蓄电池负极（-）端子电缆	小于 1 Ω
E22-12（E01）- 车身搭铁	断开辅助蓄电池负极（-）端子电缆	小于 1 Ω
E22-34（E12）- 车身搭铁	断开辅助蓄电池负极（-）端子电缆	小于 1 Ω
E23-3（E1）- 车身搭铁	断开辅助蓄电池负极（-）端子电缆	小于 1 Ω

1）测量 E22-10（E03）- 车身搭铁之间的电阻，应小于 1 Ω（见图 3-8-13）

2）按照表格测量条件，以此类推，测量阻值均应小于 1 Ω（见图 3-8-14）

续表

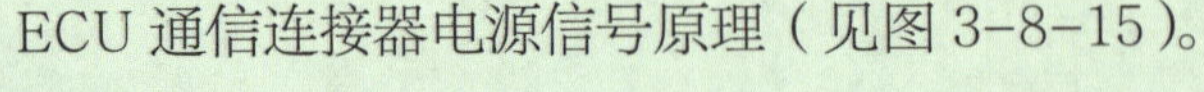
ECU 通信连接器电源信号原理（见图 3-8-15）。

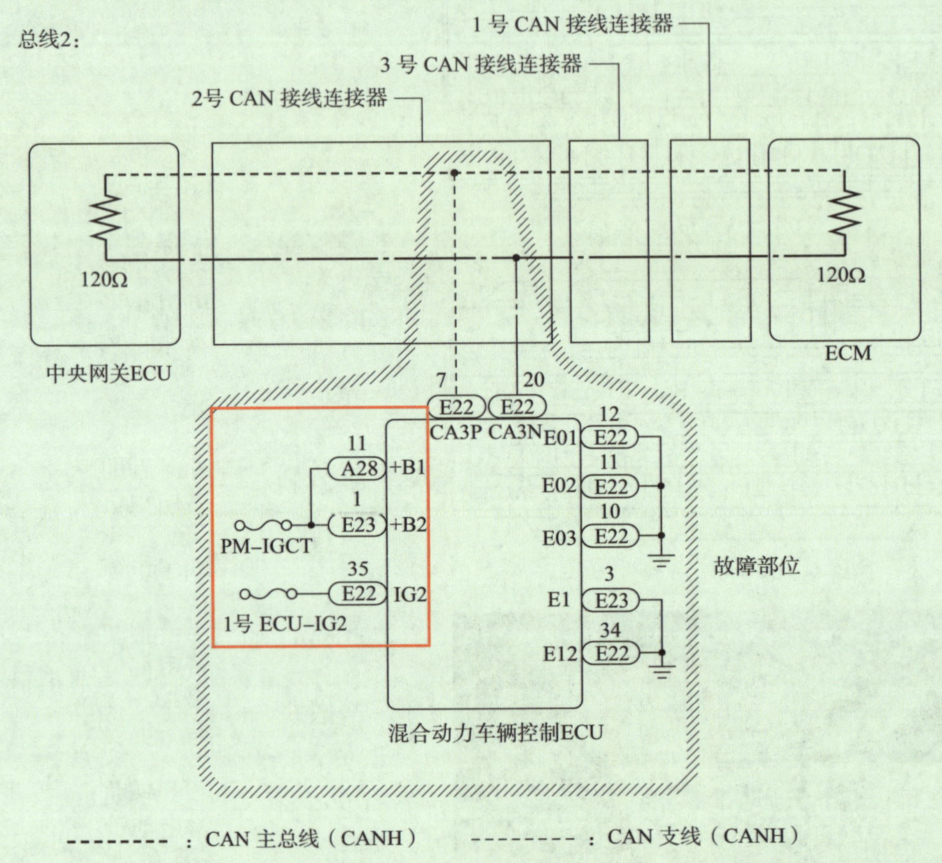

图 3-8-15　ECU 通信连接器电源信号原理

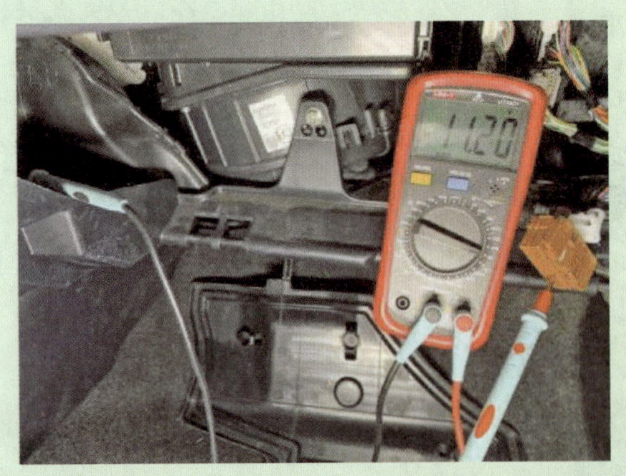
图 3-8-16　测量 A28-11（+B1）- 车身搭铁电压

（3）重新连接辅助蓄电池负极（-）端子电缆

（4）根据下表中的值测量电压

续表

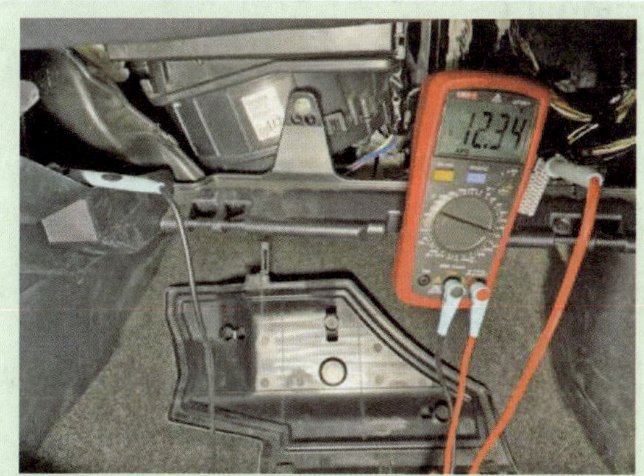

图 3-8-17 测量 E22-35（IG2）- 车身搭铁电压

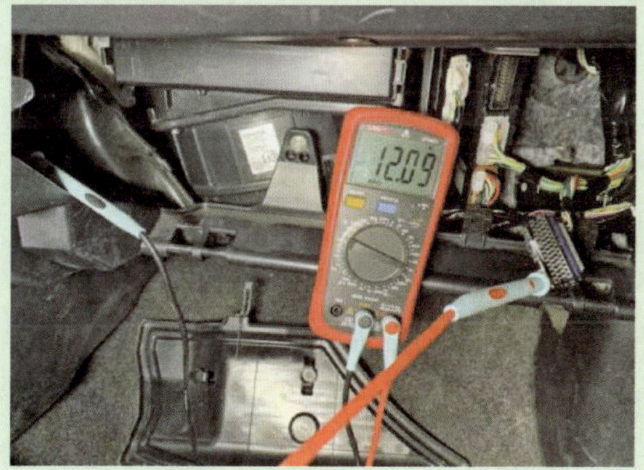

图 3-8-18 测量 E23-1（+B2）- 车身搭铁电压

标准电压

检测仪显示	条件	规定状态
A28-11（+B1）- 车身搭铁	电源开关 ON（IG）	11～14 V
E22-35（IG2）- 车身搭铁	电源开关 ON（IG）	11～14 V
E23-1（+B2）- 车身搭铁	电源开关 ON（IG）	11～14 V

1）测量 A28-11（+B1）- 车身搭铁之间的电压，应在 11～14 V（见图 3-8-16）

2）测量 E22-35（IG2）- 车身搭铁之间的电压，应在 11～14 V（见图 3-8-17）

3）测量 E23-1（+B2）- 车身搭铁之间的电压，应在 11～14 V（见图 3-8-18）

【课后实训】

一、实训情境

一辆丰田雷凌双擎混动车辆，其电源开关不能置于 ON（Ready）位置，主警告灯点亮，多信息显示屏上显示“混合动力系统故障”。

二、实训内容

1. 请查询车辆维修手册，画出 ECU 通信系统的电路原理图。

2. 根据车辆维修手册和电路图，制定排除 ECU 通信系统电路故障的流程，以流程图表示。

3. 小组合作，根据车辆维修手册，排除 ECU 通信系统电路故障。描述故障现象，记录检测数值，并进行判断与分析。

（1）描述故障现象

____

____

____

____

____

（2）记录检测数值并进行判断与分析（见表 3-8-3）

表 3-8-3　　记录检测数值并进行判断与分析

序号	检测仪连接	条件（开关状态）	规定值	实测值	判断与简单分析
1					
2					
3					
4					
5					
6					
7					
8					
9					
10					
11					
12					

课题九 | 动力蓄电池冷却风扇故障诊断与排除

学习目标

1. 能根据故障现象，在车辆维修手册中查询解决动力蓄电池冷却风扇故障的相关信息。

2. 能根据车辆维修手册查找动力蓄电池的冷却风扇电路图，描述动力蓄电池冷却风扇电路原理。

3. 能合理制定动力蓄电池冷却风扇故障（故障码为 P0A8111）排除方案，并排除故障。

4. 在故障排除过程中，能准确记录检测数据，工作过程符合新能源汽车安全操作要求。

任务描述

一辆丰田雷凌双擎混动汽车，其故障为车辆电源开关不能置于 ON（Ready）位置，主警告灯点亮，多信息显示屏上显示“混合动力系统故障”。

维修技师连接丰田 OTC 诊断仪后，对车辆做了检查，读取到的故障码为 P0A8111。

任务分析

故障码 P0A8111 表示动力蓄电池冷却风扇 1 电路对搭铁短路。在动力蓄电池重复的充放电过程中，动力蓄电池会产生热量，为了保证电池良好的工作性能，车辆专门为 EV 电池提供了一套冷却系统，采用冷却风扇进行冷却。冷却风扇位于车辆后座底部。

冷却风扇属于混合动力控制系统的执行器，一般可先采用主动测试检查冷却风扇功能，再进行系统电路检查。

相关理论

一、动力蓄电池冷却系统电路原理

动力蓄电池冷却系统电路原理如图 3-9-1 所示。混合动力车辆控制 ECU 控制蓄电池冷却鼓风机总成转速。混合动力车辆控制 ECU 的端子 MREL 接通 IGCT 继电器时，向蓄电池冷却鼓风机总成供电。混合动力车辆控制 ECU 发送指令信号（SI0）到蓄电池冷却鼓风机总成以将风扇转速调节至与蓄电池温度相对应的转速。利用串行通信通过蓄电池电压传感器，将蓄电池冷却鼓风机总成的频率（FP0）作为监视信号发送至混合动力车辆控制 ECU。

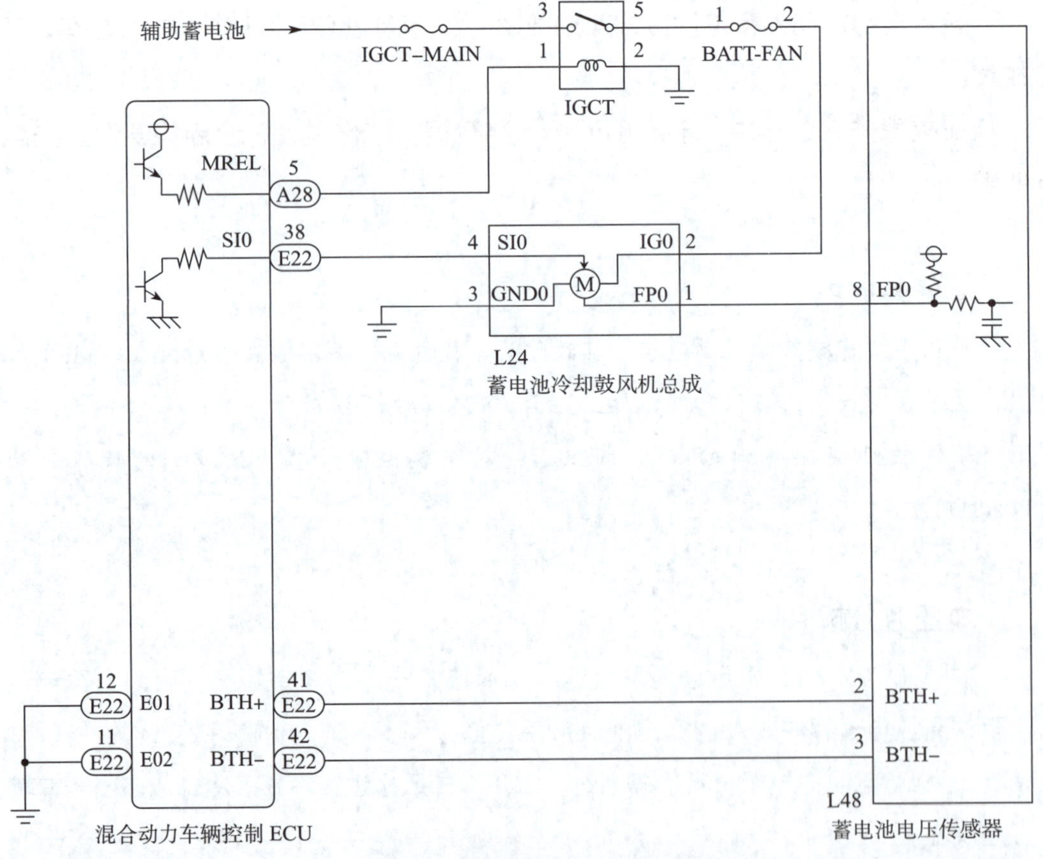

图 3-9-1　动力蓄电池冷却系统电路原理

二、故障码触发与故障点

故障码 P0A8111 及相关信息见表 3-9-1。

表 3-9-1 故障码 P0A8111 及相关信息

故障码	检测项目	触发条件	MIL 灯	警告指示灯
P0A8111	动力蓄电池冷却风扇 1 电路对搭铁短路	满足以下两个条件（单程检测逻辑） 根据蓄电池冷却鼓风机总成输出频率计算的转速不在目标控制转速范围内 请求特定等级转速时，蓄电池冷却鼓风机总成转速过低（连接的电路可能断路或对搭铁短路，或电动机可能锁止）	不点亮	点亮

根据电路图，故障点可能是蓄电池电压传感器、混合动力车辆控制 ECU、蓄电池冷却鼓风机总成、BATT FAN 熔丝、线束或连接器。

故障排除

一、故障诊断流程

P0A8111 故障的诊断流程如图 3-9-2 所示。

二、故障检测方法

在上述流程图中，每一个检查步骤的具体检测方法见表 3-9-2。

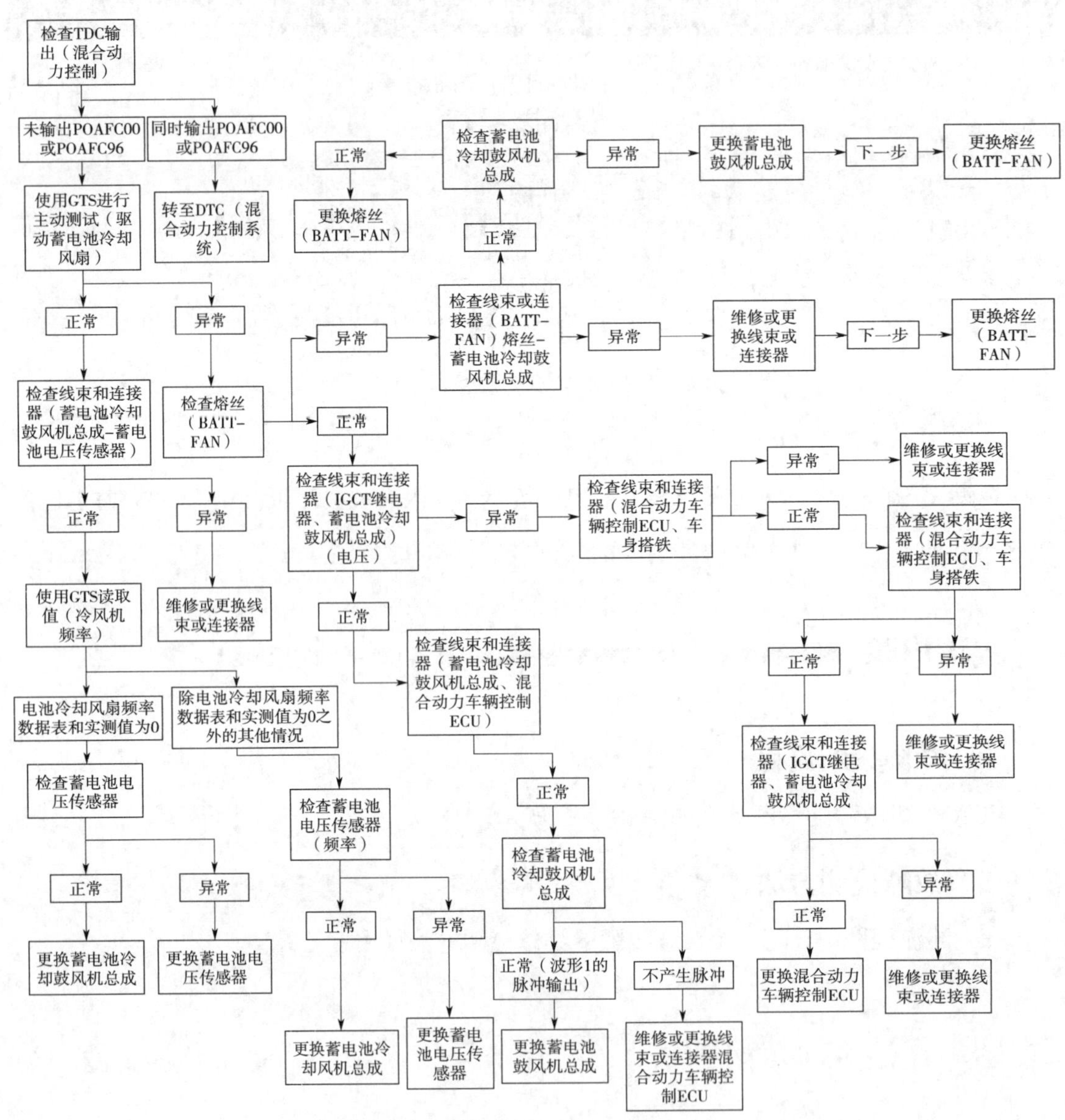

图 3-9-2　P0A8111 故障的诊断流程

表 3-9-2　　具体检测方法

1	使用 GTS 进行主动测试（驱动蓄电池冷却风扇）
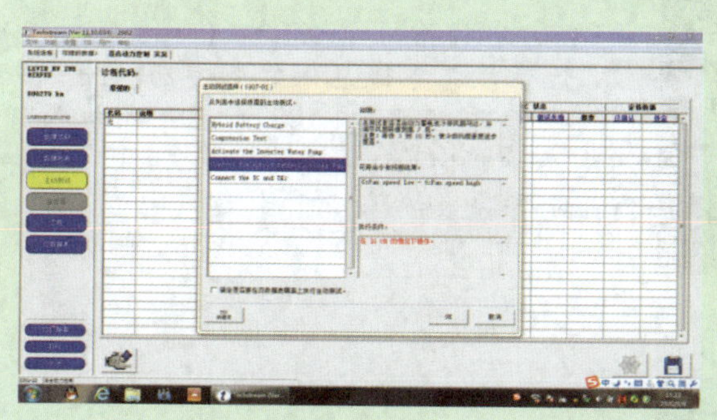 图 3-9-3　动力蓄电池冷却风扇主动测试	（1）使用 GTS 连接车辆 （2）动力蓄电池冷却风扇主动测试（见图 3-9-3）中，即使关闭冷却风扇，蓄电池冷却鼓风机总成也可能不停止，这是由动力蓄电池系统控制造成的，并非故障
2	检查线束和连接器（蓄电池冷却鼓风机总成、蓄电池电压传感器）

蓄电池冷却鼓风机总成 - 蓄电池电压传感器电路原理如图 3-9-4 所示。

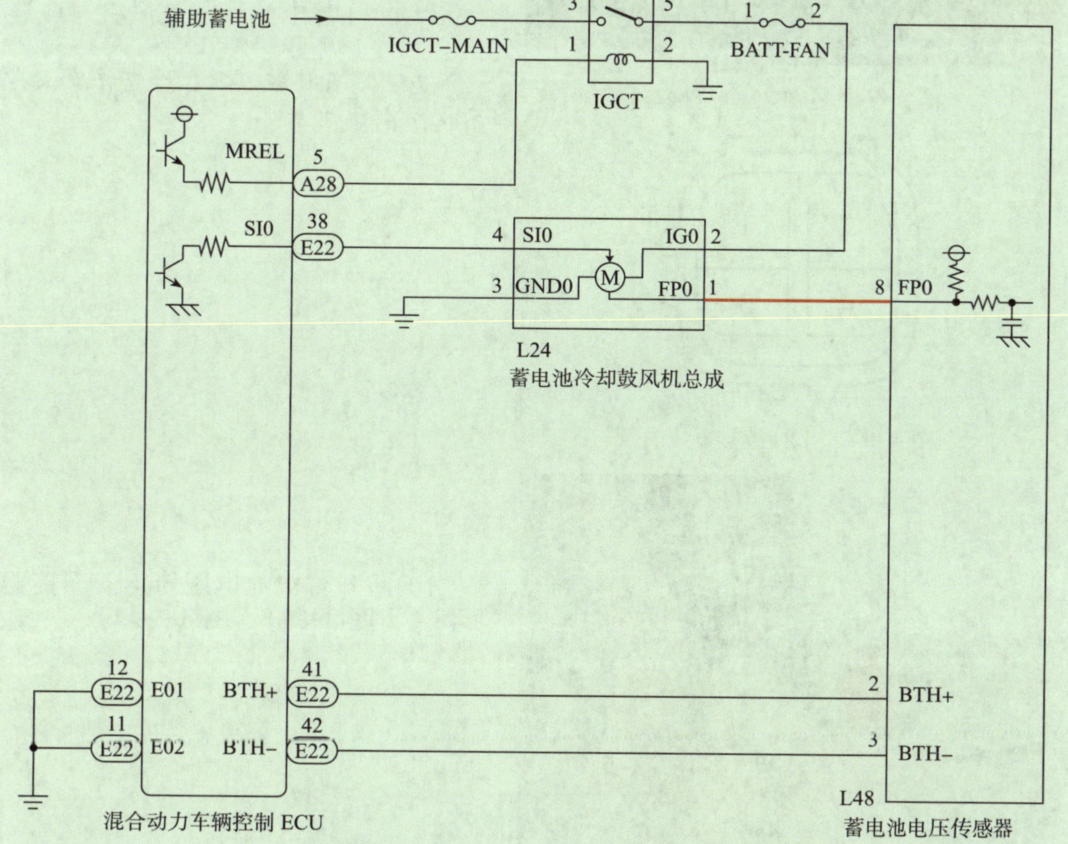

图 3-9-4　蓄电池冷却鼓风机总成 - 蓄电池电压传感器电路原理

续表

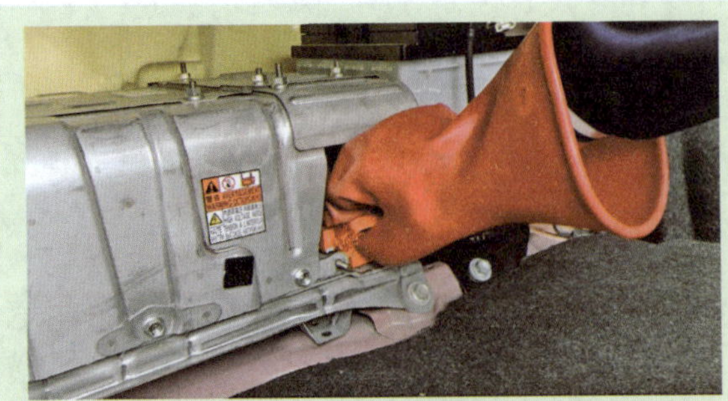 图 3-9-5　拆下高压维修开关	（1）拆下高压维修开关（见图 3-9-5） 注意：拆下高压维修开关后，除非车辆维修手册规定，否则不要将电源开关置于 ON（Ready）位置，因为这样可能会导致故障
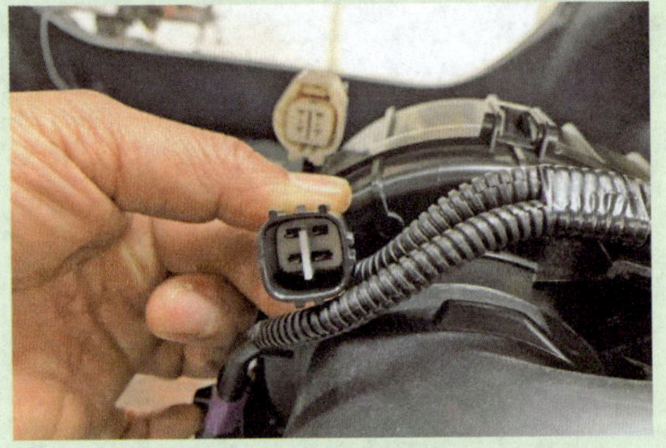 图 3-9-6　拆卸 L24 连接器 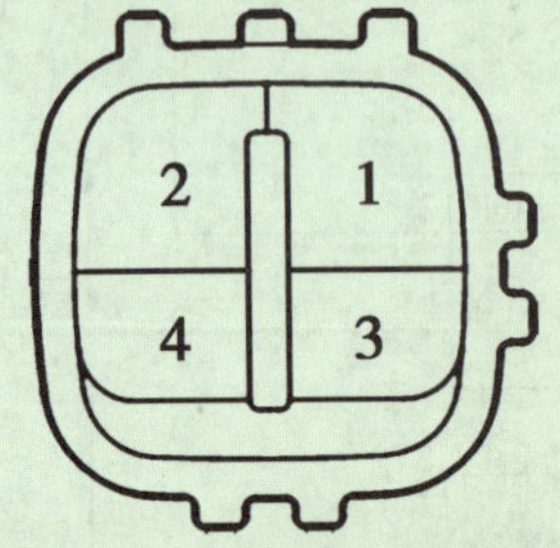 图 3-9-7　L24 连接器端子	（2）拆下后排座椅靠背总成 （3）断开蓄电池冷却鼓风机总成连接器 L24（见图 3-9-6、图 3-9-7） 注意：断开连接器前，检查并确认其未松动或断开
 图 3-9-8　拆卸 L48 连接器	（4）断开蓄电池电压传感器连接器 L48（见图 3-9-8、图 3-9-9）

续表

图 3-9-9　L48 连接器端子

注意：断开连接器前，检查并确认其未松动或断开

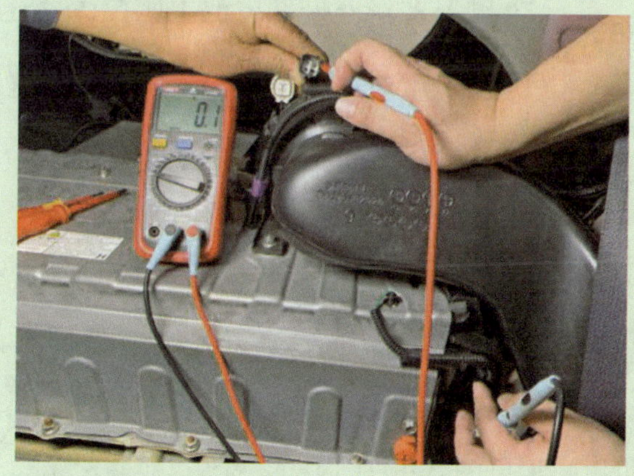
图 3-9-10　测量 L24-1（FP0）-L48-8（FP0）电阻

（5）根据下表中的值测量电阻

标准电阻

检测仪显示	条件	规定状态
L24-1（FP0）-L48-8（FP0）	电源开关 OFF	小于 1 Ω
L24-1（FP0）-车身搭铁和其他端子	电源开关 OFF	10 kΩ 或更大

1）测量 L24-1（FP0）和 L48-8（FP0）之间的电阻，应小于 1 Ω（见图 3-9-10）

2）测量 L24-1（FP0）与车身搭铁和其他端子之间的电阻，应为 10 kΩ 或更大（见图 3-9-11）

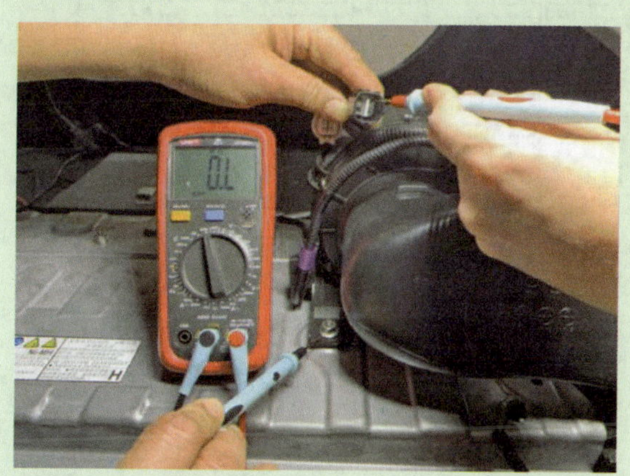
图 3-9-11　测量 L24-1（FP0）- 车身搭铁和其他端子电阻

续表

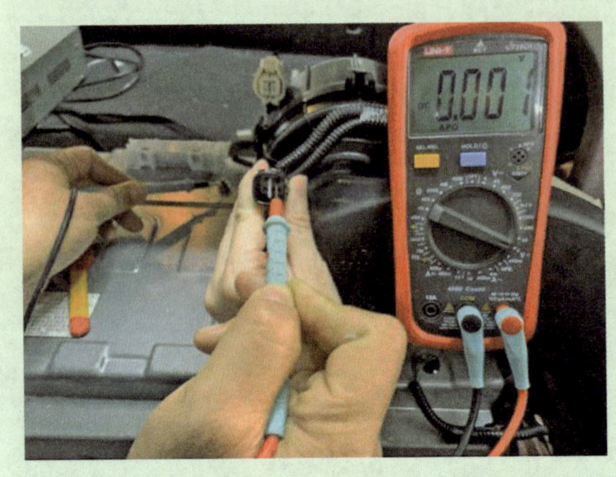

图 3-9-12　测量 L24-1（FP0）- 车身搭铁电压

（6）连接辅助蓄电池负极（-）端子电缆

（7）将电源开关置于 ON（IG）位置

（8）根据下表中的值测量电压（见图 3-9-12）

标准电压

检测仪显示	条件	规定状态
L24-1（FP0）-车身搭铁	电源开关 ON（IG）	低于 1 V

（9）将电源开关置于 OFF 位置

（10）断开辅助蓄电池负极（-）端子电缆

（11）重新连接蓄电池电压传感器连接器 L48

（12）重新连接蓄电池冷却鼓风机总成连接器 L24

（13）安装后排座椅靠背总成

3　使用 GTS 读取值（冷却风扇频率）

（1）拆下高压维修开关

（2）拆下后排座椅靠背总成

（3）连接辅助蓄电池负极（-）端子电缆

（4）连接 GTS，清除 DTC

（5）在“Control the Hybrid Battery Cooling Fan”主动测试中选择各气流量模式（1～6）执行蓄电池冷却鼓风机总成的主动测试（见图 3-9-13）

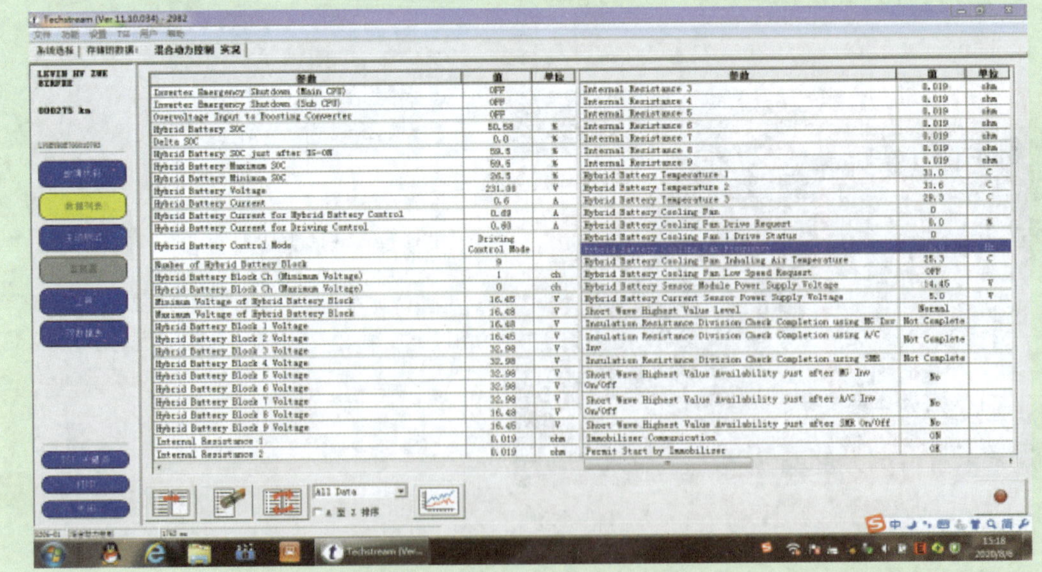

图 3-9-13　读取冷却风扇工作频率

续表

（6）冷却风扇工作时，将数据表（Hybrid Battery Cooling Fan Frequency）的值与在蓄电池电压传感器连接器处实际测量的频率值进行比较

检测仪显示	条件
L24-1（FP0）- 车身搭铁	电源开关 ON（IG）

（7）将电源开关置于 OFF 位置

1）从 DLC3 上断开 GTS

2）断开辅助蓄电池负极（-）端子电缆

3）安装手套箱盖总成

4 检查蓄电池电压传感器

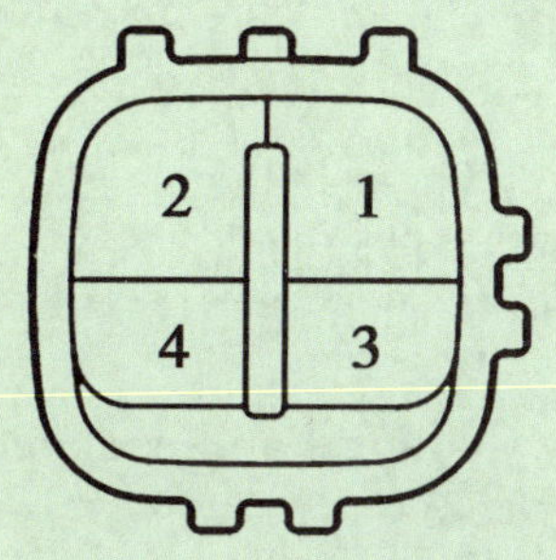

图 3-9-14 L24 连接器端子

（1）拆下高压维修开关

（2）拆下后排座椅靠背总成

（3）断开蓄电池冷却鼓风机总成连接器 L24（见图 3-9-14）

注意：断开连接器前，检查并确认其未松动或断开

（4）连接辅助蓄电池负极（-）端子电缆

（5）将电源开关置于 ON（IG）位置

根据下表中的值测量电压

标准电压

检测仪显示	条件	规定状态
L24-1（FP0）-L24-3（GND0）	电源开关 ON（IG）	4.5 ~ 5.5 V

（6）将电源开关置于 OFF 位置

（7）断开辅助蓄电池负极（-）端子电缆

（8）重新连接蓄电池冷却鼓风机总成连接器 L24，安装后排座椅靠背总成

续表

5	检查蓄电池电压传感器（频率）

冷却风扇主动测试如图 3-9-15 所示。

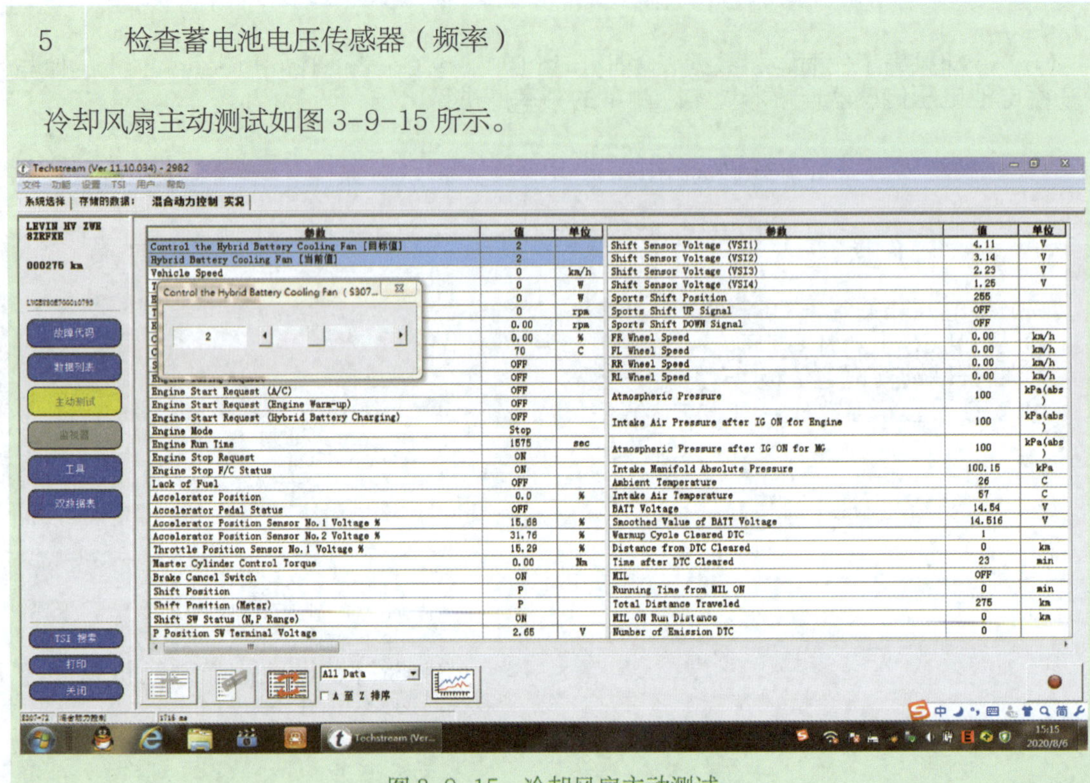

图 3-9-15　冷却风扇主动测试

（1）拆下高压维修开关

（2）拆下后排座椅靠背总成

（3）连接辅助蓄电池负极（-）端子电缆，连接 GTS，清除 DTC

（4）在“Control the Hybrid Battery Cooling Fan”主动测试中选择各气流量模式（1~6）执行蓄电池冷却鼓风机总成的主动测试

（5）冷却风扇工作时，将数据表（Hybrid Battery Cooling Fan Frequency）的值与在蓄电池电压传感器连接器处实际测量的频率值进行比较

频率值

检测仪显示	条件	规定状态
L48-8（FP0）-L48-5（GND）	蓄电池冷却鼓风机总成工作	数据表（Hybrid Battery Cooling Fan Frequency）值和蓄电池电压传感器连接器处实际测量的值相差 10% 或更少

注意：在高压维修开关拆下的情况下将电源开关置于 ON（IG）位置，会导致存储其他 DTC。进行该检查后清除 DTC

提示：比较各气流量模式（1~6）的值。如果无法进行主动测试，在仅在当前气流量模式下比较值

（6）将电源开关置于 OFF 位置，从 DLC3 上断开 GTS，断开辅助蓄电池负极（-）端子电缆，安装手套箱盖总成

续表

6	检测熔丝（BATT-FAN）

熔丝 BATT-FAN 电路原理如图 3-9-16 所示。

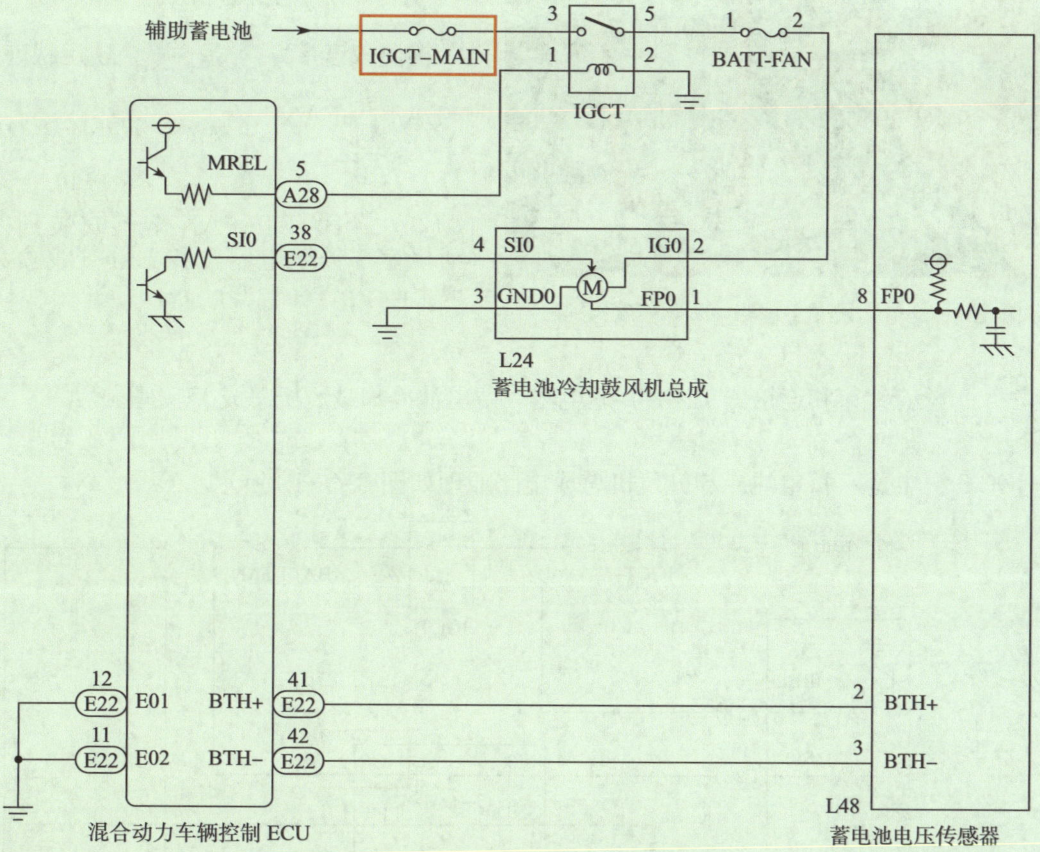

辅助蓄电池
IGCT-MAIN
3 5 1 2
IGCT
1 2
BATT-FAN
MREL
5
A28
SI0
38
E22
4 SI0
IG0 2
3 GND0
M
FP0 1
8 FP0
L24
蓄电池冷却鼓风机总成
12
E22 E01
BTH+
41
E22
11
E22 E02
BTH-
42
E22
2 BTH+
3 BTH-
L48
混合动力车辆控制 ECU
蓄电池电压传感器

图 3-9-16 熔丝 BATT-FAN 电路原理

图 3-9-17 BATT-FAN 熔丝位置

（1）从发动机室 1 号继电器盒和 1 号接线盒总成上拆下 BATT-FAN 熔丝（见图 3-9-17）

续表

图 3-9-18　测量 BATT-FAN 熔丝电阻

（2）测量 BATT-FAN 熔丝的电阻（见图 3-9-18）

标准电阻

检测仪连接	条件	规定状态
BATT-FAN 熔丝	始终	小于 1 Ω

（3）将 BATT-FAN 熔丝安装到发动机室 1 号继电器盒和 1 号接线盒总成上

7	检查线束和连接器（IGCT 继电器、蓄电池冷却鼓风机总成）（电压）

IGCT 继电器 - 蓄电池冷却鼓风机总成电路原理如图 3-9-19 所示。

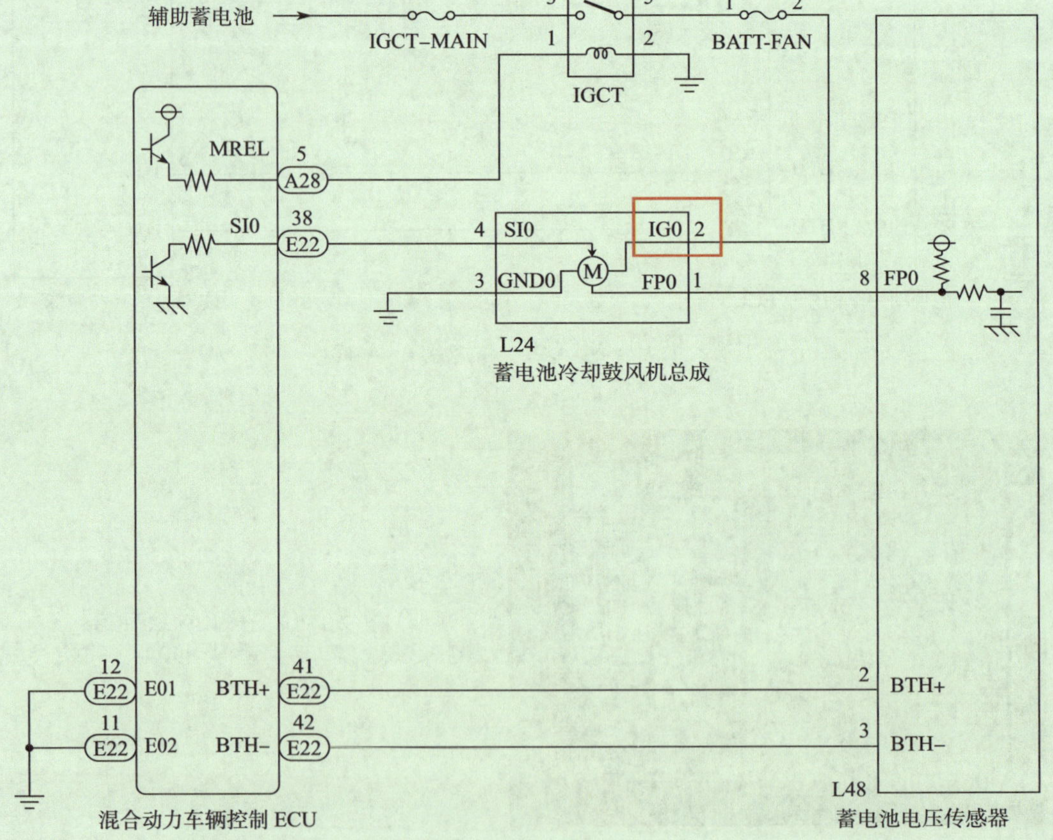

图 3-9-19　IGCT 继电器 - 蓄电池冷却鼓风机总成电路原理

续表

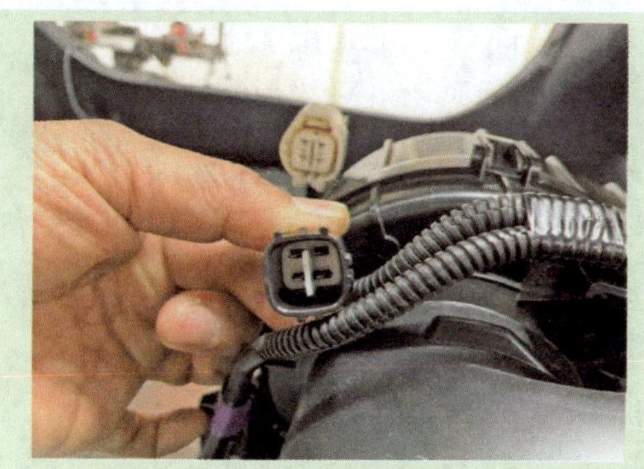

图 3-9-20　拆卸 L24 连接器

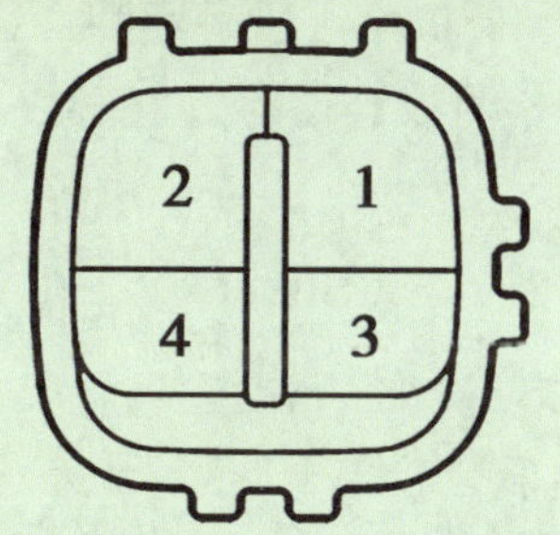

图 3-9-21　L24 连接器端子

（1）拆下高压维修开关

（2）拆下后排座椅靠背总成

（3）断开蓄电池冷却鼓风机总成连接器 L24（见图 3-9-20、图 3-9-21）

（4）连接辅助蓄电池负极（-）端子电缆

（5）把 GTS 连接车辆，清除故障码

（6）测量 BATT-FAN 熔丝的电压

标准电压

检测仪连接	条件	规定状态
L24-2（IG0）-车身搭铁	电源开关 ON（IG）	11 ~ 14 V

8　检查线束和连接器（蓄电池冷却鼓风机总成、混合动力车辆控制 ECU）

蓄电池冷却鼓风机总成 - 混合动力车辆控制 ECU 电路原理如图 3-9-22 所示。

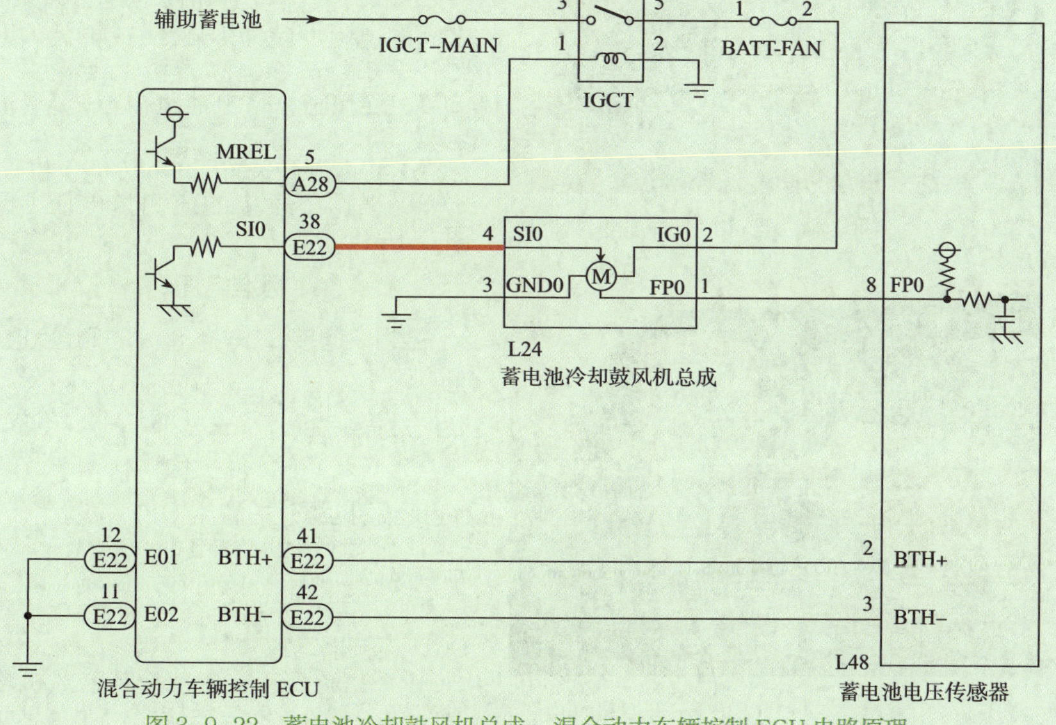

图 3-9-22　蓄电池冷却鼓风机总成 - 混合动力车辆控制 ECU 电路原理

续表

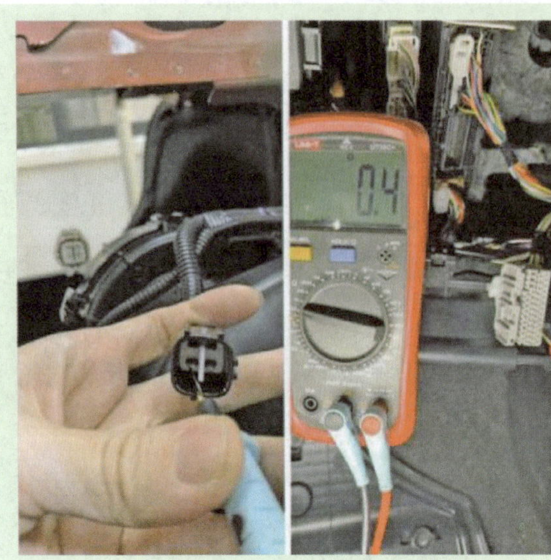

图 3-9-23 测量 L24-4（SIO）-E22-38（SIO）电阻

图 3-9-24 测量 L24-4（SIO）- 车身搭铁电阻

图 3-9-25 测量 L24-4（SIO）- 车身搭铁电压

（1）拆下高压维修开关

（2）拆下后排座椅靠背总成

（3）断开蓄电池冷却鼓风机总成连接器 L24

注意：断开连接器前，检查并确认其未松动或断开

（4）断开混合动力车辆控制 ECU 连接器 E22

注意：断开连接器前，检查并确认其未松动或断开

（5）根据下表中的值测量电阻

标准电阻

检测仪连接	条件	规定状态
L24-4（SIO）-E22-38（SIO）	电源开关 OFF	小于 1 Ω
L24-4（SIO）- 车身搭铁和其他端子	电源开关 OFF	10 kΩ 或更大

1）测量 L24-4（SIO）与 E22-38（SIO）之间的电阻，应小于 1 Ω（见图 3-9-23）

2）测量 L24-4（SIO）与车身搭铁之间的电阻，应为 10 kΩ 或更大（见图 3-9-24）

（6）连接辅助蓄电池负极（-）端子电缆

（7）将电源开关置于 ON（IG）位置

（8）根据下表中的值测量电压（见图 3-9-25）

标准电压

检测仪连接	条件	规定状态
L24-4（SIO）- 车身搭铁	电源开关 ON（IG）	低于 1 V

（9）将电源开关置于 OFF 位置

（10）断开辅助蓄电池负极（-）端子电缆

（11）重新连接混合动力车辆控制 ECU 连接器 E22

（12）重新连接蓄电池冷却鼓风机总成连接器 L24，安装后排座椅靠背总成

续表

9	检查蓄电池冷却鼓风机总成

主动测试各气流量模式如图 3-9-26 所示。

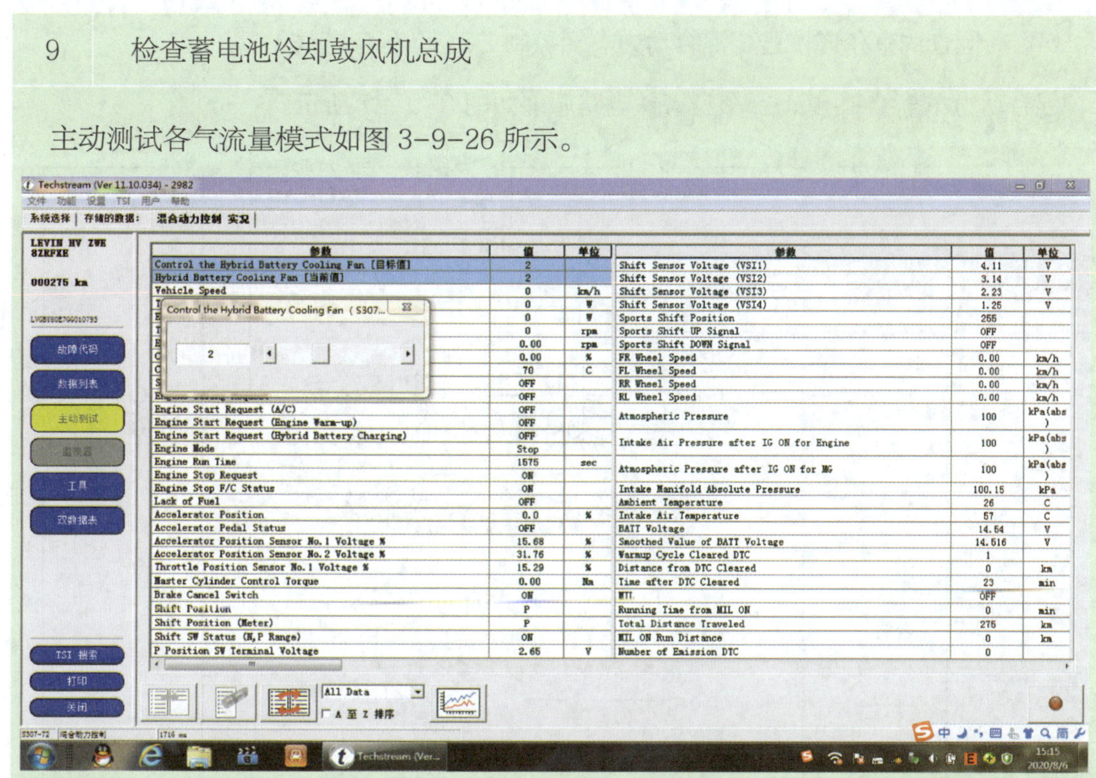

图 3-9-26 主动测试各气流量模式

（1）拆下高压维修开关

（2）连接辅助蓄电池负极（-）端子电缆

（3）连接 GTS，清除 DTC

（4）在“Control the Hybrid Battery Cooling Fan”主动测试中选择各气流量模式（1～6）以操作蓄电池冷却鼓风机总成

注意：如果主动测试无法关闭蓄电池冷却鼓风机总成，则跳过并转至下一步以检查波形。根据失效保护系统操作，混合动力车辆控制 ECU 发送指令以操作蓄电池冷却鼓风机总成

（5）将示波器连接到混合动力车辆控制 ECU 连接器 E22 和 E23 并检查波形

检查波形

项目	条件
检测仪连接	E22-38（SIO）-E23-3（E1）
设备设定	10 V/ 格，1 ms/ 格
状态	电源开关 ON（IG），主动测试期间

提示：在混合动力车辆控制 ECU 连接器处于连接状态时进行该检查。波长将随蓄电池冷却鼓风机总成的工作速度变化。将电源开关置于 OFF 位置

续表

10　检查线束和连接器（混合动力车辆控制 ECU、车身搭铁）

混合动力车辆控制 ECU- 车身搭铁电路原理如图 3-9-27 所示。

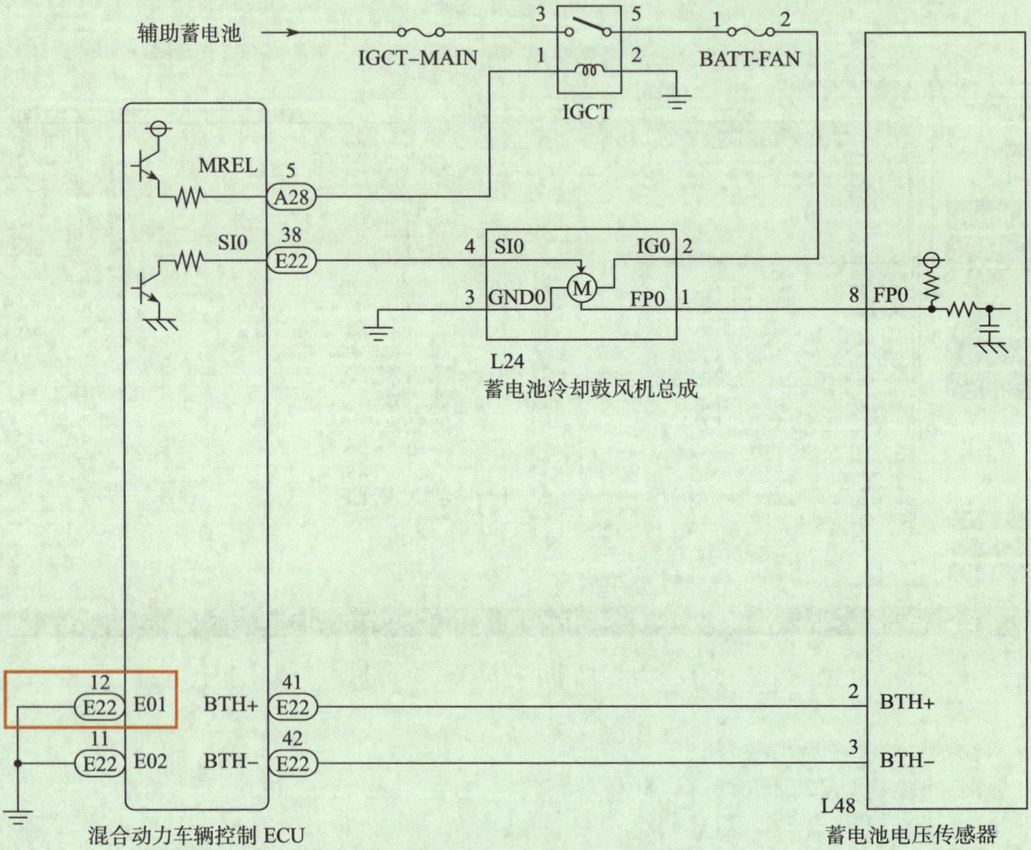

图 3-9-27　混合动力车辆控制 ECU- 车身搭铁电路原理

图 3-9-28　测量 E22-12（E01）- 车身搭铁电阻

（1）断开混合动力车辆控制 ECU 连接器 E22

注意：断开连接器前，检查并确认其未松动或断开

（2）根据下表中的值测量电阻（见图 3-9-28）

标准电阻

检测仪连接	条件	规定状态
E22-12（E01）- 车身搭铁	电源开关 OFF	小于 1 Ω

（3）重新连接混合动力车辆控制 ECU 连接器 E22

续表

11	检查线束和连接器（混合动力车辆控制 ECU、车身搭铁）

混合动力车辆控制 ECU- 车身搭铁电路原理如图 3-9-29 所示。

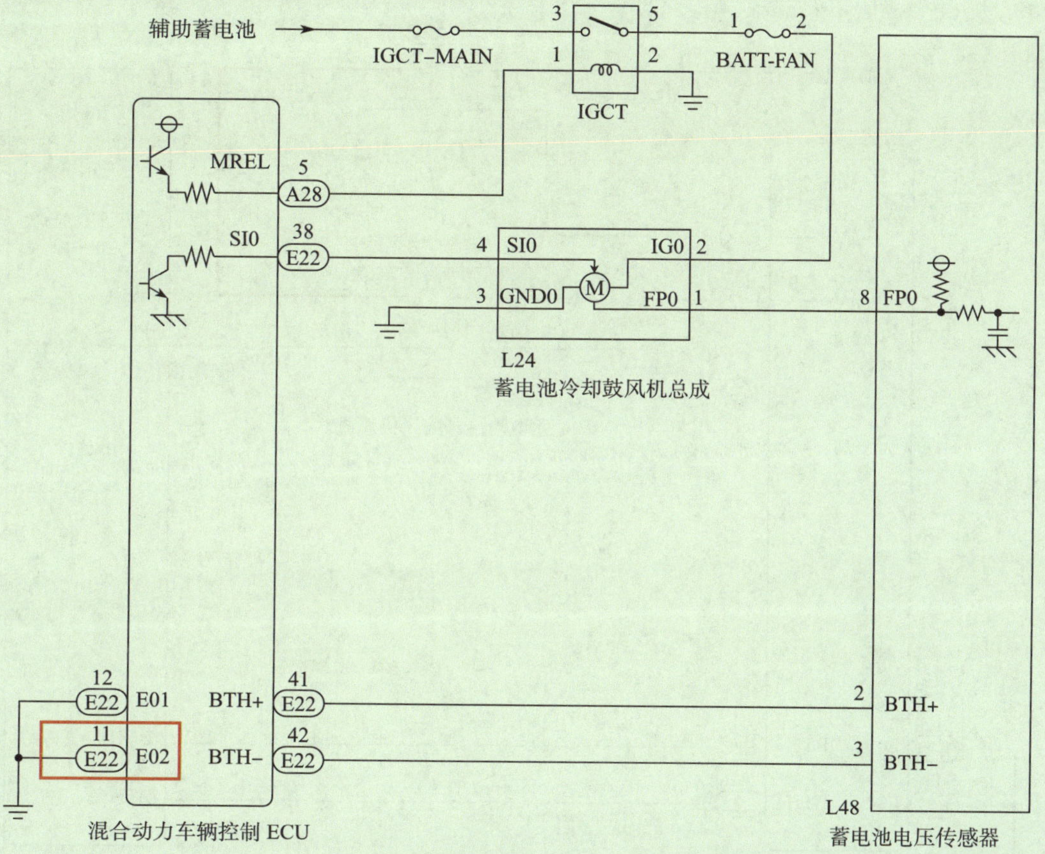

图 3-9-29　混合动力车辆控制 ECU- 车身搭铁电路原理

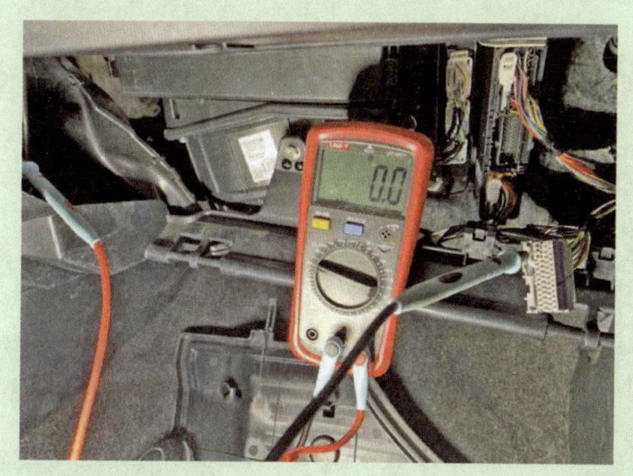

图 3-9-30　测量 E22-11（E02）- 车身搭铁电阻

（1）断开混合动力车辆控制 ECU 连接器 E22

注意：断开连接器前，检查并确认其未松动或断开

（2）根据下表中的值测量电阻（见图 3-9-30）

标准电阻

检测仪连接	条件	规定状态
E22-11（E02）- 车身搭铁	电源开关 OFF	小于 1 Ω

（3）重新连接混合动力车辆控制 ECU 连接器 E22

续表

12	检查线束和连接器（IGCT 继电器、蓄电池冷却鼓风机总成）

IGCT 继电器 – 蓄电池冷却鼓风机总成电路原理如图 3-9-31 所示。

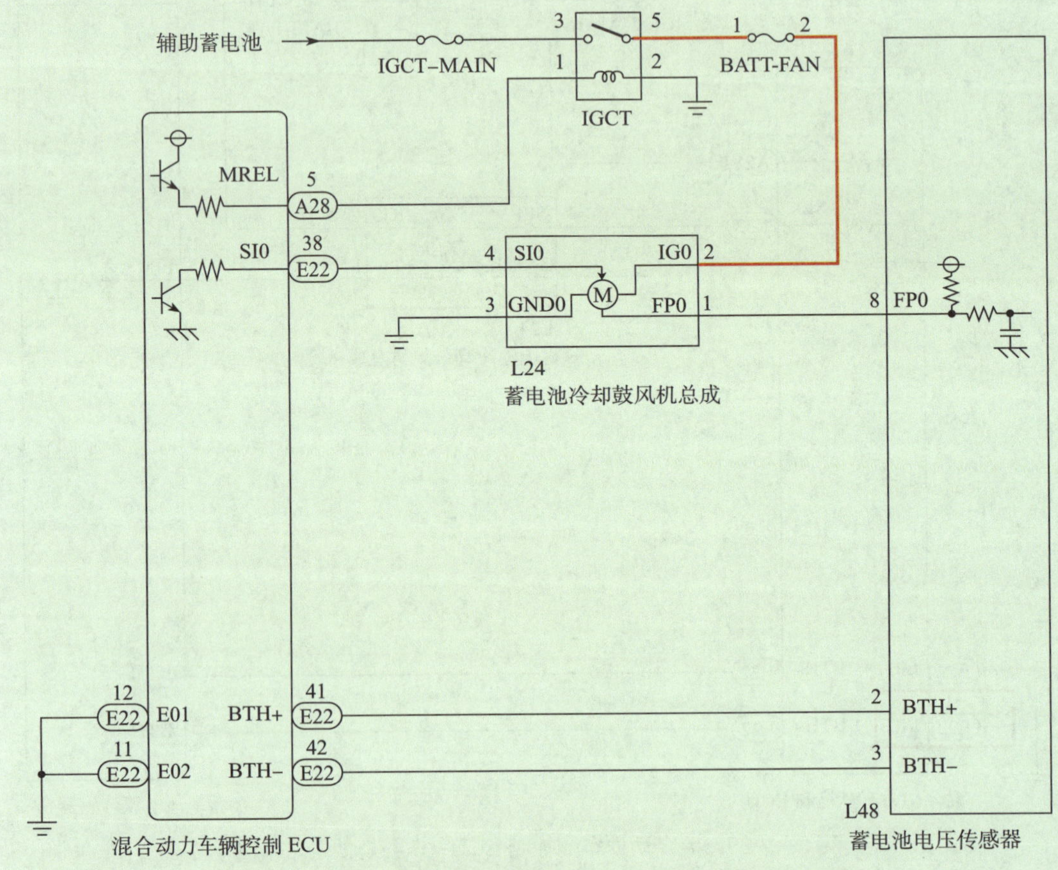

图 3-9-31　IGCT 继电器 – 蓄电池冷却鼓风机总成电路原理

图 3-9-32　拆卸 1 号继电器盒

（1）拆下高压维修开关

（2）从发动机室 1 号继电器盒和 1 号接线盒总成上拆下 IGCT 继电器（见图 3-9-32）

（3）拆下后排座椅靠背总成

（4）断开蓄电池冷却鼓风机总成连接器 L24

注意：检查并确认 IGCT 继电器和蓄电池冷却鼓风机总成之间的各连接器均未松动或断开

断开连接器前，检查并确认其未松动或断开

续表

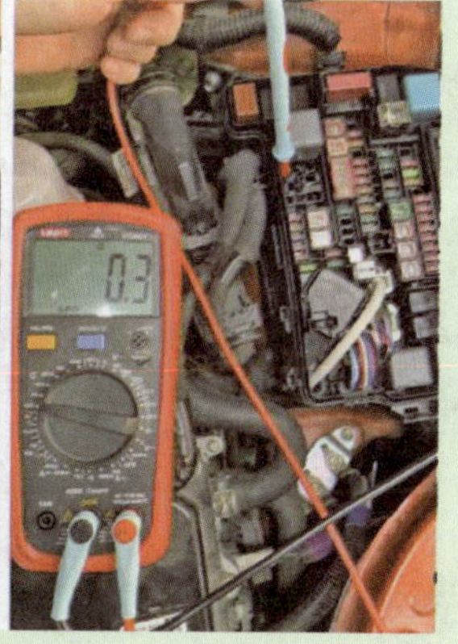

图 3-9-33 测量 IGCT 继电器端子 5-L24-2（IG0）电阻

（5）根据下表中的值测量电阻（见图 3-9-33）

标准电阻

检测仪连接	条件	规定状态
IGCT 继电器端子 5-L24-2（IG0）	电源开关 OFF	小于 1 Ω

（6）重新连接蓄电池冷却鼓风机总成连接器 L24

（7）安装后排座椅靠背总成

（8）将 IGCT 继电器安装到发动机室 1 号继电器盒和 1 号接线盒总成上

13 检查线束和连接器（BATT-FAN 熔丝、蓄电池冷却鼓风机总成）

图 3-9-34 拆卸 1 号继电器盒

图 3-9-35 测量 L24-2（IG0）-2（BATT-FAN 熔丝）以外的端子和车身搭铁电阻

（1）拆下高压维修开关

（2）从发动机室 1 号继电器盒和 1 号接线盒总成上拆下 IGCT 继电器（见图 3-9-34）

（3）拆下后排座椅靠背总成

（4）断开蓄电池冷却鼓风机总成连接器 L24

注意：检查并确认 BATT-FAN 熔丝和蓄电池冷却鼓风机总成之间的各连接器均未松动或断开

断开连接器前，检查并确认其未松动或断开

（5）根据下表中的值测量电阻（见图 3-9-35）

标准电阻

检测仪连接	条件	规定状态
L24-2（IG0）-2（BATT-FAN 熔丝）以外的端子和车身搭铁	电源开关 OFF	10 kΩ 或更大

（6）重新连接蓄电池冷却鼓风机总成连接器 L24

（7）安装后排座椅靠背总成

（8）将 IGCT 继电器安装到发动机室 1 号继电器盒和 1 号接线盒总成上

续表

14 检查蓄电池冷却鼓风机总成

图 3-9-36 拆卸 1 号继电器盒

图 3-9-37 测量 L24-2（IG0）-L24-3（GND0）和车身搭铁电阻

（1）拆下高压维修开关

（2）从发动机室 1 号继电器盒和 1 号接线盒总成上拆下 IGCT 继电器（见图 3-9-36）

（3）拆下后排座椅靠背总成

（4）断开蓄电池冷却鼓风机总成连接器 L24

注意：检查并确认 BATT-FAN 熔丝和蓄电池冷却鼓风机总成之间的各连接器均未松动或断开

断开连接器前，检查并确认其未松动或断开

（5）根据下表中的值测量电阻（见图 3-9-37）

标准电阻

检测仪连接	条件	规定状态
L24-2（IG0）-L24-3（GND0）和车身搭铁	电源开关 OFF	10 kΩ 或更大

（6）重新连接蓄电池冷却鼓风机总成连接器 L24

（7）安装后排座椅靠背总成

（8）将 IGCT 继电器安装到发动机室 1 号继电器盒和 1 号接线盒总成上

【课后实训】

一、实训情境

一辆丰田雷凌双擎混动车辆，其电源开关不能置于 ON（Ready）位置，主警告灯点亮，多信息显示屏上显示“混合动力系统故障”，并输出故障码 P0A8115。

故障码 P0A8115 表示动力蓄电池冷却风扇 1 电路对辅助蓄电池短路或断路。

二、实训内容

1. 查询车辆维修手册，画出动力蓄电池冷却风扇系统的电路原理图。

2. 根据车辆维修手册和电路图，制定故障码为 P0A8115 时，排除动力蓄电池冷却风扇 1 电路对辅助蓄电池短路或断路的流程，以流程图表示。

3. 通过小组合作，根据车辆维修手册，排除动力蓄电池冷却风扇 1 电路对辅助蓄电池短路或断路（故障码为 P0A8115）。描述故障现象，记录检测数值，并进行判断与分析。

（1）描述故障现象

（2）记录检测数值并进行判断与分析（见表 3-9-3）

表 3-9-3 记录检测数值并进行判断与分析

序号	检测仪连接	条件（开关状态）	规定值	实测值	判断与简单分析
1					
2					
3					
4					
5					
6					
7					
8					
9					
10					
11					
12					

课题十 | 预充电电路故障诊断与排除

学习目标

1. 能根据故障现象，在车辆维修手册中查询解决预充电电路故障的相关信息。

2. 能根据车辆维修手册中的混合动力系统电源系统的电路图，描述预充电电路的原理。

3. 能合理制定预充电电路故障（故障码为 P0AE411）排除方案。

4. 能排除预充电电路故障（故障码为 P0AE411）。

5. 在故障排除过程中，能准确记录检测数据，工作过程符合新能源汽车安全操作要求。

●任务描述

一辆丰田雷凌双擎混动汽车，该车故障为电源开关不能置于 ON（Ready）位置，主警告灯点亮，多信息显示屏上显示“混合动力系统故障”。

维修技师连接丰田 OTC 诊断仪后，对车辆进行检查，读取到的故障码为 P0AE411。

●任务分析

故障码 P0AE411 代表动力蓄电池预充电触点电路对搭铁短路。预充电的作用是避免上电过程的大电流冲击，保护系统的高压部件。预充电触点位于预充电继电器 SMRP 内。

SMR（系统主继电器）系统是根据来自混合动力车辆控制 ECU 的指令连接或断开高压电源系统的继电器，包括 3 个 SMR（SMRB、SMRP、SMRG）和 1 个系统主电阻器。SMRB、SMRP、SMRG 和系统主电阻器位于蓄电池接线盒总成内。

相关理论

一、电源系统电路原理

电源系统电路原理如图 3-10-1 所示。

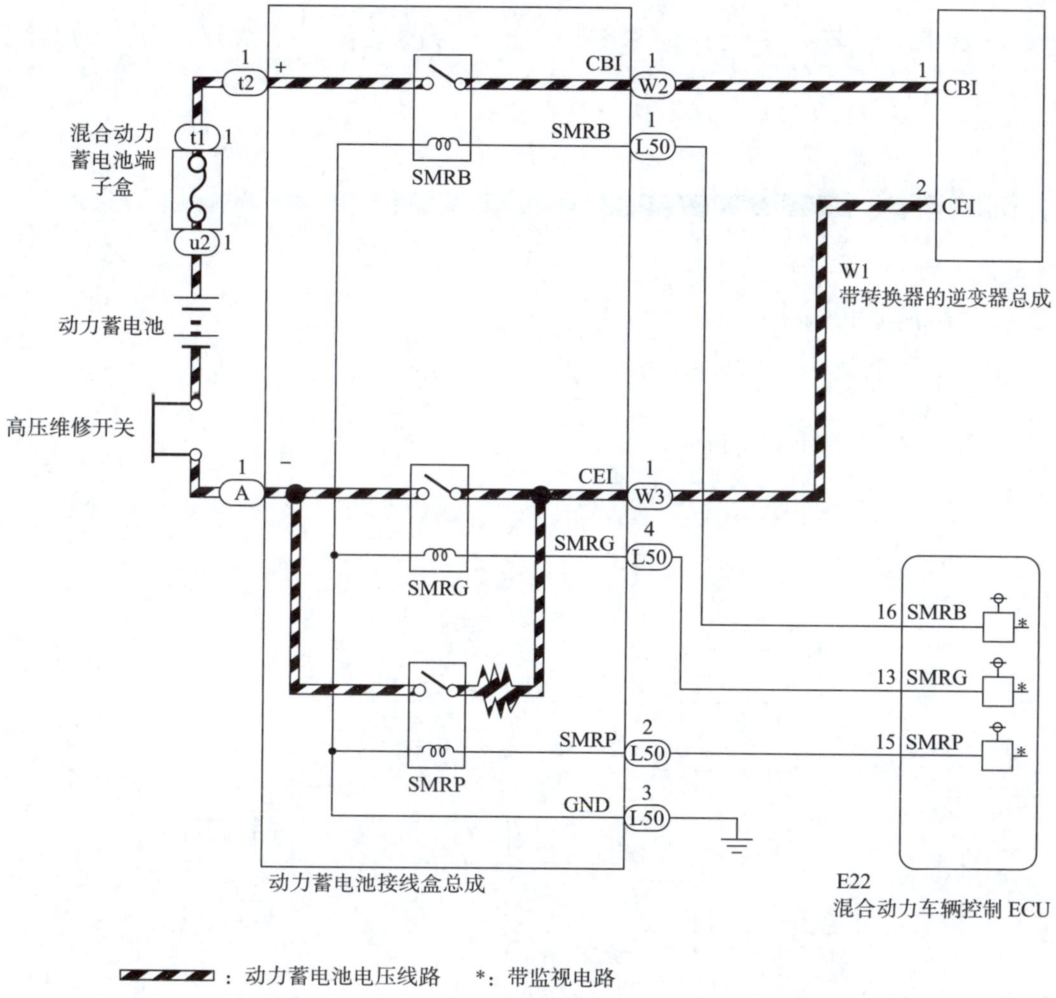

▬▬ ：动力蓄电池电压线路　*：带监视电路

图 3-10-1　电源系统电路原理

SMRP 通过一个电阻器完成高压电路的初始连接，以对高压系统进行可控的预充电。车辆上电时，将首先打开 SMRP 和 SMRB，通过系统主电阻器对车辆充电，以连接高压动力系统。然后，打开 SMRG 后关闭 SMRP，完成高压上电过程。关闭 SMRB 和 SMRG 即切断高压动力系统。

二、故障码触发与故障点

故障码 P0AE411 及相关信息见表 3-10-1。

表 3-10-1　　故障码 P0AE411 及相关信息

故障码	检测项目	触发条件	MIL 灯	警告指示灯
P0AE411	动力蓄电池预充电触点电路对搭铁短路	SMRP 电路对搭铁短路：SMRP 的初级电路发生故障	不点亮	点亮

分析电路图，故障点可能是线束或连接器、动力蓄电池接线盒总成、混合动力车辆控制 ECU。

故障排除

一、故障诊断流程

P0AE411 故障码的故障诊断流程如图 3-10-2 所示。

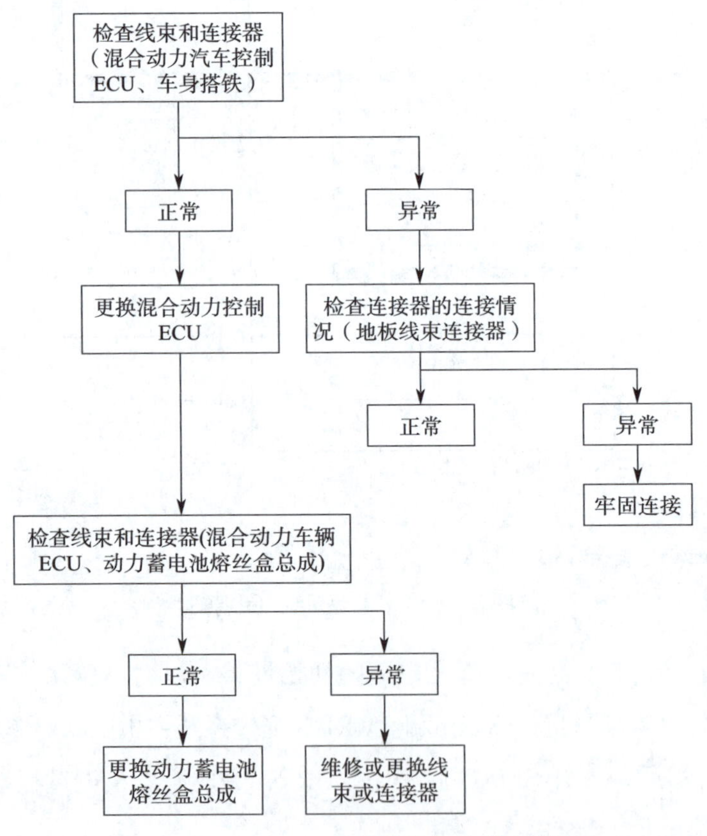

图 3-10-2　P0AE411 故障码的故障诊断流程

二、故障检测方法

在上述流程图中，每一个检查步骤对应的具体检测方法（见表 3-10-2）。

表 3-10-2　　具体检测方法

1　检查线束和连接器（混合动力车辆控制、ECU- 车身搭铁）

混合动力车辆控制 ECU- 车身搭铁电路原理如图 3-10-3 所示。

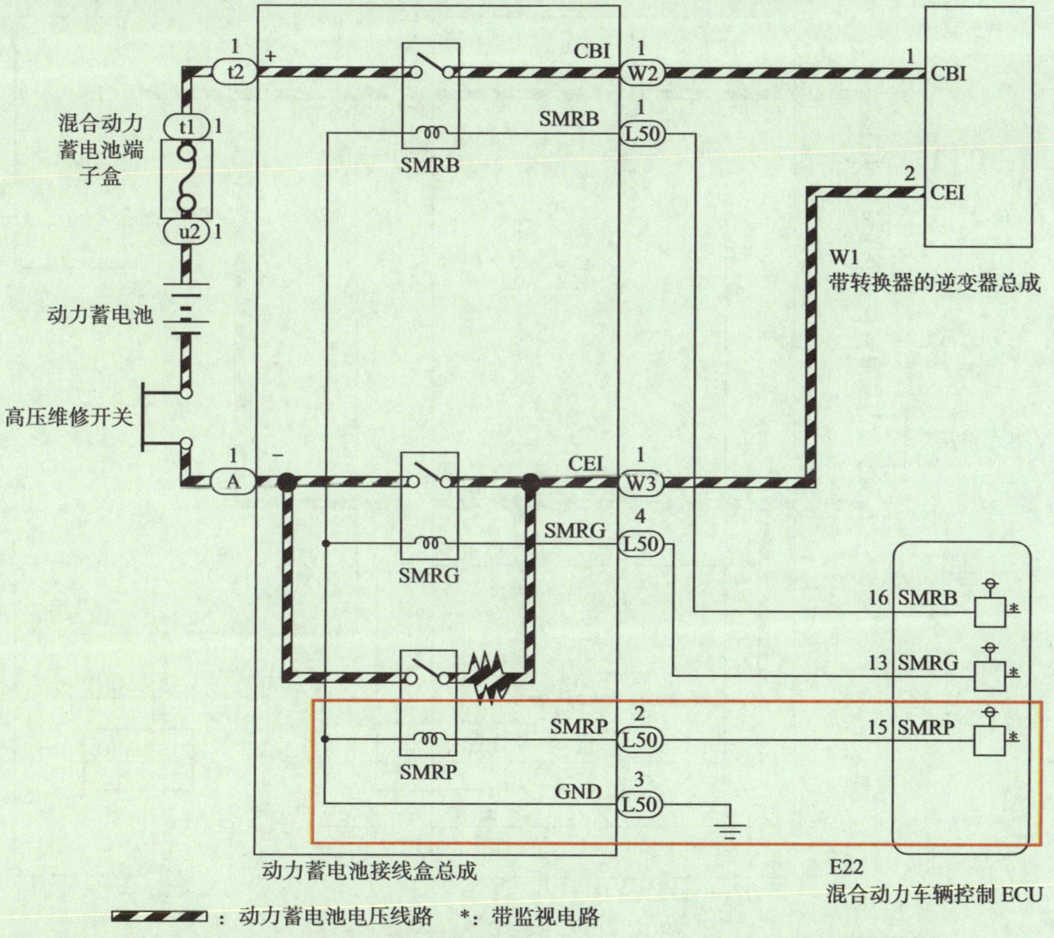

：动力蓄电池电压线路　*：带监视电路

图 3-10-3　混合动力车辆控制 ECU- 车身搭铁电路原理

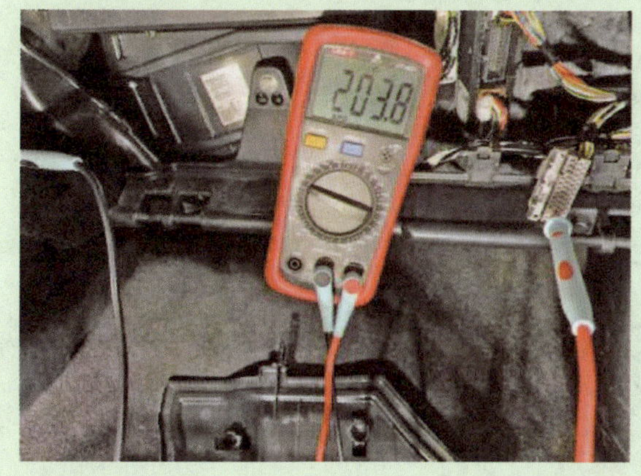

图 3-10-4　测量 E22-15（SMRP）-车身搭铁的电阻

（1）断开混合动力车辆控制 ECU 连接器 E22

（2）根据下表中的测量标准，测量 E22-15（SMRP）- 车身搭铁的电阻（见图 3-10-4）

标准电阻

检测仪显示	条件	规定状态
E22-15（SMRP）-车身搭铁	电源开关 OFF	140~290 Ω

（3）重新连接混合动力车辆控制 ECU 连接器 E22

续表

2	检查线束和连接器（混合动力车辆控制 ECU、动力蓄电池接线盒总成）

混合动力车辆控制 ECU- 动力蓄电池接线盒总成电路原理如图 3-10-5 所示。

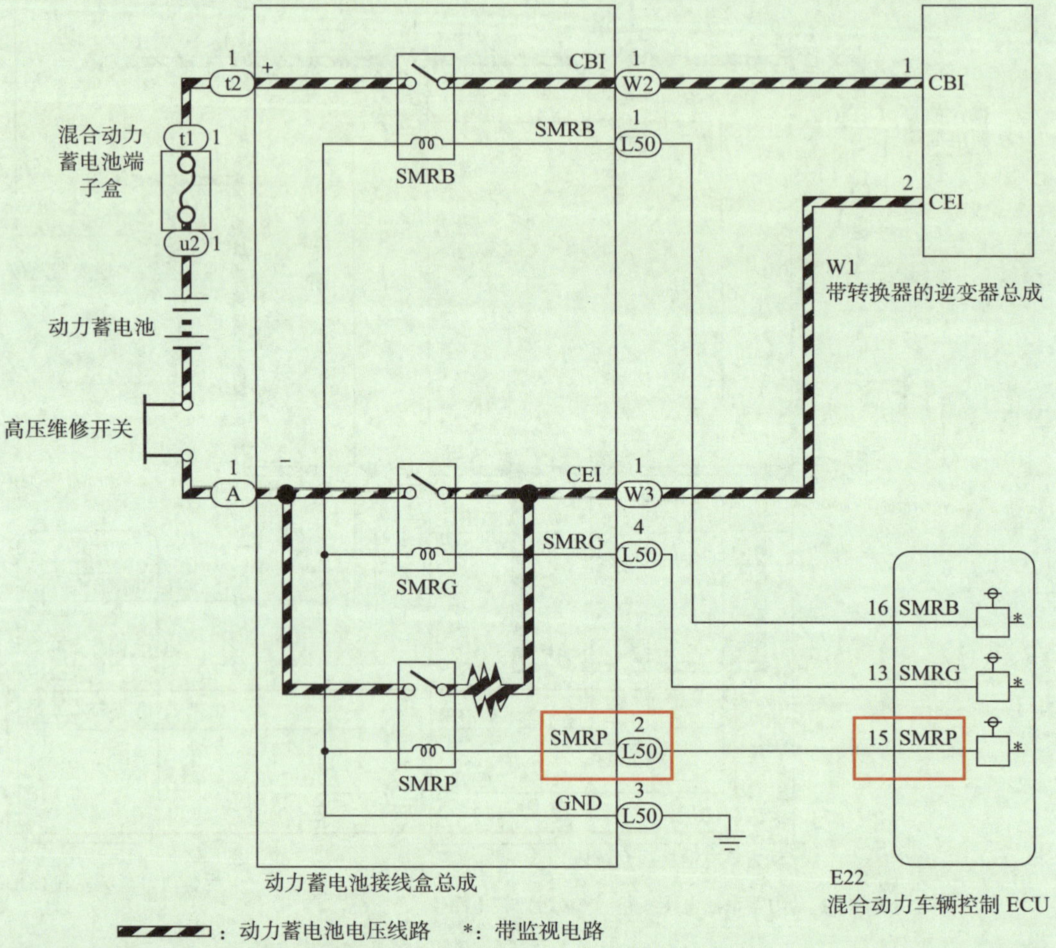

1 t2 + CBI 1 W2 1 CBI
混合动力蓄电池端子盒 t1 1 u2 1
SMRB 1 L50
SMRB
2 CEI
W1
带转换器的逆变器总成
动力蓄电池
高压维修开关
1 A − CEI 1 W3
SMRG 4 L50
SMRG
16 SMRB *
13 SMRG *
SMRP 2 L50 15 SMRP *
SMRP
GND 3 L50
动力蓄电池接线盒总成
E22
混合动力车辆控制 ECU
：动力蓄电池电压线路 *：带监视电路

图 3-10-5 混合动力车辆控制 ECU- 动力蓄电池接线盒总成电路原理

图 3-10-6 L50 连接器的位置

（1）拆下高压维修开关

（2）拆下混合动力蓄电池右侧盖分总成

（3）断开动力蓄电池接线盒总成连接器 L50（见图 3-10-6、图 3-10-7）

续表

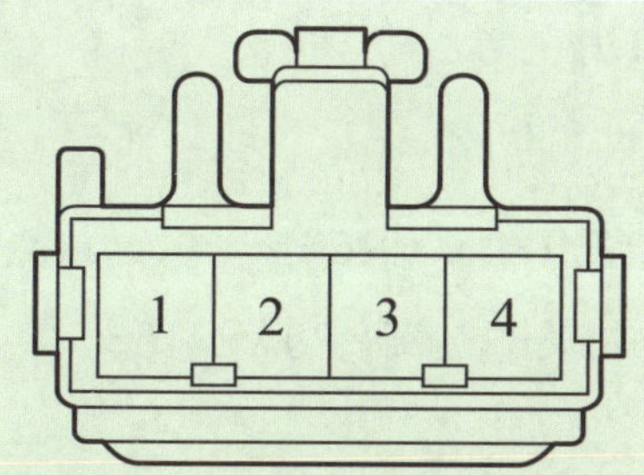

图 3-10-7 L50 连接器端子

图 3-10-8 拆卸 E22 连接器

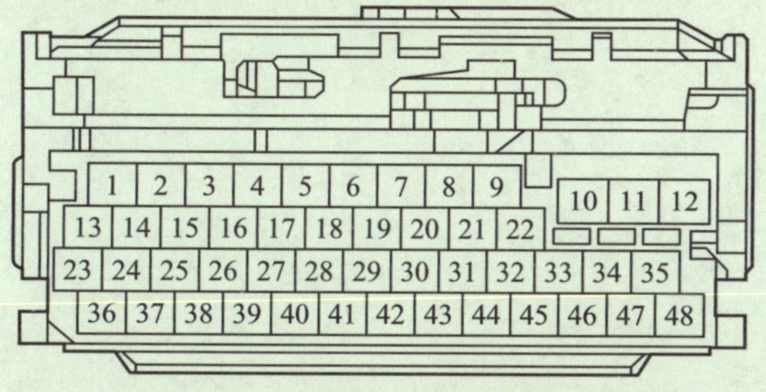

图 3-10-9 E22 连接器端子

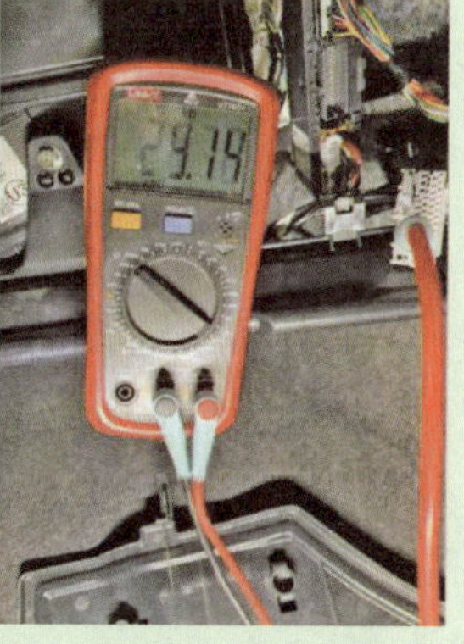
图 3-10-10 测量 E22-15（SMRP）和 L50-2（SMRP）- 车身搭铁和其他端子的电阻

（4）断开混合动力车辆控制 ECU 连接器 E22（见图 3-10-8、图 3-10-9）

（5）根据下表中的规定值测量电阻（见图 3-10-10）

标准电阻

检测仪显示	条件	规定状态
E22-15（SMRP）和 L50-2（SMRP）- 车身搭铁和其他端子	电源开关 OFF	10 kΩ 或更大

（6）重新连接混合动力车辆控制 ECU 连接器 E22

（7）重新连接动力蓄电池接线盒总成连接器 L50

（8）安装混合动力蓄电池右侧盖分总成

【课后实训】

一、实训情境

一辆丰田雷凌双擎混动车辆，其电源开关不能置于 ON（Ready）位置，主警告灯点亮，多信息显示屏上显示“混合动力系统故障”，并输出故障码 P0AE415。

故障码 P0AE415 表示____________________。

二、实训内容

1. 查询车辆维修手册，画出混合动力系统电源电路原理图。

2. 根据车辆维修手册和电路图，制定故障码为 P0AE415 时，排除动力蓄电池预充电触点故障的流程，以流程图表示。

3. 通过小组合作，根据车辆维修手册，排除预充电路触点电路故障（故障码为 P0AE415）。描述故障现象，记录检测数值，并进行判断与分析。

（1）描述故障现象

（2）记录检测数值并进行判断与分析（见表 3-10-3）

表 3-10-3　　记录检测数值并进行判断与分析

序号	检测仪连接	条件（开关状态）	规定值	实测值	判断与简单分析
1					
2					
3					
4					
5					
6					
7					
8					
9					
10					
11					
12					